JN035974

感情をデザインする

ナイキで学んだマーケティング

EMOTION BY DESIGN

Creative Leadership Lessons from a Life at Nike

Greg Hoffman

グレッグ・ホフマン　久保美代子 訳

早川書房

感情をデザインする

——ナイキで学んだマーケティング

EMOTION BY DESIGN

Creative Leadership Lessons from a Life at Nike

by

Greg Hoffman

Translated by
Miyoko Kubo
First published 2023 in Japan by
Hayakawa Publishing, Inc.
This book is published in Japan by
arrangement with
Modern Arena, LLC
c/o Janklow & Nesbit Associates,
in association with Janklow & Nesbit (UK) Ltd
through Japan Uni Agency, Inc., Tokyo.

装幀／早川書房デザイン室

妻と子どもたち。カースティン、ローワン、そしてアイラに捧ぐ。
いつも一緒に夢をみてくれて、ありがとう。

目次

まえがき
スポーツというアート

わたしは映写幕をみている。そのスクリーンのそばには世界一〇〇か国以上の国旗がずらりと並んでいる。ワールドワイドな雰囲気がぴったりだ。なにしろここはナイキのセバスチャン・コー・ビルなのだから。ビルの名前になったセバスチャン・コーは、一九八〇年と一九八四年のふたつのオリンピックの一五〇〇メートル走で金メダルを取ったイギリスのランナーだ。コーの言葉がふと頭に浮かぶ――「レースはわくわくするし、勝ったときの気分は格別だが、本当にすばらしいのはいつも、そこにいたるまでの自己実現と自己認識だ」。デザインのインターンとして始まり、ブランドのチーフ・マーケティング・オフィサー（CMO）として終えようとしている二七年間の旅の果てに、この言葉が胸に染みる。二〇二〇年の二月。これは、わたしの退職祝いの集まりだった。

スクリーンに〝GH〟というわたしのイニシャルが浮かぶ。驚きと誇らしさが湧いてくる。イニシャルに施されているデザインは、長年にわたってわたしたちが作ってきたレブロンやタイガーやセリーナらアスリートのロゴを彷彿《ほうふつ》させる。一九九二年にナイキで働きはじめたときのわたしは、プロダクト名やアスリートのイニシャルやその他依頼されたロゴはなんでもデザインしていた。いま、わたしを模《かたど》った像がひとつのロゴになり、完全な円を作っている。それをみていると胸がいっぱいになった。

その夜はたっぷり思い出を語り、二、三の助言を（わたしから）みんなに送った。みんなというのは、三〇年ちかく一緒に働いてきた家族同然の仲間たちのことだ。なにより感動したのは、ブランドの新たなクリエイティブ・リーダーで、古くからの友人であり弟子でもあるジーノ・フィサノッティからのプレゼントだった。それは大きな額に収められた、コリン・キャパニックのポートレイトで、写真家のプラトンの作品だ。

プラトンと聞いてもぴんとこない人が多いかもしれないが、作品は誰でも目にしているはずだ。代表作は、セレブや世界有数のリーダー、アスリートやアーティストのモノクロ写真で、被写体の地位や名声の奥に隠れたその人自身のエッセンスをとらえていると、批評家たちから絶賛されている。たとえば、モハメド・アリを撮った写真には、ボクシングのレジェンドのなかに潜む人間らしさが現れている。プラトンのポートレイトは、がちがちのアート路線ではないし、プロの写真家なら当然のように期待される、奇跡の一枚みたいな姿が写っているわけでもない。むしろプラトンの写真は、被写体を盗み撮りしたかのような、その人の一般的なイメージが剝《は》がれおちた瞬間を切り取っていて、あまりにリアルなその人物の素の部分が、とくに目に現れている。白い背景に浮かぶコントラストの強い画像には、人物とその人格が生々しい姿で写しだされる。

この種のクリエイティブな才能は、たまたま発揮されるわけではない。才能をあますところなく示せるようデザインされているのだ。偉大な芸術作品がみなそうであるように、プラトンのポートレイトは見る人の感情に訴えかけてくる。だが、この感情は偶然の産物ではない。作家が物語を紡ぐように、撮影のプロセスには明確な意図がある。プラトンが、いかにしてそれをしているのか、具体的な部分はわからない。いかにしてプラトンがポートレイトを通してストーリーを伝え、作品を見た人びとから反応を引きだし、人間らしい体験にまつわる真実を吐露させるのか。それは、わからない。わたしにわかるのは、ブランドのマーケターとして、わたしたちがどのような努力を経て、プラトンの域にたどりついたかだ。

　プラトンをはじめとする芸術に対し、わたしは強い情熱を抱いているが、それと同じくらい、スポーツにも愛情を抱いている。一見すると、このふたつの分野への関心は、かけはなれたもののように思えるかもしれない。だが、スポーツも一皮むけば、芸術作品みたいにわたしたちの感情を純粋に、ごく本能的に揺さぶる力がある。たとえば、フィールドで生まれる苦悩と恍惚《こうこつ》は、スタンドで応援しているわたしたちみんなにも伝わる。かつてネルソン・マンデラはこう言った。「スポーツには世界を変える力がある。人びとを鼓舞する力がある。ほかにはない方法で人びとをひとつにする力がある」

　プラトンが撮影したコリンのポートレイトをみていると、タイムリーかつタイムレスに感動を伝えるアートの力を感じる。このポートレイトは、ナイキでわたしが参加した最後のマーケティング・キャンペーンの一環で作成された。けれども同時に、芸術でもあった。デザインによって、一枚のシンプルな写真以上のものになっている。そこにはコリンの人となりと情熱が表れているだけでなく、「スポーツは世界を変えられる」というナイキの趣旨表明にもなっている。このポートレイトは現在、わたしの自宅オフィスの壁から誇らしげにこちらを向いている。これはすばらしいアートであるだけでなく、すばらしいブランドマーケティングでもある。そして実のところ、わたしにとってはリマインダーでもある。アートとマーケティングは同じ目的を果たせるし、そうなるよう努めるべき場合が多いと、肝に銘じておくためのリマインダーだ。

このポートレイトを見ていると、その目的が果たせた旅のことを思い出す。その旅は、わたしが退職する五カ月ほどまえの二〇一九年八月に始まった。けれどもまずは、プラトンとの出会いを語ろう。

＊＊＊

わたしたちの友情の始まりは、二〇一三年にさかのぼる。当時のわたしは、ナイキのグローバル・ブランド・クリエイティブの長で、自社の〝ブランドキャンプ〟のひとつで話をしてもらうためにプラトンを招待した。プラトンは写真家として一流であるだけでなく、ストーリーテラーとしても一流で、みごとな写真にまつわる魅力的なストーリーを紡《つむ》ぐ驚くべき才能もある。わたしはプラトンをオーディエンスに紹介する名誉な役を務めた。ようするに、ステージ上でこの一流写真家にインタビューし、経歴や有名なポートレイトについて話を聞いたのだ。そこで、わたしたちの友情がめばえた。そのあと一緒に仕事をしたのは二〇一四年で、サッカーブラジル代表チームの撮影を依頼したときだった。ナイキはチームを後援し、ユニフォームをデザインした。ブラジル代表チームは前年にコンフェデレーションズカップで優勝していた。できあがった写真はプラトンらしいデザインで、白の背景に選手がモノクロで写っているのだが、シャツだけが黄色になっている。選手らの個の存在感が伝わるいっぽうで、黄色のシャツによってチームとしての結びつきも感じられる。さらにこのブラジルチームの作品でも、プラトンは天才ぶりを発揮し、プロジェクトとしてわたしが企画した概略――作品のアウトライン――を踏まえたうえで、想像を軽々と飛びこえてきた。その結果、アスリートだけでなく情熱的なブラジルのファンたちも撮影することになった。できあがった写真は、アスリートとそのファンというふたつのグループが対になって並べられていた。それは単なるスポーツ写真以上のものだった。プラトンの写真は、スポーツと文化がいかに濃密に絡みあっているかを示していた。スポーツを重視して文化を無視したら、スポーツがなぜ世界じゅうの多くの人びとの共感を呼ぶのかが、みえなくなる。

時計を進めて二〇一九年八月に話を戻そう。その日、プラトンのニューヨークのスタジオを訪れたわたしは、仕事の話があるわけではなかった。たまたま、ただの友人として世間話をしていたとき、プラトンから、撮影した写真をスミソニアンの国立アフリカ系アメリカ人歴史文化博物館に寄贈するつもりだという話を聞いたのだ。写真は公民権運動に貢献してきたアフリカ系アメリカ人のリーダーたちのものだという。英雄たちのリストには、モハメド・アリ、ハリー・ベラフォンテ、エレイン・ブラウンなど印象的な名前が並んでいた。それを聞いて、ふとひらめいた。

「ひとり忘れてるよ」わたしは言った。

「誰だい」プラトンが尋ねた。

「コリン・キャパニックだよ」

プラトンはコリンに会ったことがないと言った。わたしは手助けができそうだと思い、プラトンのスタジオを出ると、ジーノに電話をかけた。ジーノは当時、コリン・モデルの限定版エアフォース1の発売に向けて販売促進計画を立てているところだった。ジーノはしばらく考えてから、プラトンが撮るコリンのポートレイトシリーズは、新しいスニーカーの販売に弾みがつくし、話題になるだろうと答えた。そんなふうにして、コリンの《True to 7》（7に偽りなし）キャンペーンが形を取りはじめた。ナイキ・ワールド・キャンパス（本社）に戻ったわたしは、ジーノと具体的な話を詰めた。アイデアはシンプルだ。プラトンが撮ったモノクロのシリーズ写真を通じて、スニーカーだけでなくシャツも前面に押しだしたキャンペーンと、コリンの信念を表す「7の価値」とを組みあわせる。このキャンペーンは二〇一九年一二月に始まった。キャンペーンを促進するために、コリンはツイッターに次のようなコメントを投稿した。「フィールドのなかでも外でも、自分自身に正直な人たちへ。ほとんど勝ち目がないときでも、誇りを忘れず堂々といよう。これは始まりにすぎない」〔アメリカンフットボールの選手だったコリン・キャパニックは二〇一六年に行なわれたNFLの試合前の国歌斉唱時に起立を拒否し、片膝をついて人種差別に対する抗議の意を示した。その後プロとしてフィールドに立てない状態が続いた。背番号は7〕

＊＊＊

そしていま、プラトンが撮影したポートレイトのひとつがわたしの家に飾ってある。ジーノからプレゼントされたあの写真だ。コリンとの仕事にジーノがヒントをくれたり、献身的にサポートしてくれたりしたおかげで、最後のプロジェクトは、とくに忘れがたいものになった。

コリンとの仕事の物語は、プラトンのスタジオ訪問の二年まえ、オレゴン州ビーバートンのナイキ本社でランチをともにしたときにさかのぼる。詳しくはあとの章に譲るが、ここで言いたいのは、プラトンのポートレイトが表しているのは《True to 7》キャンペーンだけではないということだ。この写真は、数年まえから始まっていたコリンとのクリエイティブな旅を物理的に表現している。その旅のあいだ、コリン自身が何を伝えたいのか、自分でその思いを明確に研《と》ぎすましていく様子を、わたしたちは見守っていた。プラトンがこのときのデザインの仕事に参加したのは、わたしがニューヨークのスタジオを訪れたあとからだったけれども、クリエイティブのプロセスというのは直線の道を進んでいくわけではなく、心を開いてさえいれば、思いがけない場所でインスピレーションが降りてくる瞬間が訪れるものだ。コリン・キャパニックと作りあげた作品全体のベースにあるのは、次のような認識だった――コリンのメッセージは、人種差別についての厳しい真実をあらわにした。それによってこのメッセージは、スポーツだけでなくアメリカの黒人の経験とも強く結びついた。また、コリンのメッセージが及ぼした社会的な影響の先には、《True to 7》キャンペーンが企業に示すことのできる教訓がある。コリン（とナイキ）にとっては、個人かプロ選手かという区別はなかった。フィールドを出たコリンは、フィールドに立っていたコリンと同じ人間だし、ナイキの使命はコリン自身とコリンの情熱を世界に知らしめることだった。コリンのメッセージだけに焦点を絞れば、スポーツとの関連が抜けおちてしまっただろう。同じく、スポーツだけに焦点を絞れば、コリンのメッセージが弱まっただろう。このふたつ、個人とプロスポーツはひとつでなければならなかった。

　本書は、コリンとの仕事だけでなく、わたしがナイキに在職していた最後の数年間の旅で得た多くのインスピレーションをもとにしていて、過去約二五年間に手にしたさまざまな教訓やインサイトの集大成でもある。現在、わたしはスタートアップ企業や、もう少し大きな企業のブランド・アドバイザーとして活動している。そのなかで誠心誠意伝えている創造性についての哲学は、コリンやジーノ、プラトンや才能あふれるナイキのブランドチームメンバーとの創造的なコラボレーションの賜物《たまもの》だ。それが、本書のベースになっている。簡単にいうと、企業がライバルと張りあうためには、消費者と強いエモーショナルなつながりを築く力を武器にすべきということだ。そして、このつながりをしっかり築くには、強力な創造的文化を育むのが大切だとわたしは考えている。

わたしはこれを**デザインでかきたてる感情**《エモーション・バイ・デザイン》と呼んでいる。これは、人びとに夢はかなうものだと感じてもらえるストーリーやイメージ、経験を提供する能力だ。アイデアが圧倒的な力を誇る創造的文化のなかで、わたしは何年もかけてこの哲学を築いてきた。そしていま、情熱をかけてこのクリエイティブなマーケティングとブランディングの哲学を、ほかの分野にも注ぎこもうとしている。というのも、エモーション・バイ・デザインは、あらゆるタイプのビジネスリーダーやチームが実践でき、応用できるからだ。これが重要なポイントだ。このクリエイティブな手法の成功に、リソースが多いか少ないかは関係ない。従業員五人のエージェンシーでも、何千、何万もの従業員を抱えた大企業に劣らぬブランディング力で、驚くような成功を収められる。消費者の心を動かすのに何百万ドルというお金は必要ない。ブランドと消費者を結びつけるエモーショナルなつながりは、ブランドの大きさやリソースの規模に左右されるものではない。大事なのはそのブランドが持つストーリーのパワーとエモーショナルなつながりの強さだ。

もうひとつ、わたしは「誰もがクリエイティブとはかぎらない」という考えを打ち消したい。

たしかにアイデアの実用、たとえば、芸術監督やコピーライティング、アプリケーション・デザイン、フィルムの監督などはその分野の専門家に任せるべきかもしれないが、アイデアを生むのは、その道の人びとだけとはかぎらないし、そう限定すべきでもない。誰にだって想像力はある。誰にだって野望や夢がある。大事なのは、それらの想像力を膨らませたり表現したりできる文化や環境を浸透させることだ。先入観や個人の偏見でクリエイティブな力が抑えこまれ、自分たちのチームが備えている才能を殺しているブランドや会社が多すぎる。これらの会社はときおり、自分たちのクリエイティブなマインドを、高度に構造化されたプロセスや思考モードに嵌《は》めこもうとするが、そんなことをしても、消費者との結びつきも刺激もないブランドになるリスクが高まるだけだ。

だからこそ組織は、自社の仕事に生かすために、社外の声をクリエイティブなプロセスに取りいれ、その人びとが独自の経験を活用してくれるよう促す思考回路にならねばならない。多様性やインクルージョンはそれ自体が目標であるべきだけれども、驚いたことに、いまでも、多くの企業がそれを理解していない。経験や考えやバックグラウンド、アイデアや価値観の多様性が、なぜ世界を変えるクリエイティブなパワーの構築に不可欠なのか、わかっていないのだ。クリエイティビティというのは、ほかの人には見えていないが、自分たちには見えているインサイトから育まれる。わたしたちはこのようなインサイトを、チームの多様な経験を通じて、また、未知の領域を情熱的に探求するなかで見つけだした。

本書はクリエイティビティへの賛歌であり、ブランドを確立しようとしている人びとへの呼びかけでもある。消費者との結びつきを生む、人間くさい要素をもういちど見つけようという呼びかけだ。このあとの章で読者のみなさんは、ナイキでの経験で得たわたし自身のインサイトを通じて、クリエイティビティをめぐる旅に出ることになる。その旅で得た教訓は、マーケティング分野のどの段階にも生かすことができる。レブロンの偉大さを感じるストーリーの構築から、コービーの果てしない好奇心やイマジネーションによって引きだされたインスピレーション、エアフォース1シューズのためのコンサート、ケヴィン・ハートのムーブメントのための行動《ムーブメント》、ナイキのスローガン「ジャスト・ドゥ・イット」を通じて新たな世代のアスリートにモチベーションを与える活動まで。読者はマーケティングのなかのアートと、それが生むエモーション・バイ・デザインを体験する。

現在、世界レベルのブランドの構築には、アートとサイエンスの絶妙なバランスが必要だ。わたしたちは消費者に関する情報を、データという形で、これまで想像したこともないほど多く得られるようになった。いまや自社のコンテンツやストーリーテリング力を使って、これまでより効率がよくタイムリーで、個別化された生産的なブランドになれる力を得た。しかしデータや分析から多くの情報が得られるいっぽうで、ある意味、奪われていくものもある。創造性や革新性が薄れ、大きなリスクを冒さなくなった。これは、アートかサイエンスかという優先順位の問題ではなく、バランスの問題だ。絶妙に調和しているとき、アートとサイエンスは目を見張るほど有効な結果を生む。コンピューターが示す情報やデータは驚くほど有用で、消費者体験から摩擦や不便さを取り除いてくれる。けれども、この天秤のバランスは崩れている。その結果、多くの場合、組織は消費者と人間的な関係を築くべきときに、製品やサービスの売買を優先するようになる。

本書では、わたしがこの分野で三〇年かけてじっくり積みあげてきた教訓と信条を伝えるつもりだ。わたしの創作プロセスや創作方針がどのようにして、アスリートやコーチ、チームなどスポーツ界の偉大な協同制作者《コラボレーター》たちが活躍しているフィールドから直接ヒントを得てきたかを検討する。それらの創作プロセスや創作方針は、企業規模の大小を問わず、幅広く活用できる。それを読者にわかってもらえたらと願っている。なによりも本書は、たったひとりのチームであれ、一〇〇〇人からなる企業であれ、ビジネスやマーケティング、創作のプロにとって有用な設計図になるように努めている。本書に詰まっているインサイトを用いていただければ、リーダーとしてのあなただけでなく、あなた自身やあなたのチームは、高いクリエイティビティのレベルに到達し、消費者とのあいだに永続的なつながりを生みだせるようになるはずだ。

構成について

本文にはいるまえに、読者のみなさんにこの本の意図をたやすく理解してもらえるよう、各章の構成を説明しておこう。本書は、チーム内のクリエイティビティを解きはなつための作戦ノート《プレーブック》という構成にしている。わたしがいう「クリエイティビティ（創造性）」とは、エモーションをかきたて、お互いをつなげるパラダイムシフト的クリエイティビティを指している。それぞれの章は、基本的な要素をまず提示し、その要素の応用があとに続く。

本書では、スポーツ業界でのわたしのキャリアのなかで生まれた画期的な作品を数多く紹介している。読者は多くの場合、クリエイティブなチームワークとはどういうものかを間近で目撃し、わたしたちの時代の忘れがたいアイコン的なマーケティング・キャンペーンをプロデュースしている気分になれるだろう。わたしは幸運にも、ナイキが急激にクリエイティブなコラボレーションを実施しはじめた時代に入社した。この文化やコミュニティは、わたしが在職しているあいだじゅう続き、ナイキが驚異的な成長を遂げ、当初の組織化されていない状態から成熟した組織になったあとも、なお維持された。わたしが仕事をしたチームには、想像や発想を奨励する精神が存在していた。またそこには臨機応変に動く文化も存在していて、経験の浅い新人にもプロジェクトを任せることがよくあった。わたしたちはみな、何か特別なものを築いているという感覚があった。それは会社のことだけではない。リアルな人間関係みたいに、作品と消費者とを結びつけているように感じていたのだ。わたしたちが制作したフィルムやキャンペーンや製品は、人びとにとって重要なものになった。ナイキはスポーツシューズやスポーツウェアで権威あるブランドになり、わたしたちには責任感が生まれた。わたしたちのしていることが、人びとにとって重要な意味を持つのなら、人びとに恥ずかしくないようきちんとやってのける義務がある。あるブランドが消費者と深く結びつく域に達したとき、多くの意味で、その企業の仕事はもはや、製品の販売だけにとどまらない。ブランドが文化の一部になるのだ。もちろん、そこには自分が築いてきたものを守り、消費者が期待する卓越したレベルを維持する義務も含まれている。たやすい仕事ではない。だからこそ、本書によって読者が、自身の組織内で文化を生みだすツールを得て、すぐれたブランド力とストーリーテリング力と体験を継続的に生みだし、消費者と力強くエモーショナルな絆を結び、それを維持してもらえたらと願っている。

第一章は別として、各章は似た構造で、より強いブランドを生むための独自の要素を示している。各章の終わりに、その章の概念やテーマを強調し要約した指針を箇条書きにしている。第一章はわたしがナイキに入社したとき、どういう人間だったかを理解してもらう章になっており、そのため、かなり自伝的な要素を含むが、その他の章は主題をはっきり示した。各章で教訓やアイデアを描きだすため、そのときどきに話せるなかでテーマにもっとも適した物語を選んでいる。けれども、クリエイティブなプロセスは整然としているわけではないので、ある章で選んだエピソードが別の章にも当てはまることがある。そのため、読み進めていると、いくつかの物語のなかで、共感やインサイト、クリエイティブなコラボレーションなどなど、同じ概念が何度も出てくると感じるかもしれない。それは、クリエイティブな取り組みが、それらすべての要素で成り立っているからだ。第二章では、基本的なテーマのいくつかを示している。まずは、あなたの組織に存在する小さな芽を育てなければ、意図的にインスピレーションを探し、イノベーションを起こすのはむずかしいからだ。

最後になるが、本書が始まるここで、本書のクロージングテーマに光を当てたい。ブランドのマーケターには、周辺の世界について何かを伝えるためにインサイトやツールや想像力を駆使できるすばらしい機会がある。その際はブランドの目的に沿っていなければならないが、インパクトに満ちた、世界を変える瞬間を無視すべきではない。わたしたちが世界に向けて発信するストーリーは、誰にでも備わっている野心的なモチベーションと結びついたときにのみ、消費者と強くつながれる。その地平を目指そう。冷めた見方は敵だ。わたしたちはつねにそれと戦わねばならない。ようするに、より偉大なものの一部になれということだ。より高い目標を成しとげられるよう努力しよう。そして、すばらしい遺産を築くのだ。

第一章　アリーナへの旅

　緊張しまくっているわたしを見かねて、友人が水を一杯くれた。たしかに喉がからからだったが、それより神経がやばい状態だ。スポーツや競争やヒップホップが大好きな外向型の自分はどこかに隠れてしまった。その日のわたしは、内向的なアーティストだった。アート、わたしの作品であるアートは問題ではなかった。問題は、自分のアートについての物語を伝えることだ。正確にいえば、デザインについて、目の前の聴衆に向かって話をすることだった。十数対の目がこちらに向けられている。教授やクラスメイトだけでなく、わたしが尊敬してやまないデザイナーたちの目もだ。このデザイナーたちの作品が、道標《みちしるべ》となり、わたしが何者かを教えてくれた。それらの人びとの目が、期待を込めて、あるいはわたしが真の仲間なのかを判定しようと待ち構えている。なかでも一対の目から、強い視線が注がれている気がした。エリートデザイナーたちの世界に、わたしを招きいれるべきかどうか、わたしがそこにふさわしいものを持っているか見極めようとしているのだ。ミネアポリス・カレッジ・オブ・アート・アンド・デザイン（MCAD）に入学した四年まえに夢見ていた未来が、これにかかっている。

このときわたしは、卒業研究発表の真っ最中だった。テーマは、デザインを媒体としたビジュアルアートとリベラルアートの探索。わたしが制作した画像を通じて語られる、ふたつの世界の対比と類似の物語。これはやや難解なテーマで、クリエイティブな人びと向けのデザインの旅だった。しかし、物語をめぐる旅に出てもらうには、まず、出かける価値があると認めてもらわねばならない。その水準に達していると評価してもらわねば。ルールに沿っているかどうかでなく、これまで目にした何よりもまさると感じてもらうのだ。なかでもとくに、この旅に一緒に出かけたい人がいた。その人の名は、ローリー・ヘイコック・マケラ。ミネアポリスにあるウォーカー・アート・センターの館長だ。このセンターは世界から注目されていて、現代アートの美術館として人気がある。

一カ月ほどまえ、わたしはデザイン学科で人気の高いウォーカーインターンシップのひとつに応募した。自分がクラスでもトップデザイナーのひとりと目されているのは知っていたので、ローリーが電話をかけてきて、インターン候補者のファイナリストのひとりに選ばれたと知らされても驚かなかった。このときに卒業研究発表に招いてくれないかという提案を受けたのだ。もちろん、ウォーカー・アート・センターの館長から何かを提案されたら、それはただの「提案」ではない。こうして、卒業研究発表は、MCADで磨いてきた才能を発表する場というより、将来をかけた面接の場となった。だからこの日、自分の才能に強い自信はあったものの、極度に緊張していたのだ。

インターンとはいえ、ウォーカーでの職は、子どものころからみてきた数々の夢や目標のなかでも最高のゴールだ。黒人の父と白人の母のもとに生まれたわたしは、白人夫婦の養子になり、ミネアポリス郊外のミネトンカというほぼ白人しか住んでいない地域で育った。美しい自然に囲まれながら、白人と黒人のミックスという立場から、少なからずよそ者のような気分を味わっていた。わたしは内向的になり、想像の世界を探求するようになった。五歳になるころには、両親や先生から耳にタコができるほど「きみはすばらしいアーティストだ」と言われるようになった。両親は夏のお絵かき教室に通わせてくれたし、ミドルスクールの美術教師をディナーに招待したり、ドローイングテーブルやドラフティングテーブルを買ってくれたり、ふたりの兄弟と共同で使っている小さな寝室の壁のひとつを自由に絵が描けるようにもしてくれた。この壁は、わたしの想像の世界を表現する大きなカンヴァスになった。

小学校に入学すると、いろいろな差別を直接受けるようになった。わたしはそれに対処する準備ができていなかった。同じような経験をしている人が周りにいなかったから、学んだり見習ったりできなかったのだ。わたしの心はアートに向かった。絵を描いているかぎり、紙の上で白昼夢をみて、現実を忘れられた。ハイスクールに通うころには、さまざまな次元のアートとデザインの世界に夢中になっていた。それは一九八〇年代前半の黒人の若者が一般的に興味を持つ世界ではなかった。けれども、情熱に浸っているのが心地良かった。この情熱のおかげで、いろんな可能性を想像できたし、世界を意味のあるものにできたからだ。アートとデザインが交わる世界で、自分のアイデンティティも（すべてではないが）見つけたし、もっと見つけたいと思った。

それは、ミネソタ州出身の若者にしては、やけに壮大な望みだったが、わたしはMCADで、自分の才能を磨くための最高の環境に身を置くことができた。入学オリエンテーションのとき、ひとりの指導者が語る、よくありがちな言葉が聞こえてきた。指導者は「周りを見わたしてください」と言いながら、わたしを含めた新入生たちを手で示した。「きみたちのなかで、本職としてデザインの仕事に就けるのは、たった一〇パーセントです」もちろん、彼の言うとおりだったが、わたしは挑戦状を差しだされたような気持ちだった。デザインのエリートたちが住む世界こそ、授かった才能を生かす場所だ。その世界に加われないなんてことが、あってたまるものか。そうはいっても一〇パーセントとはなんと狭き門か。わたしは誰よりも多くデザインを描き、誰よりも努力すると決意した。MCADの卒業研究発表を控えたあの日、わたしはどちらもやりとげたと胸を張って言えた。そして今度は、未来へ目を向けた。ゴールはウォーカーだ。そのウォーカーが、若手デザイナーに大人気の一年間のインターンシップを提案してくれている。ウォーカー・アート・センターはわたしの憧れを体現している。可能性の壁をぶっ壊し、その定義を押しひろげる最先端のデザインがここにある。最新の芸術作品を視覚的に伝える役目を担っているウォーカーのデザイナーは、自分自身もアーティストとして、かなり自由に自己表現することができる。その種のデザインは、現在のデジタル先導型の社会では、もう本当には存在していない。当時は、ウォーカー・アート・センター内に収められている作品のアーティストと同じように、ウォーカーのデザイナーがトレンドを生みだしていた。ポスターやカタログや展示会を通してアートを紹介するために、革命的といえるほどのデザインのレベルが求められた。その世界の一員になるということは、デザイン界のエリートたちが集うアリーナの入り口に立てるということだ。

そのとき、わたしと夢の実現とのあいだに立ちはだかっていたのは、卒業研究発表だけだった。その論文でわたしはカール・ユングやローリー・ヘイコック・マケラらの深遠な思想家について論じていた。わたしは心配そうな友人がくれた水を一気に飲んで、一歩踏みだした。

***

「なあ、やってみたらどうだい」そう言ったのはひとりの友人だ。MCADのシニア・イヤーの春、卒業研究発表まで一カ月というときだった。「やってみたら」というのは、ナイキが募集しているマイノリティ・インターンシップ・プログラムのことだ。「おれはやってみるつもりだ。だからおまえもやってみろよ」

「やだよ。おまえがやれば、それでいいじゃないか」とわたしは答えた。愛想よく応じる気分にもなれなかった。この友人はいまでいう「スニーカーオタク《ヘッド》」で、スニーカーのことばかり考えていた。暇さえあればノートにスニーカーのデザインを描いているような男だ。わたしが難解な心理学を自分の作品に取りいれようと知恵を振り絞っているときに、この学生はクールな新しいスニーカーのデザインを夢中で考えていた。ふたりともMCADの学生だったが、走っているトラックはぜんぜんちがった。ナイキは彼の目指す場所で、わたしが目指す場所はウォーカーだ。そっちには、すでに応募書類も送っていた。

とはいうものの、ナイキに応募したらという提案は、まったく的外れというわけでもなかった。わたしは子どものころから、スポーツや競争が好きだった。自分のアイデンティティを見つける助けになったのはアートだけでない。一九七〇年代や八〇年代の黒人アスリートの活躍や人となりからもヒントをもらっていた。スポーツに熱中するのが、いわば毎日のルーティンだった。取りつかれたようにアメフトのカードや野球カードを集めたこともある。当時のわたしはかなり広範囲の新聞配達区域を受け持っていた。だからそれなりにお小遣いがあった。けれども、それより大事なのは、そのおかげでスポーツ欄をじっくり読んで、メジャーリーグ選手の打率や本塁打数トップの選手を覚えられたことだ。当時、そのような選手の多くがアフリカ系アメリカ人選手だった。

それらのアスリートたちが創造に一役かった当時の文化は、まさに都会の黒人文化をそのまま写しとったものだった。そういう文化にわたし自身はそれまでほとんど馴染みがなかったが、マスマーケットに浸透しはじめていた。ビル・ラッセルとコンバース・オールスターズがもてはやされた日々はゆっくりとではあるが確実に、マイケル・ジョーダンとナイキに道を譲っていった。ナイキの名前を出した理由は、わたしがスーパースターたちに夢中になったのは、ナイキの宣伝や広告の影響ともいえるからだ。コートやフィールドから一歩出たアスリートたちは憧れのクールなアイコンに早変わりする。マーケティングイメージや広告は、アスリートのパフォーマンスを見ている人びとにわくわく感をもたらし、真似をしたくなるように導く。わたしはそれらのアーティスティックな表現に乗せられていた。当時はちっとも気づいていなかった。広告や宣伝をみて湧きおこる自分のエモーションは、呼びおこそうとデザインされていたということに。それは、わたしがカレッジで学んだデザインとは、まったく別次元のデザインだった。

では、時計の針を一九九二年に戻そう。当時はどこをみても、それはあきらかだった。それというのはナイキのまぎれもない反骨精神のことだ。テレビをつければ、ナイキの《ロックンロール・テニス》というコマーシャルが流れ、レッド・ホット・チリ・ペッパーズがロックを奏でているそばで、テニス界のスター、アンドレ・アガシがネオングリーンのユニフォームを着てボールをスマッシュしていた。チャンネルを変えると、今度はナイキの最新の《ジャスト・ドゥ・イット》のCMが流れ、そのテーマソングとしてジョン・レノンの《インスタント・カーマ》の一節「わたしたちはみな輝いている《ウィ・オール・シャイン・オン》」が聞こえてくる。

一九九二年の春、ナイキは人気を博していた。二〇周年を迎え、ブランドのアンバサダーとしてジョーダンやチャールズ・バークレー、ジェリー・ライス、そしてケン・グリフィー・ジュニアらを起用し、ナイキはあらゆる場所に出没していた。そのアイコンでありトレードマークでもある、スウッシュ・ロゴも。ナイキは年間売上が三〇億ドル以上もあり、もはやオレゴン州のちっぽけな新興企業ではなかった。だが、世界に急速に広まってもなお、根っからの反骨精神や革命的な精神は持ちつづけていた。ナイキのシューズを手にいれることは、クールの極みというだけではない。その行ないこそが、あなたがどのようにスポーツや人生と向きあっているかを物語っている――勝つためにプレーするが、そこには自分なりの流儀があると。

ナイキは幾度となく、スポーツと文化が交わる場所に立ってきた。ただその場にいただけではなく、その交差点を生み、先導してきた。ジョーダンはシカゴ・ブルズの一員としてNBAチャンピオンシップの二連覇を狙っているところで、ナイキは熱望されていたエアジョーダンⅦスニーカーを発売したばかりだった。アメリカンフットボールのスーパーボウルで流れた《ヘア・ジョーダン》のCMは商業的に大ヒットした。このCMでは、ジョーダンがバッグス・バニーとチームを組み、バスケットボールのコート上でいじめっ子たちのチームをこてんぱんにやっつける。それに加えて、ジョーダンたちが本拠にしているシカゴで、二店目のナイキタウンがオープンした。ナイキはスニーカーに革命を起こした。そして今度はナイキタウンという概念で買い物体験を一変させようとしていた。

ナイキの革命によって、バスケットボール、ランニング、テニス、そしてクロストレーニングなど複数のカテゴリーにわたるこのブランドの人気がますます高まった。同じころ、まったく新しいエア・ハラチというシューズが大々的に発売された。当時はどんな雑誌であれ、パラパラめくると、まちがいなくエア・ハラチの広告が目に飛びこんできた。そこには大きく太い文字で「今日は、足をハグした？」とある。この革命的なシューズの履き心地の良さを請けあうような広告だ。そして、ページをさらにめくると、別の広告ではナイキの新たなアウトドア・スポーツの全天候型プロダクト、オール・コンディションズ・ギア（ACG）が紹介されている。その先頭に立つのが「エアクッション、エアコンと出会う」〔サンダルゆえにインソールがむき出しであることを表現していると思われる〕というコピーがつけられたエア・デシューツのスポーツサンダルだった。ナイキのコピーは、製品それ自体と同じくらい画期的だった。

その時代の、競技が好きでスポーツを愛するすべての若者たちと同じく、わたしはナイキが生みだしたこの新たな文化にすっかり染まっていた。なぜなのかという理由はちっとも知らずに。奇妙なことだが、ナイキがマーケティング活動としてやっていることが、当時のわたしにはぜんぜん見えていなかった。ナイキはイメージとエモーションを支配し、それをデザインしていたというのに。デザインこそわたしがしていることだった。そのために学校に行っていたし、そのためにウォーカーに入りたいと思っていた。いいかえれば、デザインは商業的に販売しているシューズよりも重要だったはずなのに。そして、その春、わたしの世界がひっくりかえった。

一九八〇年代から一九九〇年代にかけて、《プリント》誌はアメリカでいちばんのグラフィック・デザインの専門誌で、もちろんわたしは最新号を毎回楽しみにしていた。一九九二年の春の号にナイキのイメージ・デザインチームの記事が掲載された。写真には、人工湖に腰まで浸《つ》かったチームの人びとが写っていた。その湖は、オレゴン州ビーバートンにあるナイキの新しい本社の中心にあった。写真の真ん中に男が立っている。その両脇には総勢二〇名ほどのほかのデザイナーたちが並んでいる。その男はロン・デュマスといい、イメージ・デザインチームの長で、ジョーダンの《ウィングス》と呼ばれているポスターのクリエイターだった。このポスターの等身大のジョーダンは、ブルズのユニフォームに身を包み、両腕を伸ばして、片方の掌でバスケットボールをつかんでいる。その下にウィリアム・ブレイクの詩句「自らの翼で翔ぶかぎり、高く飛びすぎることはない」が刻まれている。

わたしはこのポスターをよく知っている。カレッジのアパートメントの自室に貼っていたからだ。いまでも認めるのが恥ずかしいくらいなのだが、その記事を読む瞬間まで、わたしはあることに気づいていなかった。それは、深い影響を受けた（そしていまだ受けつづけている）これらの写真や広告の後ろにはデザイナーがいるという事実だ。当時はすでにデザインの勉強をしている身だっただけに、ばかげているように聞こえるだろう。けれども当時は、ナイキの広告宣伝の背後にいる人びとのことを深く考えたことがなかった。だがいまや、デザイナーたちは腰まで水に浸かりながら、こちらをじっと見つめている。そのときのわたしの気分は、天文学者が宇宙に浮かぶ新しい惑星を発見したときにちょっと似ていたと思う。ずっとそこにあったものが、やっと目に入ったみたいな気分だった。

つまり、わたしがようやく存在を知った謎めいたその世界で働くチャンスがあると、友人は教えてくれていたのだ。帰宅して、家具がほとんどないアパートメントの自室に腰をおろし、壁に貼ってあるジョーダンの《ウィングス》ポスターをじっと見つめた。マイケル・ジョーダンがじっと見つめかえし、ブレイクの詩句も呼びかけてくる。ジョーダンの力強い目と、上を目指せという言葉が組みあわさって、わたしはその気になった。よし、ナイキのインターンシップに応募してみよう。

＊＊＊

四月の上旬になると、卒業研究のプレゼンテーションは評判がよく、とくにいちばん重要な鍵を握るローリーが気に入ってくれたと聞かされた。そしてまもなく、ウォーカー・アート・センターのインターンシップへの参加が認められた。インターンシップは九月一日からだった。ナイキのインターンシップは夏で終わるので、その気さえあれば、どちらのインターンシップにも参加できる。ナイキのインターンシップにも参加できるかもしれないと思うと、胸が躍った。が、わたしの将来のビジョンと夢はまだウォーカーの世界にあった。ウォーカーはＭＣＡＤで学び、磨いてきたすべての頂点を示していたが、ナイキのインターンは夏休みの楽しいイベントのひとつみたいに感じていた。

その後ナイキから電話を受けて、インターンシップの席を提示された。電話があったとき、同じくインターンシップに応募していたクラスメイトのスニーカー・ヘッドも教室にいた。彼はわたしのニュースを喜んでくれたが、がっかりもしていた。その電話はナイキのイメージ・デザインチームのリーダーのひとり、クリス・アヴェニからだった。短くてそっけないといえるほどの電話だった。インターンシップは六月の最初の週から始まり、最初に一日半ぐらいオリエンテーションがある。その開始日——卒業式から一週間後のことだが——に出席できなければ、わたしの席はほかの誰かに回すとのことだった。迷う手はない。ただちに申し出を受けるべきだ。

わたしはスニーカー・ヘッドのほうをみながら、罪悪感を飲みこんで、どうにかして参加しますと答えた。とはいえどうすればいいのか、わからなかった。卒業後のわたしは文無しで、どうにもこうにもオレゴン州まで行く手立てがなかった。けれども、ありがたいことに両親が自分たちのヴァン、フォード・エコノラインを貸してくれた。折りたたみ式のベッドとポーカー・テーブルと、窓にブラインドがついていて、サイドにエアブラシでカラフルなグラデーションがつけられたタイプだ。野心的なデザイナーとして自分が表現しているものとは似ても似つかない、けばけばしいデザインだったが、バンパーに貼られたステッカーも含めて、文句をいう気は毛頭なかった。教師の給料で七人家族を養っていた両親が、自分たちのヴァンをひと夏まるまる息子に貸すというのは、大きな負担だったはずだ。

わたしはミネアポリスから二七時間かけてヴァンを運転し、大陸を横断した。サウスダコタ州のバッドランズを通り、ロッキー山脈を抜け、ハイウェイ八四号線を進み、息を飲むような美しいコロンビア渓谷を過ぎた。ようやくビーバートンに到着すると、まっすぐナイキ本社の駐車場に向かった。オレゴン州で知っているのはこのアドレスだけだった。その日は木曜日で、インターンシップは翌週の月曜日にならないと始まらないというのに、そのあたりに知り合いはひとりもいなかった。だから、その後の三晩は駐車場に停《と》めたヴァンに寝泊まりして、家賃の前払いなしで貸してくれるアパートメントを探した。手元にあるお金は三〇〇ドルぽっちで、クレジットカードも限度額いっぱいに使いきってしまっていたからだ。

けれどもそのおかげで、できたてほやほやの職場をじっくり観察することができた。新しいナイキ・キャンパスは一年以上まえから建設が進行中で、建物が次々に完成していた。それぞれの建物には、ナイキに影響を及ぼしたアイコン的なアスリートの名前がつけられている。マイケル・ジョーダンやジョン・マッケンローから、オリンピック女子マラソン初の金メダリスト、ジョーン・ベノイト・サミュエルソンまで。ナイキ・キャンパスはミュージアム、公園、オフィスが組みあわさった施設で、あらゆるものがこのキャンパス内に揃っている。スポーツに取りつかれているわたしのような人にとって、そこはまるで聖地《メッカ》だった。プロのアスリートになろうと思ったことはないが、子どものころは、それに近い思いを抱いていた。さらに重要なのは、想像力をかきたてる物理的な仕事環境を作ることで、よりすばらしいコラボレーションや生産性、イノベーションが生まれるとナイキが理解していたことだ。現在は多くの企業がこのモデルに従っているが、ナイキには、創造性《クリエイティビティ》に火をつけたいのなら、創造性の高い空間で働くべきという独自のインサイトがある。そこは、ナイキの精神《エートス》が建築や環境に反映されているような場所だ。クリエイティブな人びとが、才能を呼びさまし、才能を開花させられる場所だ。環境からインスピレーションを得るためには、またそのエモーションで作品を満たすためには、企業文化に新しいスタンダードを植えつけなければならない。一足のナイキは単なる一足のシューズではないように、ナイキ本社は、従業員を収容する単なる建物の一群ではない。建物それ自体がストーリーの一部で、没入型の体験を生みだすこの施設が、二二歳のわたしの目と心に訴えかけてきた。これは想像をはるかに超えていた。

キャンパスの脈打つ心臓部は、最先端のボー・ジャクソン・フィットネスセンターだ。その三年まえ、わたしはますますナイキに愛着を感じるようになっていた。そのころ《Bo Knows》（ボーは知っている）キャンペーンが始まり、クロストレーニングが世の中に紹介された。このコマーシャルにわたしは強い共感を覚えた。わたしは一三歳のときに砂の詰まったウェイトリフティング・セットを親に買ってもらっていたので、キャンペーンが始まったころには、有酸素運動とウェイトリフティングを組みあわせた日々のルーティンを何年もこなしていた。だから、インターンシップの夏、ボー・ジャクソン・フィットネスセンターは、我が家からはなれたわたしの新たな家になっていた。

月曜日、ブランドのオリエンテーションのために、会社全体から有色人種のインターン一八名が集まった。そのなかにわたしもいた。まもなく知ったことだが、州外から参加したのはわたしだけで、ほかはみなオレゴン州の地元の若者だった。このオリエンテーションの司会はジェフ・ホリスターだった。ホリスターはナイキに雇われた三番目の従業員で、スティーブ・プリフォンテーンの親友であり元チームメイトだ。そして、スティーブ・プリフォンテーンというのはオレゴン大学の伝説的なオリンピック中長距離ランナーで、ナイキがスポンサーになった最初のアスリートでもある。

ジェフはナイキの歴史を生き生きと、詳しく語った。ブランドの価値観や、ナイキのチーム文化を定義する原則について話した。わたしたちはランニング競技でのプリフォンテーンの戦術から、レース開始からリードするとはどういう意味かを学んだ。ジェフはそれをブランドやビジネスの世界の言葉に変換した。すなわち革新者になりたければ、従来の戦術に反して、レース開始から先頭に立ち、ライバルの反応を引きだせと。スポーツから生まれたリーダーシップの原理は揺るぎない流れになり、ブランドの構築に応用された。その日、わたしたちはプリフォンテーンの有名な言葉「ベストを尽くさないのは、才能を無駄にすること」をテーマにして、彼の考えについて率直に語りあった。

初めからナイキは、わたしの期待をある意味、裏切りつづけていた。正直なところ、九月にウォーカーでインターンシップを開始したとき、そこで聞いた話がややつまらなく思えるほどだった。ジェフが語った概念と、プリフォンテーンという人をそのまま表しているような言葉は、ウォーカーの概念とまったくちがっていた——しきたりに逆らって、限界を押しひろげ、できることのその先へ向かう。ここには文化がある。わたしはそう思ったことを覚えている。ここには卓越した文化があると。

そしてそれはなんという文化だったことか。当時は一九九〇年代前半で、場所はオレゴン州。そのころのオレゴンは、ちょうど波に乗りはじめた多くのカウンターカルチャーの中心だった。ラジオでは、パール・ジャムやニルヴァーナ、そしてサウンドガーデンなどのバンドがグランジという新しいスタイルの音楽グループとして紹介されていた。これは、一九八〇年代のグラム・メタルや、ヘア・メタルバンドに対する一種の反逆だった（これらのパワフルなバラードは、わたしが通っていたハイスクールの体育館でよく演奏されていた）。音楽のこの新たな波は、ひりつくような不遜さとアイロニーの感覚を持つその世代の特徴のひとつだった。それはまた、ナイキのイメージ・デザインのオフィスで出会った人びとや精神《エートス》をもみごとに表していた。そのオフィスの人びとは、ほぼ意識的に、会社員らしいトラッドファッションを敬遠していた。わたしは、バナナ・リパブリックや（わたしが心底惚れていた）ラルフ・ローレンなどのブランドが得意としていた、いわゆる「ビジネス・カジュアル」の世界からやってきたが、このオフィスでは、短パンにサンダル姿がほとんどで、ときには裸足に半分だけボタンを留めたシャツという人さえもいた。インターン初日に、わたしはラルフ・ローレンのシャツのボタンをきっちり留めて出社した。すると、「服の着方も教えなくちゃいけないな」と言われた。そう、それも全部ひっくるめて（ウィンクさえしてくる厚かましさも）ナイキ独自の文化だった。デザインオフィス全体にオレゴンらしさがあふれていた。戸外のアドベンチャー・スポーツへの強い愛情とともに、地元で生まれ、育まれてきた文化だ。この部署には社内の強豪ソフトボールチームがあった。チームの名前はショート・オーダー・コックスという。「即席料理専門のコック」を意味するチーム名は、いつも納期ぎりぎりの依頼がデザインチームのデスクに舞いこんでくることに由来している。オフィスで働いている人のなかには、ブックハウス・ボーイズというバンドに所属している者さえいた。

MCADやウォーカーの世界から、すっかり遠く離れた場所にいるような気が（心からとまではいわないが）なんとなくしていた。二二歳のわたしは、イメージ・デザインチームでいちばん若く、そのデザインオフィスで唯一のインターンで、これから経験をすることに対してまったくなんの準備もしていなかった。そこにいる人びとは、「ワーク・ライフ・バランス」を真剣にとらえていて、仕事と人生の両方を満喫していた。チームのメンバーはすばらしいデザイナーだったが、それだけではない。アウトドア大好き人間もいたし、大半の人びとが音楽に通じていた。

家族写真をオフィスに飾るように、自分たちの趣味や、興味があるもの、情熱を傾けているものをオフィスに持ちこんでいた。わたしはまもなく、オフィス内で悪ふざけを計画して、それを実行するのに驚くほどの時間が費やされているのを知った。たとえば、何人かで壁掛けの時計をデザインしていたことがある。その時計は、毎日午後五時にオフィスを出ていく特定の人物のために作られた。文字どおり、毎日五時きっかりに帰るのだ。だから、いたずらの仕掛け人たちは、いつもの時計をはずして、すべての数字を「5」にした時計を掛けた。その時計が誰を風刺しているかはあきらかだった。正直いって、これは、わたしがデザインで食っていくと決めたとき、想像していた世界ではなかった。

仕事の同僚というよりも、ハイスクール時代の友だちみたいな人たちだった。たしかに情熱はあるが、その情熱は仕事にだけ向けられているわけじゃなかった。そこが、わたしにはなじみのない部分だった。わたしはおとなしくて、真面目だったが、好奇心は人一倍強いし、友だちが欲しくてたまらなかった。だからまもなく、オフィスのソフトボールチームに入った。ほかのみんながどれほど本気でソフトボールに取り組んでいるのか知りたかったからだ。けれども本当に壁が取っ払われたのは、オフィスのなかの何人かがランチに誘ってくれたときだった。ヴァンのことを聞いて、乗ってみたくなったらしい（そう、例のヴァンだ。いろんな意味で、あのヴァンには感謝している）。そのランチが、ようやく新しい仕事仲間として受けいれられた瞬間だった。わたしは心を開いて、インターンとしてこうあるべきと自分で決めつけていた自分ではなく、本当の自分をさらけだせた。職場の人びとは新入りのリアルな姿をみたいと思っていたのだ。お気に入りのブランドの服の下にある生身の姿を。両親のヴァンでビーバートンに乗りこんできた若者を。単なるデザイナーではなく、ミネトンカ出身のグレッグを。だからわたしは、自分がどういう人間かを示した。そしてみんなと友だちになった。

ナイキの文化は想像とまったくちがっていたが、抜群に有効だった。イメージ・デザインチームのチーフ、ロン・デュマスは、チームに、ある精神《エートス》を取りいれていた。それは、基本的にナイキのスローガン「まずやってみよう《ジャスト・ドゥ・イット》」に沿っていた――アイデアがあるなら、まずやってみよう。オーケストラが奏でるシンフォニーには、しっかり統制が取れているものがある。そういう場合、指揮者はあらゆるところに影響力を及ぼし、自分が出す合図に従って演奏させようとする。けれども、指揮者がほとんど存在していないようでいて、なおもその存在を感じるシンフォニーもある。デュマスは、みんなが自主的に行動できるようなチーム運営をしていたが、その影響力は明白だった。デュマスの思いがオフィスの職業倫理を導いていたし、チームは何度もその思いに応える働きをしていた。ただ、みんなのおふざけがあまりにいきすぎたとき――それはよくあったのだが――ごくまれにデュマスがオフィスから出てきて、悪ガキどもを落ち着かせた。

こんなふうにおおらかで、向精神薬でも飲んでいるみたいにやたら楽しげなチームに、ひとり例外がいた。その人の名前はジョン・ノーマン。ジョンに比べれば、わたしの几帳面なアナル的性格がずぼらにみえるほど、ジョンはヘッドラインの文字のきっちりした位置に至るまで、自分のプロジェクトに対してあらゆる細かい部分にこだわりがあった――「グレッグ、四分の一ミリじゃなくて、三二分の一ミリだ」。わたしが大学時代に作品の制作に使っていたコンピューターのことも、ジョンは嫌っていた。けれども、ジョンはわたしと同じようにデザインを真剣にとらえていて、共鳴する部分もあった。ジョンのほうでも、わたしのなかに共通点を見つけていたらしく、何かと目をかけてくれた。ジョンからは精密さの重要性を教わった。それは、わたしが通っていたデザインの学校では、かならずしも強く勧められていた部分ではなかった。けれども、一瞬で消費者の注意を引かねばならないとき、四分の一ミリと三二分の一ミリとの違いは重要な問題になる。

＊＊＊

その夏は、ナイキとスポーツにとって忘れがたい特別な夏になった。シーズンの初めに、アガシがウィンブルドンでゴラン・イワニセビッチを制して優勝した。このとき初めて四大大会のひとつを制覇したのだ。アガシはすぐれたパフォーマンスで優勝しただけではない。その数年前には、カラフルで新しい《エアテックチャレンジ・ハラチ》シリーズのテニスシューズを履いて、それに合わせてド派手な服を着るという独自のスタイルで、面白みのない白一色のドレスコードに抵抗したこともあった〔アガシが白で統一するというウィンブルドンのドレスコードに抵抗していたのは、一九九〇年までのことで、一九九二年のウィンブルドンの大会では白で統一したユニフォームで試合に臨み優勝した〕。もちろん、その何年もまえから、アガシはナイキのデニムショーツをコートではいていた。

その年、マイケル・ジョーダンとシカゴ・ブルズは優勢で、六月にはNBAファイナル〔NBAリーグチャンピオンを決定するシリーズ〕でポートランド・トレイルブレイザーズと戦った。マイケル・ジョーダンとブルズはもちろん勝って、その後一〇年、バスケットボール界だけでなくスポーツの世界全体を手中に収めることとなった。NBAファイナルが終わると、今度はFIBAアメリカ男子バスケットボール選手権が始まった。開催地はオレゴン州ポートランド。このとき初めて、NBAのプレーヤーによるいわゆる「ドリームチーム」が編成された。このときまで、USAのチームはつねに大学の選手で編成されていた。これらのスーパースターたちはポートランドで、バルセロナオリンピックの前哨戦として、この選手権を戦った。

わたしのバスケットボールとスーパースターへの愛はこの夏いっぱい大きくふくらみ、夏のバルセロナオリンピックでピークを迎えた。このオリンピックでドリームチームは金メダルを勝ちとった。コート上の大半の選手たちのスポンサーをしていたことを考えれば、ナイキも勝利したといえる。ナイキは、いつものようにタイミングを逃さず、アニメーションのキャラクターとしてドリームチームをすでに取りあげて、コマーシャルを制作していた。このオリンピックはほかにも歴史に残る理由がある。南アフリカ共和国は一九六〇年を最後に、アパルトヘイト（人種隔離政策）によってオリンピックの参加が認められていなかったが、この政策の終結によって、バルセロナオリンピックで再び参加が認められたのだ。

わたしにいわせれば、このときわたしたちは、歴史に残るすばらしいジャスト・ドゥ・イットの瞬間を目撃してもいた。イギリスのスプリンター、デレク・レドモンドは、四〇〇メートル走の準決勝で走っている最中にハムストリング断裂のせいで地面に膝をついた。デレクがふたたび立ちあがり、足を引きずりながらトラックを進みはじめたとき、群衆のなかから父親がセキュリティを押しのけてトラックに入り、ゴールに向かうデレクに肩を貸した。この瞬間がさらに感動を呼んだのは――少なくともナイキにとっては――デレクの父親がかぶっていた帽子に「Just

Do It」というスローガンが刻まれていたことだった。こういう瞬間を目にすると、マーケティングがどうこうというより、運命を感じる。

チームのメンバーになっていたわたしは、オフィスにいるほかのみんなと一緒に、充足感と誇りに満ちた瞬間を味わった。わたし個人は、この夏のスポーツに影響を及ぼしたロゴやイベントやコマーシャルのデザインをしたわけじゃなかった。それでも、デザイナーとしてそれまで経験したことのない気分を味わえた。自分たちの仕事には意味があるのだという思い。国じゅうの話題の一部になったという思い。それはときおりデザイナーたちのあいだで起こるような、業界で噂になるのとはちがう。ナイキは世界のイベントを動かし、形づくってさえいるのだ。これはいわゆる「ポピュラー」デザインと呼ばれるものともちがっていた（エリートたちの住むウォーカーの世界を目指していたMCADの学生時代、わたしは「ポピュラー」デザインには目もくれなかった）。アスリートのパフォーマンスをみて感情が高ぶるのと同じように、喜びと目的意識に満ちたナイキのマーケティングに、人びとは心を動かされる。それは理屈ではない。

わたしがインターンシップに参加した夏は、ナイキがアップルのマッキントッシュ・コンピューターを初めて導入したときでもあった。わたしとアップルとの関係は一九八二年に始まった。その年に父がアップルⅡを買ってきたのだ。オプションのモニターを購入する余裕はなかったので、わたしたちは小型の白黒テレビをディスプレイとして使うことにした。チャンネルのダイヤル部分が取れてどこかにいってしまっていたので、ペンチを使ってテレビのチャンネルをMacのチャンネルに合わせた。わたしにとって、これが初のアナログとデジタルの融合だった。このときわたしは、テクノロジーがいかにして創造性を引きだすか、あるいは妨げるかをはっきり理解した。派手なコンピュータープログラムは、アイデアの代わりにはならない。まずアイデアがあってこそ、なのだ。その夏にナイキがＭａｃを導入したのは、わたしにとってこれ以上ないほど完璧なタイミングだった。自分の評判を築ける理想的なチャンスが巡ってきたのだ。オフィスの人びとは誰も、Ｍａｃのコンピューターを使った経験がなかったが、わたしはたまたまカレッジを出たてでマッキントッシュの複数のプログラムに通じていた。わたしはコピーを取ったり、書類を整理したりするために、このインターンシップに参加したのではなかった。これが完璧なプラットフォームになってくれて、自分が役に立つ人間であることだけでなく、自分のデザインのスキルも、チームに示すことができた。

このインターンシップのクライマックスに、またとない大きなデザインのチャンスがやってきた。これは、ほかのデザイナーの補佐ではなく、独りで上司たちに、自分の力を証明しなければならない仕事だった。何かといえば、ベテランのデザイナーに交じって、ふたつのスポーツで活躍している次世代のスターマルチプレーヤー、ディオン・サンダースのロゴをデザインする仕事を依頼されたのだ。そのロゴは、野球とアメリカンフットボールの両方に使える初のクロストレーニング・シューズ、エア・ダイアモンドターフのシュータン部分を飾ることになっていた。ロゴは（「プライムタイム」とも呼ばれている）ディオンのスキルやスタイル、姿勢を表すだけでなく、ストーリーが伝わり、さらにエモーションをかきたてるものである必要があった。ジョーダンのジャンプマンのロゴがある種のエモーションを生むのと同じだ。そしてもちろん、ディオンが活躍している野球とアメリカンフットボールのふたつのスポーツと、さらに背番号とイニシャルも組みこむ必要がある。

それらすべての情報を二五セント硬貨サイズのシンボルに盛りこむのは、なかなかの業《わざ》だ。大学でやっていたのは印刷物関連のデザインだったので、経験に頼れず、準備不足だった。大学では、ポスターやワインのラベル、スタンプやカタログのデザインをしていた。それらのデザインの目標は、何かしら新鮮でユニークなもの、誰も見たことがないものを提供することだった。その種のデザインの手法はわかっていた。後ろに一歩下がってしばらく感心して眺められ、どこからみても何かしら新しいと思わせるようなデザインだ。それはスーパースターのロゴのデザインとは似ても似つかない。スーパースターのロゴのゴールはユニークさではない。見た人の反応を引きだし、ブランドに対するエモーショナルな結びつきを生むこと。それを一瞬で達成することだ。ジョーダンのジャンプマン・ロゴを思い浮かべてほしい。シンプルでクリーンなシルエット。だが、それを見た人はなんらかの感情が湧きおこるのを感じる――一瞬でそれが誰かを理解し、詩的とさえいえるポーズにわくわくする。それこそが、ロゴの醍醐味だ。

これはわたしにとって新たな領域だったが、それを口にする勇気がなかった。作業しているほかのデザイナーたちを見回すと、誰もが昔ながらの手法を使っていた。つまり、紙に手描きしていたのだ。わたしは手描きではなく、アップル・コンピューターを立ちあげアドビのイラストレーターを使った。これでわたしのほうが有利な立場になったと思っていたが、それがかえって窮屈な縛りになったし、わたしの試みにはそもそも、本能的な感情のエッジが欠けていた。ひとことでいうと、ディオン・サンダースのロゴなのに、ディオンが欠けていたのだ。コンピューターは印刷宣伝物のデザインには向いているけれども、ロゴデザインにはあまり役に立たない。ロゴデザインのゴールは紙の上でイマジネーションを解きはなち、感情の赴くままに手を動かすことだから。昔ながらの手描きの手法は、昔ながらだからこそ、わたしはやや原始的とみなしていた。けれども実をいうと、その手法を使うからこそ、ナイキのデザイナーたちは本能的なエモーションを発揮してロゴを生みだすことができる。だがわたしは若く、傲慢で、マスターしていたデジタルツールを手放したくなくて、頑固に使いつづけた。心の底では悪あがきをしているとわかっていた。けれども、意地を張って自分のやりかたを押しとおした。わたしは破れかぶれで大学の教授に電話をかけ、むずかしさを説明してアドバイスを請いさえした。教授はこう答えた――「ロゴデザインなど、年寄りがやるもんだよ」。わたしは若かったので、これはなんの助けにもならなかったし、なんの慰めにもならなかった。

わたしのロゴは選ばれなかった。まだキャリアが浅くて、こんなふうに拒否された経験がなかったので、ひどく傷ついた。最初は直感的に、ここは自分の居場所ではないかもしれないと考えたが、マネジャーがわたしの頭にあったそんな思いをすぐに消してくれた。これはイノベーションのプロセスであって、きみが負けたわけじゃないと言ってくれたのだ。長く戦うことで勝てるようになる。今回みたいな経験から学べば、次回はもっと強くなってリベンジできると。もちろん、マネジャーは正しかった。それでも、一瞬で見る者のエモーションをかきたてるこの躍動的な世界では、それまで学んできたデザインの知識はほとんど役に立たないという思いを振り払えなかった。いわばわたしは、短距離走の世界にいるマラソンランナーだった。

わたしの敗北の痛みを察してか、あるいはひと夏がんばったご褒美のつもりか、ロン・デュマスが、選ばれたロゴのプレゼンテーションの場に連れていってくれた。プレゼンテーションの相手は、偉大なスニーカーデザイナー、ティンカー・ハットフィールドだった。もちろん、その体験でわたしの傷ついた心はずいぶん癒された。

＊＊＊

夏が終わりに近づき、わたしは最後のウィークエンドを、マウント・フッド・ブルース・フェスティバルでオーディエンスらを魅了している、バディ・ガイとB・B・キングを見て過ごした。ビーバートンで過ごすのはこれが最後になると思っていた。もちろん、最後に派手ないたずらを仕掛けられた。最終日に、オフィスの自分の席に向かうと、壁一面を覆うほど大きな、ヴァンのポスターが掛かっていた。そこには「デザインするなら、ドライブするな」〔飲んだら乗るなのもじり〕という言葉が前面に書かれていた。このいたずらは意地の悪いものではなかった。みんなはきっと、いつか戻ってきてほしいという思いから、過激ないたずらを控えたのだと思う。いずれにせよ、わたしは別れを告げて、ヴァンを運転してミネソタ州に帰り、ウォーカーのインターンシップに参加する準備を整えた。このドライブがそのヴァンの最後の旅になった。三カ月のインターンとしての給料からわたしはなんとか五〇〇ドルを貯金していた。これはビーバートンに到着したときの貯金額より二〇〇ドル多かった。ところが、家に戻る途中でブレーキが利かなくなり、その修理代で貯めていた五〇〇ドルがふっとんだ。だから、故郷に帰ってきたとき、わたしは出発のときとほぼ同じ状態。つまり掛け値なしの文無しになっていた。

まもなく、ウォーカーでのインターンシップが始まって、かねてから愛し、あこがれてきた世界にいきなり押し戻された。ナイキのインターンシップの目的が、三カ月の楽しい途中下車の旅だったとしたら、ウォーカーはお堅いビジネスの世界だった。短パンもTシャツもなし。ソフトボールチームもオフィスでのいたずらもなし。そこは、卓越した芸術を定義する場所であり、その遺産に見合っていなければという切迫したプレッシャーがあった。自分のデザインした作品には、過去へのリスペクトが必要であるし、同時に未来を明確に示していなければならない。プレッシャーもあるが、同じくらい自由もあった。ひどくニッチになりがちなオーディエンスに対し、ウォーカーで行なわれるプログラムを視覚的に伝える新たな方法を求めて実験を行ない、生みだすという自由が。

ウォーカーでのインターンシップ中に、わたしはまたとない機会を得た。ミュージアムのリーチを広げ、新たな未開拓のオーディエンスをアートの展覧会にいざなう役割だ。マルコムXのアートという、その種の展示では初めて全国規模で行なわれる展覧会のデザインリーダーに抜擢されたのだ。生前と死後を通じて公民権運動のアイコンだったマルコムXを芸術的に表現した、さまざまなアーティストによる作品が並ぶ展覧会だった。プログラムの目玉は、スパイク・リー監督、デンゼル・ワシントン主演の歴史的な映画《マルコムX》の封切りまえの特別上映だった。この映画はわたしに多くを語りかけてきた。当時の、そしてそれ以降の多くの若いアメリカ黒人はわたしと似た思いを抱いただろう。マルコムがアイデンティティを探しもとめた気持ちは（まったく同じとまではいかないが）よくわかった。ふたつの異なる世界に足を踏みいれ、マルコムは過去に活躍したアフリカ系アメリカ人の公民権運動のリーダー像を壊し、黒人の権利拡大《ブラック・エンパワーメント》へ向けて新しい道を切り開いた。

わたしが子どものころのスポーツ界のスターたちも、エンパワーメントへの道を独自に開拓してきた。スターたちはフィールドで戦うだけでなく、ナイキというレンズを通して大衆に自分たちの姿を示すことでも、その道を先導したのだ。わたしは彼らのなかに自分のアイデンティティを見出した。選手たちを見ていると、強さと希望を感じ、同時に自分に語りかけられているような感覚を抱いた。まだ子どものころの自分はオーディエンスだったが、ナイキのインターンとしては、それらの瞬間を創造する手助けをしたひとりだった。一九九二年のその夏は、そのような瞬間がいくつもあった。ジョーダンが歴史的なドリームチームでふたつめのタイトルを獲得し、ジャッキー・ジョイナー＝カーシーは七種競技で金メダルを勝ちとった。わたしはオフィスの誰もが感じているのと同じ誇りを感じた。それはなぜだろうか。なぜならナイキが、その瞬間と結びついていたからだ。わたしはインターンとしてそれを経験し、もっとこのような経験を味わいたいと思った。ナイキでは、デザイナーは文化的な流行とともに仕事をして、重大な出来事に反応し、スポーツ界に対する世間の人びとの見方を左右する。わたしはそのような仕事に加わりたかった。何よりもまず、不遜でカウンターカルチャーが盛んな（そして、それほど多様でない）西海岸の最前線でナイキがしていたことには、パワーがあった。ビーバートンで友だちになった人びとから、いつ戻って来るのかとか、一緒に過ごした夏に関するジョークを記した手紙を受けとった。それも悪くない気持ちだった。

四月の後半のことだった。ウォーカーでのインターンシップも八カ月目に入り、順調に仕事をこなしていたとき、ナイキから電話があった。デザインのポジションがあいて、わたしが候補に挙がっているという。ただしひとつだけ条件があった。五月一五日に仕事が開始できないなら、この提案は白紙に戻る。この条件に関して譲歩は望めなかった。当時のナイキは驚くほどの勢いでビジネスが拡大しており、ブランドへの要求に応えていくために、すぐにでも助けを必要としている状態だった。それまでに何度も、ナイキでの思い出を振りかえっていたので、電話がかかってきたとき、身も心も魂もすっかりスウッシュマークに引きもどされた。オレゴン州に自分のなすべき仕事がある。ウォーカーでは味わえない、意義や充実感が見つかる可能性がある。その提案を受けるのに、疑問の余地はなかった。

ただ、ひとつだけ問題があった。ローリーだ。そのころには、ローリーはわたしの師となっていた。ローリーの下で働きながら多くを学んだ。たとえばある日、わたしが細心の注意を払って各要素の位置決めをしながら、レイアウトデザインに取り組んでいるとき、ローリーがマウスをつかんで、配置したものを画面上ででたらめに動かし、わたしのデザインをめちゃくちゃにした。わたしはぎょっとしたが、それがまさに自分の求めていたことでもあった。ローリーはこう言った――大事なのは、完璧を求めないこと。もっと肩の力を抜けば、新たな創造の領域が見つかるし、オーディエンスもみえてくるよ、と。ローリーは正しかった。わたしはついつい安全な道を行こうとする傾向があった。いまもなお、わたしはその教訓と彼女の言葉に従い、想定外の領域に挑みつづけている。

わたしはローリーを崇めると同時に恐れてもいた。《ヴォーグ》誌の編集長アナ・ウィンターに、インターンシップの途中で辞めると申しでる場面を想像してほしい。クリエイティブの世界の中心という洗練された環境を去って、働くのが……スポーツ業界とは。どうやってこのことを、敬意をもって伝えればいいのか。けれどもとうとう、ローリーに、自分の直感を信じて、世界的な影響力のあるアリーナで、彼女から学んだことを試してみたいと話した。ローリーは祝福してくれた。

わたしにはその結末が必要だった。自分が尊敬している人の目からみても、決断がまちがっていないことを確かめる必要があった。

ナイキでのひと夏で学んだ教訓のなかでも、この決断に何よりも影響を及ぼした教訓はずばり、**大切なのはエモーション**ということだ。インターンシップの時期が、一九九二年という、スポーツ好きの若者にとって特別な夏だったことも大きかった。ブルズとオリンピックとドリームチームの夏。アンドレ・アガシが全身白のナイキのウェアに身を包んでウィンブルドンで優勝した夏。アガシがかぶっていた帽子にあったスウッシュマークは、その後ナイキのブランドロゴになった。コマーシャルのなかには大胆不敵なものもあった。たとえば、《Godzilla vs. Charles Barkley》（ゴジラ対チャールズ・バークレー）というコマーシャルでは、フェニックス・サンズのスター選手であるバークレーが、東京の街で怪獣にワン・オン・ワンを挑む。この驚くべきエネルギーの下には、フィールドやコート、すぐれたアスリートに留まらず、スポーツの定義を広げたブランドを構築したいという真の狙いがあった。「レーンから飛びだすな」というフレーズはこの会社には当てはまらない。わたしたちは積極的に、自分たちのいるレーンとほかの文化的な流れとを混ぜあわせた。それは、ナイキだけでなく、わたしのような若いデザイナーにとっても、心が浮き立つ時代だった。それがまだ始まりにすぎないとは、ちっとも気づいていなかった。

ナイキのデザイナーは、オーディエンスであり消費者でもある人びとの本能的なエモーションを揺さぶる。それはナイキのシューズを購入してもらうためだけでなく、消費者に自分たちも物語の一部のような気持ちを味わってもらうためだ。ウォーカーは世界じゅうの最先端のアーティストを引きつけるだけでなく、自らのデザインチームによる最先端の方法でアーティストのアートに人びとを引きつけるという、偉大な功績を残してきたし、いまもその役割を果たしている。ウォーカーに残れば、ごく幸せに過ごせただろう。けれどもナイキで得られるような経験はできなかっただろう。アーティストはよく、アートで世界を変えられるというが、これは真実だ。けれども、ナイキに来て、わたしが理解したのは、アートが人びとを動かすには、まず人びとに、何かすばらしいものから刺激を受けたいとか、活力をもらいたいとか、心地良い曲を聴きたいという気にさせる必要があるということだ。また、わたしはこうも思っていた。ナイキはまだ、エモーションを活用してできることについて理解しはじめたばかりだから、まだ発見されていない探求すべき伸びしろがあると。世界を動かすような、スポーツとパッションの交わりは始まったばかりだと。それを見逃すつもりはなかった。

　そんなわけで、もういちど二七時間、車を運転してポートランドに戻るときがやってきた。今回は自分の車、ＧＭＣジムニーでの旅だった。両親のヴァンから一歩進んだが、愛嬌《あいきょう》もなければ、謎めいた雰囲気もない。新たな職は、新設されたノーラン・ライアン・ビル内のイメージ・デザイン部での仕事だった。ビルの名前になっているのは、少年時代のもうひとりのアイドルで、野球殿堂入りを果たしたプレーヤーだ。通算の奪三振王でもあるノーランは当時の野球界で最速の投手でもあった。このすばらしい野球選手の名前がついたビルで働くからには、それに恥じないように行動しなければ。

　前回ナイキへ向かったときは、つかのまの移住という気分だった。けれどもこのときは、ゴールにたどりついた気がした。心の底では、もうミネアポリスには戻らないとわかっていた。アートとスポーツのどちらかを選ぶ必要はもうない。そのふたつは永遠に撚《よ》りあわさっていくのだ。

第二章　クリエイティビティはチームスポーツだ

わたしたちは毎週定例のブランドマーケティング・スタッフ会議のテーブルについて、最新の状況や計画を発表する準備を整えているところだった。会議のときにすわる場所についてはいつも、ちょっとした戦略が必要だった。なぜなら、最初に発表する役に当たりたくないからだ。これは何もズルをしたいわけではなくて、ブランドチームは、締め切りに間に合うよう仕事を進めるだけでおそろしく忙しかったので、ほかの人が発表しているあいだに、チームの最新状況を把握する時間が必要だったのだ。いい場所にすわれるときもあるが、ときには、最初に当てられることもある。

その日、わたしたちがちょうど発表しはじめたとき、ドアがあいて、なんの前触れもなくコーチKが入ってきた。コーチKというのはニックネームで、本名はマイク・シャシェフスキーという。デューク大学のバスケットボールチーム、デューク・ブルーデビルズのヘッドコーチだ。このチームはNCAA（全米大学体育協会）のナショナル・チャンピオンを五回獲得していた。入ってきたその瞬間、みんなの内なる子どもが歓声をあげていたはずだ。コーチKは部屋に入るなり、わたしたちを激励しはじめた。まるでそこが、試合開始五分まえのロッカールームみたいに。正直なところ、みんながどの程度興奮していたかはわからないが、誰もがロッカールームにいたことがあるみたいに、ふるまった。

それが起こったことのすべてだったら、このコーチKのエピソードは、スポーツに夢中だった少年の夢が大人になって叶《かな》ったという話で終わっただろう。けれどもその日、コーチKには、もっと深い意図があった。このとき聞いた話は何年たっても、頭から離れなかった。ブランドのマーケティング専門家たちのチームではなく、バスケットボールチームに語りかけていてもおかしくない話だ。どちらに話をするかは問題ではない。そういう意味では、コーチKのメッセージは誰にでも当てはまる普遍性があり、とくに本書にふさわしい内容だ。

「みなさんの強みは目だ」コーチKは、テーブルを囲んでいるわたしたちそれぞれを見つめながら言った――「ほかの人には見えないものを、見ている。マーケティングチームとして、観察眼《ビジョン》があるからこそ、きみたちはほかの誰ともかけはなれた存在になっている」。すばらしい。完璧な比喩で完璧に表現されている。何をどう見るか、何を見るべきか選び、見たものをどうやって他者に見せていくか。これらはすべてブランドマーケターの仕事だ。

その言葉で、激励の言葉は終わった。コーチKは、幸運を祈ると述べ、話す機会を作ってくれてありがとうと感謝の言葉を口にして去っていった。さあ試合開始の時間だ。いまここで告白するが、わたしはそれまで何年も、コーチKのチームだったデューク大の敵を熱烈に応援してきた。ビッグイーストリーグの、とくにジョージタウン大学のファンだったし、一九九一年の四強《ファイナル・フォー》戦のデューク大対UNLV（ネバダ大学ラスベガス校）でクリスチャン・レイトナーが無敗のU

NLVチームを倒したことから立ち直れていなかった。しかし、コーチKの言葉を聞き、彼の存在を感じたあの瞬間、頼まれれば、デューク大チームのマスコットにさえなっていただろう。

ブランドマーケターの仕事は、新しくて本質を突く、そしてときには挑発的でもある方法で、オーディエンスに世界を示すことだ。わたしたちはこれを、コーチKが「ビジョンの強み」と呼んだものを生かして行なっている。ほかの人びとが見逃している真相や真実を見抜き、それらを画像や映像、キャンペーン、建築、製品などを通じてオーディエンスに示す。まちがっても、わたしたちの役目は、(いちばん売れているものがなんにせよ)もっとも効果的なマーケティング方法でブランドや製品の販売促進を行なうことなどと考えてはいけない。ちがうのだ。わたしたちは製品を売っているのではない。マーケターはストーリーを伝えているのだ。媒体がなんであれ、わたしたちはブランドの価値や目的を、真相を突くストーリーを通じて共有している。そのストーリーがオーディエンスを動かし、特定の感情を引きだし、消費者とブランドの永続的な結びつきを生む。

本書では、このストーリーを伝えるプロセスについて多くを語るつもりだ。いかにしてわたしたちが、もっとも効果的にストーリーを語り、消費者との結びつきを築いているのか。どこから始めればいいのか。何を探せばいいのか。とはいえ、それらのストーリーを始めるまえに、まずは土台を作る必要がある。これ以降の各章では、かつてもいまもわたしがかかわっている、ブランドマーケティングの成功の秘訣《ひけつ》となる要素が、ひとつ、またひとつと流れるように登場する。

なかでも欠かせない要素は共感だ。共感こそが源泉となり、そこから多くのアイデアが湧きでてくる。ほかの誰かの気持ちを理解し、それを分かちあう能力は、わたしたちをより深い真実へと導き、その真実をめぐる物語を形づくっていく。共感力があるからこそ、自分自身の殻を突きやぶり、他者を動かすものは何かを探すようになれる。人びとは何にこだわり、何に喜び、何を恐れ、何を必要とし、どんな夢をみているのだろうか。自分たちのブランドが、それらの人びとのエモーションと交わる場所はどこだろうか。自分たちの製品は、どのようにして消費者に力を与え、そのエモーションを満たし、和ませられるのだろうか。これから登場する要素のなかに、ストーリーテリングや経験にひらめきを与える強力なヒントが見つかるだろう。

このストーリーを伝えるプロセスは、簡単に説明しきれないものがある。だから、本書の大半を費やして、ナイキで三〇年ちかく培ってきた、わたしなりのプロセスや経験へと読者を導いていくつもりだ。マーケティングの歴史のなかでも有数の、記憶に残るキャンペーンをわたしたちは創造してきたが、それは潤沢な資金があったからではない。それらを成し遂げられたのは、オーディエンスにリーチできたから、つまり消費者に語りかけることができたからだ。オーディエンスの心を動かしたからだ（同じことをしている企業はほとんどない）。では、何がオーディエンスの心を動かすのだろうか。それを理解するにはまず、オーディエンスのことを理解する必要がある。それに加えて、製品であれ、アスリートであれ、イベントであれ、自分が提供するものも理解しなければならない。

大半の人びとは、誰もが同じように世界を眺めているわけではないと知っているし、その事実を受けいれている。それよりむずかしいのは、ほかの人が世界をどう見ているのか、好奇心を抱くことだ。けれども、オーディエンスとつながり、クリエイティブな取り組みを通じてエモーショナルな結びつきを生みだそうとするなら、世界を眺める新しい視点を積極的に探さねばならない。コーチKは、わたしたちにはビジョンという強みがあると言ってくれたが、どうやってそれを手にいれればいいのかは、教えてくれなかった。けれども、本書ではその方法を伝授するつもりだ。

とはいえ、残念ながらあなたがこれを理解するだけでは充分ではない。あなたが属する組織も理解しなければならない。別の言い方をすれば、慎重に計画してクリエイティブなブレインストーミングで共感を促しながら、あなたの組織――ブランド――を築くべきだ。それをあなたのチーム内だけでなく、部署やセクターで実行し、社内全体に広めていくべきだ。そうやって初めて、消費者の心を動かす深い本質を見つけたいとか、消費者との結びつきを生みたいと願えるようになる。そうすることで、いいブランドから、すばらしいブランドに転身できる。

クリエイティブな化学反応

一九九七年、サッカーブラジル代表チームは、アメリカのマイアミ・オレンジボウルでメキシコと対戦したとき、ロナウド・ルイスとロマーリオの二大巨頭に率いられ、そのゲームの頂点に立った。けれども、フロリダ南部で行なわれたこのゲームは、ワールドカップの試合ではなかった。それどころか、このマッチの結果はリーグやランキングになんの影響も及ぼさなかった。これは、ゲームを純粋に楽しむために、アメリカで行なわれたエキシビションマッチであり、ナイキのブラジル・ワールド・ツアーの最初の試合のひとつでもあった。ブラジル・ワールド・ツアーというのは、ブラジルチームを世界じゅうに連れだす数年かけたキャンペーンで、世界じゅうで試合が行なわれた。その試合の模様は、ＥＳＰＮ2テレビを通じて全米で放送されるだけでなく、各チームの国のテレビ局やその他の国際的な通信事業者によって、世界で放送された。そしてこれは、オリンピックでもなく、ワールドカップでもなく、スーパーボウルでもないイベントとしては、一九九〇年代後半で最大級のイベントだった。

ブラジルチームとの提携は、国際的なサッカー市場で存在感を高めるための、ナイキの大胆な手法のひとつだった。一九九六年末の時点で、ナイキのシューズの総売上に対し、サッカーシューズが占める割合はたった一パーセントだった。[1] この数年にわたるお祭り騒ぎで、世界でもっともホットなチームを毎年、何百万人もの視聴者の目に触れさせれば、ナイキはサッカーフィールド内でも強力な企業という地位を確立できるだろう。

けれども、ナイキのキャンペーン実施の判断に影響を与えたのは、それだけではなく、もうひとつ理由があった。ブラジルサッカーはつねに「クリエイティビティはチームスポーツだ」という理想を体現していて、華麗にプレーするための独自の方法を編みだしていた。それは「ジンガ」と呼ばれている。文字どおりの意味は「揺らす」。ジンガはスポーツに根づいたブラジル文化で、ブラジリアン柔術やサンバダンスにも影響を及ぼしている。これは単なる訓練や正しい技術だけでなく、優雅さやスタイルも重視される。ペレもかつてこう言っていた。「わたしたちは踊りたい。ジンガしたい。サッカーは必死で戦えばいいというわけではない。美しくプレーしなければ」[2]

ジンガ・スタイルは個々のプレーヤーに焦点が置かれ、それぞれに「美しくプレーする」自由が与えられる。そしてそれは、ブラジルの多様なプレーヤーがもともと持っている個性で、強みだった。もちろん、各プレーヤーはチームにどのような貢献ができるかという特定の役割に基づいて選抜されている。とはいえ、『マネー・ボール〔完全版〕』（マイケル・ルイス著、中山宥訳、ハヤカワ・ノンフィクション文庫、二〇一三年）方式の綿密で精密な測定基準を取りいれているわけではない。プレーヤーはみな多彩な個性をはなち、それぞれに物語を抱え、独自のプレースタイルを確立していて、フィールドでそれを発揮するよう促されてきた。効率とパフォーマンスの高さだけでデザインされたチームではない。ブラジルのチームはプレーヤーたちのクリエイティブな奇抜さを活用して、エキサイティングで、予測不能で、卓越したプレースタイルを作りだした。いわばチームでひとつのショーを見せながら、しかも試合に勝つのだ。またブラジル人の精神《エートス》は、その当時多くのチームが採用していたドイツ式の、抑制が効いて秩序だったプレースタイルと強烈なコントラストを示してもいた。ドイツのプレースタイルは均一で、自発的な行動の余地はほとんどなかった。ブラジルチームは精密さだけでなく、クリエイティブな化学反応を頼みにしている。多様な要素を混ぜあわせて、ほかに類のないものを生みだすのだ。反逆児や魔術師や、禁欲主義者やいたずら小僧がいる。通常の環境ならば、これはチームにとっては大災難になりかねない。サッカーのような流動性のあるスポーツではとくに、プレーヤーは継ぎ目なく滑らかに協力しあわねばならないのだから。けれどもブラジルはチームを機能させ、その結果、一時代を代表するエキサイティングなサッカーチームになった。

ナイキとしてはブラジルチームを、革新とクリエイティビティへと向かうわたしたちのアプローチを象徴するチームとみなしていた。ナイキは慣習に挑み、とびきりユニークな個々が寄り集まって、ひとつのチームになることを楽しんでいるブランドだ。クリエイティビティやストーリーテリングは業界のトップクラスであるし、ブラジル人とその国のチームとの結びつきのように、消費者と強いエモーショナルな結びつきを築いている。

　ブラジルチームのワールド・ツアーが実施されていた当時、わたしはまだ若手デザイナーだったが、このツアーのブランディング、アートディレクション、エクスペリエンスデザインを任され、さらに、翌年開催されるフランスでのワールドカップにつながる、ほかのブランド・デザインも担当していた。ナイキでの最初の五年間ずっとそうだったのだが、それらのプロジェクトをできるかと訊かれたことは一度もなかった。できるだろうという前提で、ただ差しだされるだけだった。わたしは建築家ではなかったが、店舗をデザインしなければならなかった。ライターではなかったが、広告に宣伝コピーをつけねばならなかった。映画プロデューサーではなかったが、動画を使ったストーリーを作らねばならなかった。当時は、独力で仕事をこなさねばならないことが多かった。だから、その場その場でなんでもこなし、ときには助けを求めながら、自分のガッツと才能を信じるしかなかった。

　ブラジル代表チームとナイキの新たなパートナーシップが結ばれたあと、初めてチームの撮影を行なうとき、わたしは上司をなんとか説得して、ブラジルのゴイアニアへ出向いた。わたしたちはチームのほぼ全員と接触することができたし――当時は珍しいことだった――フィールドの中でも外でもプレーヤーの姿を追って撮影することができた。わたしを含めチームのみんなは、すでにある戦略を胸に抱いていた――何かとびきりいいものを持って帰ること。

　無料で練習試合が公開されていたとき、わたしたちはブラジルチームのすぐ近くにいた。この無料の公開練習はファンに強くアピールできる行為だったが、セキュリティの面では熟慮されているとはいえなかった。そして厄介な事件が起こった。ひとりかふたりのファンが水の張っていない堀を越えて、スタジアムの周囲に張りめぐらされたフェンスをよじ登りはじめたのだ。警備員は近くにいたので、興奮しすぎたファンのひとりやふたりには対応できただろう。ところが、ほんの数滴からあっというまに洪水が起こるみたいに、何百人というファンが群がってフェンスを乗りこえ、フィールドに入りこんできた。ダムが決壊し、警備員は群衆に飲みこまれた。

ほんの数秒のうちに撮影チームは、何百人もの興奮したファンが自分たちのほうにやってくると気づいた。撮影チームに急いで輪になってロナウドを囲もうとわたしは指示した。ロナウドは当時、世界規模ですぐれたサッカー選手だった。人びとの波がぶつかってきて、クルーの多くはその波を押しかえしたが、輪は徐々に縮まり、だんだんとロナウドに近づいていった。そのとき、ロナウド本人にポルトガル語で話しかけられていると気づいた。ポルトガル語は少ししかわからなかったが、輪を解いて、ファンを近くに来させてほしいと言っていることは理解できた。どうすればいいのか見当もつかなかった。世界的に人気のあるサッカー選手が、ファンにもみくちゃにされて怪我をした責任を負わされるのは嫌だった。けれども、撮影チームがしばらくは群衆の波を寄せつけないでいたとしても、どのみち輪が崩れるのは時間の問題だということもわかっていた。わたしは折れた。ファンは撮影チームのそばを走っていった。けれどもロナウドは、もみくちゃにされなかった。ファンはロナウドを崇めていた。ただヒーローに近寄りたかっただけなのだ。ファンたちの熱狂的な勢いが収まり、ふいに人間らしい交流が始まった。

この出来事を経験して、撮影の手法を変えたくなり、わたしはブラジルに来るまえに練っていたプランを捨てた。チームをモノクロのドキュメンタリー風の写真で表現するだけでなく、情熱的なブラジルの人びと——その多くが経済が悪化している地域からやってきていた——の姿も映像に加えようと考えたのだ。わたしのアイデアは、ブラジルサッカー連盟のトップらの意向とは一致しなかった。連盟はプレーヤーのヒーローらしい姿を通じて、チームを表現するほうを好んだ。それでもわたしは引き下がらず、こう主張した。ブラジルのサッカーで重要なのはプレーヤーだけではない。重要なのは人びとだ。サッカーを愛している人びとと、そのすべての情熱と、魂と、チームを取りまく文化が重要だ。地球上のどこを探しても、ブラジルほど献身的なファンがいる国はない。このツアーとこの撮影のゴールが世界へ向けて「世界レベルのチーム」を示すことならば、チームがその国の人びとにとって重要な存在であることも示すべきだ。最終的には許可を得て、チームだけでなくファンも撮影できた。出来あがった映像は、個々のプレーヤーが集まったすばらしいチームのストーリーと、チームを愛する人びとにとってチームがどんな存在かを伝えるものになった。

　ブラジル・ワールド・ツアーに携わった経験、とくにゴイアニアで撮影を行なった経験から、個性豊かなこのチームにみられる共感のパワーとクリエイティブな魔法が浮き彫りになった。あのファンたちに囲まれた瞬間に感じた恐れを乗りこえたあと、わたしはチームが真に意味していることを理解できた。このチームは一国の夢や希望を体現しているのだ。こういう状況は、ほかのチームスポーツではあまりみられない。これこそが気づき《インサイト》だった。わたしたちの共感によって、スポーツチームの撮影が人びとと文化への称賛に変わった瞬間だ。同時に、個々の選手がユニークに組みあわさり、みんなで同じ方向を向いているブラジルチームを目のあたりにして、すっかり圧倒された。そのいっぽうで、このチームの特徴は、クリエイティブな領域でナイキがコラボレーションを成功させている理由に通じるかもしれないとも考えた。ナイキは、チーム構成や、チーム内外の意思疎通という面ではつねに完璧というわけではなかったが、リスクを冒すこととその結果をフォローするプロセスや、多様な個人のスキルや才能を最大限に引き出すプロセスを見つけだしているのはたしかだ。このアイデアを完全に実行できるようになるには何年もかかったし、なぜわたしのアプローチがうまくいったのか、その理由がわかったのは、さらに何年かたって、振り返ってみたときだったが、最初のきっかけはブラジルと、ジンガと呼ばれる美しいプレースタイルだった。

新しい役割、新しい働きかた

二〇一〇年にナイキのグローバル・ブランド・クリエイティブ部の統括責任者になったとき、わたしは、ストーリーテリングとエクスペリエンスを担当するブランドマーケティング部を率いて、それらを再構築する役目を任された。まっさらの肩書きとまっさらの職務だった。広告、デジタルマーケティング、ブランドメディア、ブランド・デザイン、リテールとイベントマーケティングがひとつの傘の下にまとめられた。その傘を握っているのが、このわたしだ。実行できるかどうかは別として、再構築の理由は単純だった。すべてのチームをまとめることで、クリエイティブなアウトプットに対して、より統一されたアプローチを取りたかったからだ。そのために心がけたのは、複数のチームが最初から一緒に仕事をすることだった。そうすることで、お互いの視点や経験を生かして、ひとつのアイデア——つまり深いインサイト——とブランディングを共有しながら、コンセプトの構築やキャンペーン活動を開始できる。わたしたちのゴールは、クリエイティブな連携を事前に取っておくことだ。それによって、さまざまなプラットフォームやチャネルを超えて、より大きな創造力が解きはなたれ、アイデアに命が吹きこまれる。少なくとも、長期的なプランはそれだった。そして直近の目標は、それまで孤立して働いていた井のなかから各部門を引っ張りだし、各部門が独自の慣習を引きずったり、それまでどおりに行動したりしないようにすることだった。

この新しい組織は、「デジタル・ファースト」という言葉で定義される、ナイキの現代的なマーケティング時代の到来を告げた。これによって、オンラインウェブや、ソーシャルチャネル、アプリケーションなどの枠を超え、ブランドのアイデンティティとボイスがひとつにまとめられるようになった。それは世界基準のアートディレクション、ブランディング、ストーリーテリングを介して行なわれた。わたしたちは、テレビ、印刷媒体、看板が、消費者と交流するためのメイン媒体でなくなった世界に移行しはじめ、いまや公式に移行を遂げた。消費者と交流するためのいまどきの媒体は、デジタル・プラットフォームだ。さらに具体的にいうと、その媒体は携帯電話だ。携帯電話は、一九五〇年代や六〇年代のテレビ以上に急速にブランドマーケティングの景色に入りこんできて、そこを支配するようになった。わたしたちは、消費者の目の動きと同じくらいすばやく、動ける組織を必要とした。また、その組織は、この新しいチャネルが促す消費の速度に追いつけるほど機敏である必要もあった。かつては、消費者にどれほどの頻度で宣伝や広告を見せるかをコントロールできた時代もあった。コマーシャルを特定の間隔で特定の時間に、特定のチャンネルで流すことができた時代だ。印刷広告も、特定の購読者数を持つ特定の出版物に掲載された。けれども、オンラインの動画はどうだろうか。オンラインの動画は、発表したその日のうちにバズり、その日の終わりには古いニュースになってしまうこともある。ゲームのルールが変わってしまったが、ナイキ・マーケティングはその変化の先頭に立っている必要があった。その後八年間で、ナイキの収益は二倍になった。

けれども、新しいデジタル時代がわたしたちにもたらしたツールの数はとほうもなく、いまもおびただしい数が生き残っている。この急速なツールの増加によって、わたしたちは新しい消費者をブランドに招きいれ、さまざまなプラットフォームで消費者同士をつなぎ、世界規模で分かちあえる情熱を生みだせるようになった。各部門は自分たちの専門に特化しつづけ、そうしながらも、共通の目的をますます重視するようになった。わたしたちは、個人に向けたより親密な方法で、これまでにないストーリーを語り、それを広く伝え、人びとの心をとらえるスポーツを通じてさまざまな国や文化をひとつにした。

クリエイティブ・ドリームチーム

二〇二〇年の初めにナイキを退職したとき、わたしは長年の友人や同僚に向けて挨拶し、チームのメンバー一人ひとりに大きな価値があると強調した。わたしにとっては、これこそがナイキですばらしい成果を挙げられた理由だった。チームが機能していなければ、これほどうまくいかなかっただろう。すべては、チームのメンバー一人ひとりが最大限に力を発揮できるかどうかにかかっている。誰かひとりがプロセスを支配したり、誰かが取り残されたりしないことが大切だ。

このバランスを取るのは簡単ではない。なぜなら、適切なクリエイティブチームを組み立てる要素は、かなり直感に反しているからだ。しかし、サッカーブラジル代表チームのように、それを正しく行なえれば、魔法がかかる。このあとのページで紹介するストーリーの価値を理解するには、まず正しいチームからすべてが始まることを、わかっておかねばならない。この日のスピーチでは、次の三つの要素によって、最高にクリエイティブな成果が生まれるだけでなく、もっとも満足度の高いクリエイティブな組織文化が作られることを紹介した。

デイドリーマーを受けいれよう：最初に挙げたのは、「デイドリーマーを受けいれよう」だ。デイドリーマーというのは、チームのなかで右脳派の創造的な思考をする人で、あなたやほかのみんなを少しばかり苛立たせる人を指す。昔から右脳派の人びとは、「もし○○だったら？」とか「なぜ○○しないのか？」という疑問を抱き、プロセスや順番をあえて飛びこえる。これらの人びとはアメリカの企業では、いつも歓迎されるとはかぎらないと感じてきた。それは、アメリカでは、クリエイティブな頭脳よりも分析的な頭脳のほうが、階層組織のなかでうまくフィットするため、そっちのほうが評価されることが多いせいだ。だから、デイドリーマーたちはつきあいやすい相手とはかぎらないが、イノベーションを重視するブランドは、このような人たちを取りこむべきだ。現状維持よりもリスクテイクと破壊を優先させるクリエイティブな文化は、ブランドの競争力を強化させる。

静かな者の声こそ最大に：次に、「静かな人」について話した。残念ながら多くの組織では、いちばん声の大きい人がいちばん賢いという考えがまかり通っているようだ。けれども、声が大きい人は単に声が大きいだけであることが多い。『内向型人間の時代：社会を変える静かな人の力』（スーザン・ケイン著、古草秀子訳、講談社、二〇一三年）の著者スーザン・ケインによれば、内向的な人は人口の三分の一から半分を占めているらしい。ケインいわく、騒がしくなったときは、大半の内向型人間がその内向的な面を隠しているからこそ、ほかの人に気づかれないように背景に消えていくか、大声を出しているメンバーにただ合わせるために何か意見を言う。静かな人は声をあげることにあまり時間を費やさない。その代わりに新たなより良い未来を夢見ている。それは高いパフォーマンスを誇るチームに備えるべきすばらしい能力である。スティーブン・スピルバーグ、ラリー・ペイジ、そしてアルバート・アインシュタインさえも、映画、テクノロジー、科学に貢献し、世の中を変えた内向型人間として知られている。だから、内向型の人間がいちばん得意なことをするのに必要な、時間とスペースを与えよう。大きく跳躍するまえに、じっくり考えてもらうのだ。

多様性《ダイバーシティ》は酸素だ：いうまでもないが、職場のダイバーシティはマーケティング分野では、いまだに未達の目標だ。二〇二〇年のマーケティング・ウィークのキャリア・アンド・サラリー・サーベイ（キャリアと給与の調査）によると、調査回答三八八三件のうち八八パーセントが白人と自認し、四パーセントがミックス、五パーセントがアジア系、二パーセントが黒人と回答している。[3]だからわたしが同僚たちに、社外の声を取りこみ、少なくともオフィスや会議室では外の声を取りいれるために戦いつづけよ、とはっぱをかけるのは、不思議でもなんでもない。ダイバーシティで重要なのは、労働人口の公平さであり、歴史的に拒まれてきた人びとにこれまで奪われてきた機会を提供することだ。けれども、ダイバーシティにはもうひとつの側面がある。わたしたちが話しているのは、コーチKのビジョンの強み、ほかの人には見えないものを見る力のことだ。均質なチームでは、より深遠な真実へと導いてくれるヒントを発見するための多様な経験や知識が揃わない。チームに真相が見えなければ、オーディエンスとエモーショナルにつながれる物語や経験を創ることなどできやしない。多様性は、クリエイティブなプロセスに生命を吹きこむ酸素なのだ。イノベーションが思うままに組みこまれるマーケティング・ドリームチームを作りたければ、多様なスキルをひとそろいと、さまざまな人生経験、さまざまな人種、さまざまなジェンダーによって形成される多様な視点でチームを満たすことに重きを置かねばならない。

多くのブランドが同一性という文化を育ててしまいがちだ。そのようなブランドは、知らず知らずのうちに自らを制限してしまう。そして、リーダーや実績のあるメンバーの個性を中心にチームを構成し、右脳派のデイドリーマーを遠ざける。デイドリーマーはほかの人とうまくやっていけないとみなしているからだ。内気さは弱さや無知を表していると考え、物静かな人を無視する。そして、人当たりがよくて親しみやすい人や自分と似たような人を求める。わたしが前述した要素を備えたチームを意識的に作ろうとしなければ、ブランドは自己満足に陥り、クリエイティブな心を失ってしまう。

そうならないように、最高の結果を出せるチームを積極的に作らねばならない。自分と同じように考えない人、自分と同じように話さない人、自分と同じように物事を見ない人をあえてメンバーに加えて、自分自身にチャレンジするのだ。クリエイティブな旅は、チームメンバーが、一緒にすわって想像力を発揮しだしたときに始まるのではなく、あなたがそのチームのメンバーを集めはじめたときから始まっているのだ。

六二回のパス

二〇一一年四月、アスレティック・ビルバオとの試合で、すでに三対〇でリードしていたFCバルセロナは、二分半のあいだに六二回のパスを連続して回し、リオネル・メッシのみごとなゴールへとつなげた。この種のプレーは、過去の試合で連続四〇回以上ものパス回しを幾度もやってのけてきたチームにとっては珍しくもない。またこれは、FCバルセロナがスペインで発展した「ティキ・タカ」と呼ばれる、短いパスでボールを保持し、ディフェンスに隙を生じさせるという特徴のあるプレースタイルを守ってきたからだ。ようするに、FCバルセロナはチームの化学反応をどこよりも強く体現しているチームで、すべてのチームメンバーが特定の目的に向かって協力し、互いの心を読み、行動を予測することで、最高の成功に到達する。

ボールを受け渡し、フィールドでエネルギーを分かちあい、さらにはディフェンスを意識的に操作してエネルギーを構築してもいる。キックのひとつひとつが次のみごとな行動につながっている。最初は気づかないかもしれないが、時間がたつにつれてそれがだんだんあきらかになり、その瞬間が訪れて……ゴーーーール！　となる。

みんなが張りあっている職場環境では、共有という行為が欠けていくことがある。小さなチームであれ、別の街や地域にまたがる大きなチームであれ、クリエイティブな文化に「ここで発明したものではない、ここで起こったことではない」症候群が忍びこんでいることがある。ようするに、よそで生まれたイノベーションが、歓迎どころか、拒まれてしまう傾向だ。ボールをパスするどころか、ティキ・タカを止めて、ボールを味方側に持ちかえってしまうチームのことだ。イノベーションの勢いもなく、積みあげていくものもなく、ともに目指すものもない。ただ、個々の選手が小さなポケットのなかから、自分が得点するためにボールを回せと叫んでいるだけ。

二〇一四年ごろから、新たに出現したデジタル技術を使ったライブイベントを実施して、消費者体験を拡大しようと検討しはじめたとき、わたしはまさに、このような行動を起こしそうな心理的な傾向を避けたいと思っていた。プロセスの初期段階から、このような未来的なコンセプトに取り組むすべてのチームに、アイデアについては、くれぐれも縄張り意識を持たないようにと釘を刺してきた。ほかのチームとアイデアを共有したり、ほかのチームのアイデアをヒントにしたりしてもいい。それどころか、どんどんやったほうがいい。けっきょくのところ、みんなでひとつのチームなのだから。チームメイトが奇跡のようなプレーをしたら、不平など言わないはずだ。それぞれ必要なポジションについて、次のすばらしいプレーが生まれるようにするだろう。その後四年間、世界じゅうで次々と「史上初」の没入型ブランド体験が生まれた。ひとつのアイデアが生まれると、それを元にしてまた別のアイデアが築かれていった。ボールがひとつのチームから別のチームへパスされていく。パスしてきたチームの勢いに乗って、さらに新たなエネルギーが蓄積されていく。その結果、国際的なタイムゾーンを超えて経験やアイデアが共有され、過激でクリエイティブなコラボレーションの力がいかんなく発揮された。

わたしたちは、上海の《ハウスオブマンバ》というＬＥＤバスケットボールコートからスタートした。ナイキがデジタルデザイン・コミュニケーションエージェンシーのAKQAと提携して二〇一四年に建設したこのバスケットコートは、モーショントラックとリアクティブLED映像技術により、みごとな映像を映すディスプレイの役目を果たした（ようするに、コート自体が巨大アイパッドのように機能する）。これは、トレーニングの革命だ。「ブラックマンバ」という愛称で呼ばれているコービー・ブライアントが、そのコートのプログラミングに積極的に協力してくれたおかげで、ロサンゼルス・レイカーズが練習で使用しているのと同じトレーニングレッスンやテクニックを体験できるようになった。実際、コートのオープン時には、コービーが中国を訪れ、中国全土から集まった選手のトレーニングを手助けしたので、選手たちはおおいに刺激を受けた。

次に、二〇一五年には、つないだパスボールがアメリカに戻ってきて、《ラストショット》を託された。これは、完全な没入型のインタラクティブなLEDハーフコートで、マイケル・ジョーダンの選手人生のなかでも三つのすばらしいプレーの瞬間を、プレーヤーが再現できるようになっていた。ニューヨークで開催されたNBAオールスターウィークエンドに登場した《ラストショット》では、ペン・パビリオンがタイムマシンに変わり、一〇〇〇万個のLED照明と、象徴的なジョーダンのゴールの瞬間に居合わせた実際の観客を映しだす映像ディスプレイが完備された。プレーヤーは、ジョーダンのコート上の動きを追いながら、時計のカウントダウンを見て、自分もジョーダンのようにゲームの勝者になれるかどうか目にすることができるのだ。《ワイアード》誌で「世界でもっともクールなバスケットボールコート」と称された《ラストショット》コートは、ふたたびAKQAとタッグを組んで作られた。上海で最初に登場したイノベーションが改良され、消費者はさらに没入感の増した体験を味わうことができた。

そこからボールは世界をめぐり、マニラへパスされ、二〇一七年に《アンリミテッド・スタジアム》というランニングトラックが登場した。ナイキはBBHシンガポールとのクリエイティブ・パートナーシップにより、フィリピンの首都で史上初のLEDランニングトラックを作りあげた。都市ブロックひとつ分の距離を有するこのトラックのレイアウトは、ナイキのランニングシューズ、ルナエピックの軌跡を模っている。二〇〇メートルの8の字形トラックは、それに沿ってLEDスクリーンが設置され、最大三〇人のランナーが自分自身を相手にタイムを競うことができる。トラックを一周したタイムが出たら、ランナーのシューズにセンサーが装着される。これによって、ランナーは自分が出したタイムで走るデジタルアバターと戦う。アバターはスクリーンに映しだされて、ランナーのそばを走る。想像してほしい。文字どおり、リアルタイムで自分自身と競いあうランナーを。これがどれほど励みになるかを。

そして最後に、同じく二〇一七年、ボールは世界じゅうを跳ねまわったあと、出発地点の上海へと戻った。わたしたちはクリエイティブエージェンシーであるワイデン＋ケネディと共同で、上海にある地球の形を模した建物、美羅城《メトロシティ》を乗っ取り、この建物をインタラクティブな回転する地球に変えた。これはリアクトというシューズの発売キャンペーンの一環だった。わたしたちが作りだしたイリュージョンは、シンプルだけれどひじょうに効果的だった。外から見ると、ランナーが地球の頂点を走っているように見えた。上海の空をバックにランナーのシルエットが浮かびあがり、その足元では巨大な地球が回転し、まるでランナーが走って地球を回転させているように見えた。実際には、ランナーはビルの下部にあるルームランナーに乗っているのだが、その姿は地球儀の上にある五メートルの透明スクリーンに映しだされている。キャンペーンには《Running Makes the World Go Round》（ランニングで世界を回そう）というぴったりの名前がつけられ、その建物大の地球が、ランナーが走れば走るほど、速く回るように見えた。これは、実物を目にした人たちを驚かせただけでなく、その瞬間を捉えた画像がソーシャルメディアを通じて世界に拡散された。

外部の人にとっては、これらひとつひとつの体験は、単発のイノベーションのようにみえるだろう。社外キャンペーンとしては、消費者向けのライブイベントはそれぞれ結びついておらず、独立した別のイベントだった。けれども社内では、これらのイベントはすべてひとつの進化の旅の一部で、イベントのイノベーションは互いに重なりあって、回数を重ねるごとに、以前よりもさらにすばらしいものになっていった。そして、別々のチームのティキ・タカが美しい一連の流れとなって勢いを増し、あるチームのアイデアがほかのチームのアイデアのヒントとなって、ゴーーーーール！　の瞬間が連鎖的に生まれた。わたしがここで紹介したタイムラインはほんの一部で、じつはもっと大きなゲームが進行していた。そこでは各チームがボールをパスしあい、前のチームの肩の上に立ち、誰もそのアイデアの発案者であると主張できないレベルまで、イノベーションのエネルギーを積みあげている。もちろん、それは過激なクリエイティブコラボレーションといえるレベルである。わたしたちはひとつのチームで、ひとつのチームとしてプレーする。

けれども、チームがどれほどうまく管理され、監督され、プレーヤー同士の化学反応が超絶に良かったとしても、攻撃優先のマインドを持ちつづけ、レースでトップにいつづけるためには、つね日ごろからインスピレーションを得つづける必要がある。

好奇心を刺激する

しばらくしてやっと、わたしたち全員が、この男は本気なのだと理解した。男はビッグフットの存在を信じ、何年もこの未確認生物を求める狩りを続けてきた。何を隠そう、この人物はビッグフット・ハンターなのだ。カーキ色のベストと工具ポーチとベルトを身につけ、ベストと揃いの帽子を被った姿は、近代建築の巨匠フランク・ロイド・ライトとクロコダイル・ダンディーを足して二で割ったみたいな風貌で、いかにもそれらしくみえる。そこにはわたしを含め二〇〇人ほどのデザイナーたちがいて、ビッグフット、別名サスカッチのハンティングの話を聞いていた。最初は「こんな人をスケジュールに組みこむなんて」と驚いたが、驚きは笑いに変わり、まもなくこの男にすっかり魅了されてしまった。そう、この男は大まじめで、わたしたちはその話に夢中になった。

それは、ワシントン州、コロンビア川沿いの豊かな大自然のなかで行なわれたデザインチーム向けの社外研修《リトリート》の二日目だった。いわゆるデザインキャンプというものは、強力なチーム・アイデンティティとチーム・カルチャーを築くために行なわれていたが、チームに入りたてのわたしたちを教育するためのものでもあった（これは一九九三年のことで、わたしはナイキに就職してからまだ一年もたっていなかった）。どっさりある野外スポーツ活動の合間に、ブランドの方向性を学び、型破りな方法でインスピレーションを得ることが目的だった。さまざまな日程に混じって、その道のイノベーターがゲストスピーカーとして話をする時間が組まれていた。わたしたちに課題とインスピレーションを与えるために招かれた人たちだ。「ビッグフット・ハンター」は少なくとも、まちがいなく型破りなスピーカーだった。

その日の夜、いたずら好きで知られるデザイン部のベテラン社員が、場を盛り上げるためにビッグフットの着ぐるみをどこからか借りてきた。みんなで夕食をとっているとき、このビッグフットが森から歩いてきた。頭からつま先まで茶色の毛にすっかり覆われているその生き物は、道路を横切り、危うく地元のピックアップトラックに轢かれそうになりながら、屋外のダイニングエリアにのっしのっしと侵入し、みんなを怖がらせた。幸いにも、ビッグフット・ハンターは近くにいなかった。きっと、次の探検に向かったのだろう。そうでなければ、ひと悶着起こっていたかもしれない。

当時、わたしはインスピレーションの重要性や、それを見つけるプロセスの重要性をあまり理解していなかった。けれども、何年もたってから、このエピソードを思い返してみると、なぜビッグフット・ハンターを囲んで話を聴いたのかがわかるようになった。重要なのは、新入りを笑わせることではなく（たしかに愉快だったけれども）、この機会がなければ、けっして出会わない人やものに、楽しませながらもしっかり目を向けさせることだった。はっきりいって、わたし自身のクリエイティブな旅の途中で、ビッグフット・ハンターが何か具体的なヒントをくれたとまではいえない。けれども、デザイナーとして、そしてマーケティングリーダーとしてのキャリアのなかで、ふだんとはちがう場所で、クリエイティブなインスピレーションを見つけねばならないとき、よくあの男のことを思い出した。

好奇心は、クリエイティビティの触媒だ。好奇心があるからこそ、チャンスに気づき、それをつかむためのインスピレーションを得ることができる。インスピレーションはいくら無限にあるとはいえ、見つけるのは簡単ではない。だから、インスピレーションを待つのではなく、自然に自分のなかに流れこんでくるよう計画し、それを作品に反映させねばならない。習慣やルーティンを通じて外の世界を自分の中に取りこむことで、自分自身やチームがよりクリエイティブな成果を挙げられるようになる。

インスピレーションを偶然に任せて、気まぐれに降りてくるのを待つのは、いい手とはいえない。クリエイティブな世界で活躍しつづけたいのなら、自分から探しにいかねば。生まれつき探求心の塊のような人もいるが、学べば好奇心は身につくものだ。好奇心は筋肉みたいなものだから、鍛えなければならない。それを知っているからこそ、ナイキはつねに想像力に燃料を与え、クリエイティブな好奇心を育む文化を築いてきた。デザインキャンプ（そしてビッグフット・ハンター）は、そうした好奇心の筋肉を鍛えるように求められた瞬間のひとつだった。しかし、チーム内で起こす化学反応、リスクテイクの奨励、そして何よりもインスピレーションを得る方法を、長年にわたってわたしやほかの人びとに教えてくれたものは、これ以外にもたくさんある。以下に紹介するのは、チームビルディングとインスピレーションの相乗効果を狙う方法のほんの数例だ。

段ボールのイス

ひじょうに印象に残っているデザインデーのひとつが段ボールのイスだ。この日はチームに分かれると、大きな段ボール紙が配られた。説明はシンプルだった――「人の体重を支えられるイスを作ること」。大事なのは、どれだけクールで斬新なデザインかで、その表現に賞が与えられた。この「すぐれた段ボールイスコンテスト」の審査員が誰かをみれば、ナイキの本気度がわかる。審査するのは、英ウェールズのデザイナー、ロス・ラブグローブとアメリカの工業デザイナー、ニールス・ディフリエント。どちらもイスのデザイン界の巨匠だ。

ナイキのチームビルディング・プロジェクトのたいていの例にもれず、このときも罠があった。決められた時間になったら、自分たちで作った段ボールのイスで、イス取りゲームをすることになっていたのだ。ようするに、誰かがかならず尻もちをつくことになる。そんな状況で、わたしたちはみな課題に取り掛かった。大半のデザイナーは、色相環やシューズのデザインには詳しくても、イスのデザインに関する美的価値や物理的な特性については門外漢だった。数時間後、それぞれのチームがイスを完成させた。とはいえ、なかにはくしゃみひとつで崩れそうにみえるものもあった。ところが驚いたことに、ほかのイスはすぐにでも量産できそうな出来ばえだった。いくつかはシンプルなデザインの典型みたいなものもあった。これはプレッシャーのもとで、どれほど柔軟に物事に対応できるかを印象的に示していた。エクササイズにはいつも時間制限があるので、念入りな計画はあきらめて、すばやくコンセプトを考えた者に報酬が与えられた。

作業後の短い休憩のあと、イス取りゲームが始まった。音楽が流れて止まり、また流れ、を繰り返すにつれ、イスがひとつひとつ、ライバルチームの人の重みに負けて壊れていった。いま思えば、チーム間で体重のばらつきがあるという苦情は真っ当だったし、公式のコンペだったら、その点に関してはもっと厳密なルールがあるべきだったろう。だが悲しいかなゲームは続き、とうとうひとつのイスが残り、勝者は栄冠を手にした。残念ながらわたしのチームは勝てなかった。もちろん、疑問はなぜか、ということだ。なぜ、これが画像やプロダクトのデザイナーたちにとっていいエクササイズになるのだろうか。理由はふたつ。ひとつは、シューズと同じく、イスは形に機能が伴うから。イスもシューズも体重を支えなければならない。しかも、さまざまなタイプの身体や足を支えるために、フレキシブルでもあらねばならない。とはいえ、機能を重視しすぎると醜悪なイスができあがる。形にばかりこだわると、見た目は美しいがすわり心地は最悪なイスになる。それはシューズも同じだ。ふたつめの理由は、このコンテストは想像力のストレッチ運動になるだけでなく、右脳と左脳のストレッチにもなるからだ。さらに、自分たちの技術をシューズやアパレルではないプロダクトに応用するというのは、シンプルにわたしたちのスキルへの挑戦でもあった。たしかに、強い風にイスが倒れてしまうこともある。それでも、このエクササイズ自体は、クリエイティブな筋肉の強化に役立つし、そうやってついた筋肉を、まったく別の何かに応用することだってできる。

与えられたもので勝負せよ

同じ流れで、チームビルディング・アクティビティとして、わたしたちは大胆な冒険に連れだされた。この場合、重要なのはコンテストあるいは勝負の行方ではなく、ひとつのチームとしていいことにあたる行為だ。たとえば、複数の大きな都市を股にかけ、がらくた集め競争《スカベンジャー・ハント》をして、地元の人しか知らない（またときには地元の人さえ知らない）秘密の場所を探しまわった。物語を書それに挿絵をつけて絵本にするという課題を与えられたこともある。わたしたちは絵本についてそれでも、サンディエゴ動物園のサイとシマウマのすぐそばでディナーを食べて、インスピレーションを得ようということになった。また別の課題でひとつの街をデザインしたときは、都市計画にはあらゆるコラボレーションが必要であることから、都市のデザインはチームスポーツであると、あきらかになった。また、ラスベガスをテーマにコマーシャルの脚本を書いて監督するというアクティビティもあり、このときは必然的に、ラスベガスで作業することになった。これらのエクササイズのいずれにも共通していた特徴は、時間枠の短かさだった。いつも期間が数週間や数カ月でなく、数時間かせいぜい数日だった。迅速にイメージをまとめるプロセスには、チームの絆と独創性が必要とされる。わたしたちは与えられたもので勝負しなければならない。あれが足りない、などと文句をいっている暇はないのだ。

本書を読み進んでいくなかで、スタッフが一〇人ほどしかいない小さな組織が、どうすれば、わたしがナイキで担当したキャンペーンを参考にできるのだろうかと考える読者がいるかもしれない。わたしはこの疑問が出ないかとひどく気になっているので、このチームビルディング・エクササイズの話を本書の前半に持ってきた。あなたのクリエイティブな旅に、高額の予算とか、最新技術とか、同じキャンペーンに複数部署一丸で取り組むとかがついてくるなら言うことはない。けれどもそれらは必須ではない。このことを学んだのは、ナイキを去ってからではなく、ナイキにいるときだった。段ボール紙からイスをデザインしたり、絵本を書いたり、ときに馬鹿々しいエクササイズをしているときに気づいたのだ。これらのエクササイズの重要な要素はほかにもある。いつも小さなチームで課題に取り組むので、チームメンバーは同時にいくつもの役割をこなさなければならないことが多かった。そこには「ええと、それってわたしの仕事じゃないんだけど」という、ときにコラボレーションの妨げになる、ありがちなボヤキが入る余地はない。どれも自分たちの仕事なのだ。これは、小さなチームのメンバー間の化学反応を強めるだけでなく、小さなチームでも同じ課題に狙いを定めれば、すばらしい結果を成しとげられることを、思い出させてくれる。

これは、インスピレーションの力と好奇心を見くびってはいけない理由でもある。好奇心こそが、いつもとちがう場所でインスピレーションを探すよう、わたしたちをいざなってくれるのだ。

日本の職人魂

二〇一五年、わたしはグローバル・ブランド・クリエイティブ部の統括責任者として、リーダーチームを連れて、日本へ行った。それまでにもわたしは、さまざまなチームビルディングのためのイベントや、インスピレーションを探すイベントを計画してきたし、もう何年もまえから、日本という国と文化を愛するようになっていた。そこには、最高水準の職人技があった。日本へ連れて行ったのは、世界じゅうのブランドのストーリーテリングとエクスペリエンスを担当しているさまざまなリーダーたちだ。一〇月の京都ほど美しい場所は、地球上にそれほどない。色とりどりの庭園は、えもいわれぬ美しさだ。

わたしは四つの体験型のイベントをセッティングした。それぞれ具体的なテーマと望まれる結果があった。まずは日本で伝統的な刀剣を作っている一家を訪ねた。刀匠吉原義人《よしはらよしんど》の仕事を見学して、最高の職人技を目にした。どの刀も唯一無二の創造物で、ふたつとして同じものはなかった。義人ら職人たちのあいだに存在する深い協力関係による創造性も目の当たりにした。それぞれがまったく異なる役割を果たしながら、各自の作業が滑らかにつながり、どの刀もすばらしい水準を満たしていた。次は通圓《つうえん》茶屋という一一六〇年創業の世界最古級の茶屋へ出かけた〔通圓はもともと茶人の名前〕。アートというのは写真や絵画、動画にのみ存在するのではない。日本の文化が表しているとおり、アートは儀式のなかにもある。たとえば茶道では、どの動きもどの瞬間も、何世紀もかけて細やかな心遣いで洗練されつづけた結果、高潔な美しさを醸しだしている。これこそ究極の「デザイン思考」だ——それはデザインの旅のあらゆる瞬間瞬間を検討するというアートであり技術である。その観点で、日本有数の庭園を創った造園家のひとりを訪問し、わたしたちはデザインと組織を通じて、自然にはエモーションをかきたて、物語を語る能力があることを目の当たりにした。そして最後の体験として、超絶ベストセラー『人生がときめく片づけの魔法』（近藤麻理恵著、サンマーク出版、二〇一一年）の著者、近藤麻理恵を招き、講演をしてもらった。彼女の明確なメッセージと不要なガラクタを生活から排除する手法「ときめきを感じるかどうか」は、メッセージを単純化する方法を見つけたり、情報をそぎ落として力強い真相に絞りこんだりする必要があるチームにぴったりの内容だった。

マッドメン

あるとき、AMCテレビ《マッドメン》の脚本家マシュー・ワイナーを招いて、「世界を構築する」アートについて話をしてもらったことがある。ナイキでは、しばしば、小売の空間で没入型の世界を生みだそうという試みが行なわれる。ワイナーが語ったのは、役者と番組の物語にとって、想像の世界を細かいところまでリアルにすることがいかに重要かという話だった。「どの小物にもそれぞれ物語があるのです」と、ワイナーは言った。わたしが感銘を受けたのは、主人公ドン・ドレイパーのオフィスにあるデスクの閉じた引き出しのなかにさえ、ペンや書類やフォルダなどその時代に実際に使われていた本物のヴィンテージが詰まっているという事実だった。視聴者がそれらの驚くべきディテールを目にするかしないかは重要ではない。大事なのは、俳優がそれらを目にして、触れて、使うことでその時代にタイムスリップできることだ。それによって、俳優たちはその世界と役に没入できる。

それらの結果にたどりつくプロセスについていえば、ワイナーはふたつの機知にとんだポイントを挙げた――「予算が低いほどクリエイティビティは高まります」。マッドメンのシーズンあたりの予算は、たとえば、AMCテレビのドル箱ドラマ《ウォーキング・デッド》よりずっと少ない。ところが、不利な状態に置かれるどころか、この厳しい財政状況がクリエイティブチームを奮起させ、こだわりぬいたロケーションと環境を通じてひとつの世界が構築され、クリエイティブな力が絞りだされ、現実らしさが最大限に引きだされた。当然ながら、チームにとって、そのプロセスは、なまやさしいものではなかった。「くたくたですが、クリエイティブな面では満足しています」と、ワイナーは述べた。結果がビジョンと合致したとき、疲労はときに芸術的な面での達成感の代償として、受けいれられる。制作時のディテールはみな、小さいとか誰も気づかないとかに関係なく、ストーリーに深みを与える力になる。

現場で

わたしたちのチームはかつて、シカゴで社外のマーケティング研修を行なったことがある。わたしは、予定表にある「ソルジャー・フィールド体験」に興味をそそられ、ぜひ参加してみたいと思った。生涯ミネソタ・バイキングスのファンである者として、そのフィールドはまちがいなく敵地だった〔ソルジャー・フィールドはシカゴ・ベアーズが本拠とする競技場〕。わたしたちはソルジャー・フィールドにバスで向かい、選手のロッカールームに案内された。それから主催者は思いもかけない行動に出た。全員にそれぞれロッカーと、防具、ヘルメット、背中に名前の入っているベアーズのジャージを割り当てたのだ。ユニフォームやヘルメット一式を身につけたら、フィールドに出る時間だった。

フィールドでは、スタジアムの雄大さと歴史に包まれながら、ベアーズのトレーニングスタッフの指導のもと、二七度という暑さのなかでひととおりの訓練をさせられた。訓練といっても、手加減してもらったのだろうと思われるかもしれないが、情けはいっさいかけてもらえなかった。あげくの果てに最後の締めは、フィールドゴール競争、つまりキックでゴールを決める得点競争だった。わたしはどうにか昔の記憶をたぐりよせ、サッカーの技を使ってボールを支柱のあいだに蹴りいれ、ゴールを決めることができた。

フランスのシャンパーニュ地方でアーチェリーのレッスンを受けたこともある。インストラクターは、古代の弓射手の血を受け継いだ子孫だった。また、ブエノスアイレスでアルゼンチン三部リーグのサッカーチームと練習試合をしたこともあった。けれども、ソルジャー・フィールドであれ、アルゼンチンであれ、フランスであれ、それらの瞬間は、チームでともに成長し、特別な経験を分かちあうためにデザインされていた。わたしたちはみな、心地のいいゾーンの外側に否応なく放りだされ、普段からそれらの活動をしている人たちの立場に立ってみることで、視野が広がり、仕事に欠かせない共感力がいくらか身についた。

食事をともにする

定期的に行なわれるチームビルディング・エクササイズのひとつが、食事をともにすることだ。もちろん、チームで時間をともに過ごすことだけでなく、ほかにもっと重要なポイントがつねにある。だからこそ、わたしたちはしばしば、レストランでの食事を設定する。そして、料理人に店の裏側、つまり調理場に連れていってもらう。多くの人が評価しているとおり、料理はそれ自体がアーティスティックで、すぐれた料理人は自分の料理を使って、客を旅に連れだす。いいかえれば料理人は、わたしたちがブランドキャンペーンでしているように、ストーリーを語っているのだ。ほかのクリエイティブな人たちが、いかにして自分たちの技術を使って物語を形づくり、自らのひらめきを消費者に提供するのかを理解するのは、何にも代えがたい経験だ。わたしたちは、料理人が作る料理からだけでなく、その料理の提供の仕方を目にして、料理人からインスピレーションを得る。料理をテーブルに並べながら、どんな話をしているのか。どの材料が際立っているか。アスリートやプロダクトが、ナイキのストーリーを伝える術となるように、食のエキスパートは自らの料理を使って、めくるめく瞬間を作りあげる。

このようにさまざまな方法や時間を使って、わたしたちは、ひとつのチームとして自分たちの殻を破ることができた。そして、自分たちの周辺の世界を探検し、インスピレーションを得るために世界を掘りおこし、ほかのエキスパートたちがどのように仕事をしているかを学んだ。そうやって得たインスピレーションによって、自分たちのストーリーが豊かになることもあれば、チームの輪が強まることもあった。結果はともかく、バーチャルオフィスであれ、現実のオフィスであれ、そこでじっとしていては、仕事に必要な化学反応を起こすことも、インスピレーションを得ることもできない。クリエイティブなドリームチームは、問題に直面し、ともに答えを探求し、陽光の輝く戸外へ出てひとつのチームとして同じときを過ごしてこそ、ドリームチームとして機能する。そうやって初めて、学んだことをオフィスへ持ち帰ることができるのだ。

外のものを内に持ちこむ

NASAがデザインした宇宙飛行士のヘルメットと、ナイキのエアテクノロジーとは、どこに共通点があるのだろうか。じつをいうと、NASAのヘルメットがなければ、ナイキのエアテクノロジーは生まれなかった。これはわたしがナイキに入社するまえの話だが、元NASAのエンジニアが、ゴムのブロー成形として知られる技術をナイキに売りこんで、話が進んでいった。この技術はNASAのヘルメットのデザインに用いられていた。その技術を使ってスニーカーの靴底に空洞を作り、空気をいれ、衝撃吸収性を改善させるというアイデアだった。ナイキはアイデアを気に入り、その技術を使って最初のナイキエアソールを作った。[4]
ナイキの歴史に登場する多くのアイコニックなシューズをみれば、インスピレーションを受けた部分がはっきりわかるだろう。そのほかにも、車のデザインに用いられている空気力学的な曲線も長いこと、スニーカーデザインのヒントになってきた。ここにスポットライトを当てるために、当時フォード・モーター・カンパニーのデザイン責任者だったジェイ・メイズを招いて話をしてもらったことがある。メイズが初めて自動車の歴史にその足跡を残したのは、デザインのヒントが名前になっていた車、フォルクスワーゲン・ビートル《かぶとむし》のリデザインだった。その後フォードにやってきたメイズは、何十年ものあいだ、売上が下降気味だった企業の軌道を修正する任務を託された。そして、レトロフューチャリズムというデザインの哲学を確立した。これは基本的に、過去からデザインのヒントを得て未来をイメージする手法である。メイズは、フォルクスワーゲン・ビートルで、オリジナルデザインをよみがえらせた。そして、二〇〇二年式フォード・サンダーバードのデザインを一新するためにふたたび過去に立ち戻り、一九五五年式のデザインを多く取りいれた。また、アイコニックなマスタングのリデザインも行なった。二〇〇五年式マスタングは、最近のモデルよりも、スティーブ・マックイーンが映画《ブリット》で運転していた一九六七年のクラシックモデルに似ている。メイズはエモーションをデザインすること、ストーリーのある車を作ること、夢を実現するという約束について語った。わたしたちはメイズのメッセージにつながりを感じた。車のデザインはナイキのスニーカーにとって、インスピレーションの源泉だったからだ。スピード、空気力学的な形、そして優雅なフォルムに焦点を絞ったデザイン。

とはいえ、プロダクトデザインでもっとも重要なインスピレーションの多くはおそらく、自然界から得ている。これをバイオミミックリーという。自然の仕組みなどからヒントを得て、それを人のためのデザインソリューションに応用する方法だ。植物や動物、昆虫からデザインのヒントを得ることもあれば、人体や自然の風景の一部をそのままデザインに取りいれることもある。たとえば、ナイキのランニングシューズ、エアリフトは、つま先が分かれている。これは、世界的に群を抜いて速いケニアの裸足の長距離ランナーをヒントにしている。また、裂け目を意味する「リフト」という名前と、分かれたつま先のデザインは、ケニアのグレートリフトバレーにも由来している。このデザインによって足の親指と人差し指に当たる第一指と第二指の関節の動きが良くなり、より自然な動きでランニングできるようになっている。

また、日本の折り紙などの芸術的な事物を活用して、インスピレーションを得ることもある。たとえば、ナイキ・シティ・ナイフ2は、三角形が複数並んだような外見をしている。これは、日本のアーティストが折った折り紙の作品を思い起こさせる。このシューズでいちばんの売りは、脱いだあと折りたためるところだ。

これらのプロダクトの例は、外の世界で何かを得たあとに起こった結果である。自分たちのかぎられた視野の外側に出て発見したインスピレーションを、プロダクトに生かしたのだ。けれども、外のものを内に持ちこむというプロセスは、折り紙をヒントにしたり、車のデザインをシューズのデザインに使うという単純な話ばかりではない。あなたが持ちこんだインスピレーションの大半は役に立たないということを肝に銘じて、もっとずっと計画的にアプローチしなければならない。そうやって、アイデアフォルダかどこかにずっと何年もしまい込まれたインスピレーションが、わたしの場合は想像もしなかったような結果をもたらした。

ここからは、読者のみなさんが自分たちの外で得たインスピレーションを自分の仕事に生かすのに役立つ例や、アイデアを挙げておく。

ビジュアル日記をつけよう

前回調べたかぎりでは、わたしのアイクラウドのフォトライブラリにある写真は七万九〇〇〇枚になっていた。そう、わかっている。これはちょっと異常な数だ。ただ、この数字のうち五〇〇〇枚以上はスクリーンショットで、何かのヒントになりそうだと感じて保存した、携帯電話やコンピューターで撮った静止画像だ。その大半はけっきょく、なんの役にも立たないのだけれど、なかには、イマジネーションをしっかりかきたてて、アイデアを導いてくれたものもある。携帯電話のカメラを使えば、これまでになく簡単にビジュアル日記が作れる。あなたの周りの世界を、つまりインターネットでスクロールしたものを一瞬でキャプチャできる。テクノロジーはもうそこにある。ならば、めいっぱい生かそうじゃないか。あなたのビジュアル日記は、物理的なものでもいいしデジタルでもいい。整理整頓されていようが、ごちゃまぜだろうが、かまうことはない。あなたが必要に応じて、インスピレーションにアクセスできればそれでいい。わたしは偏執狂じみているところがあるので、フォルダに分けている。自然、建築、ブランディングとイメージ、気持ちを鼓舞するような引用句、プロダクトデザイン、新技術という具合に。

自分自身に宿題を出そう

あなたはどこへ行き、何を見て、誰と会うのか。これらの質問は、あなたが出張やプライベートの旅行に行くとき、自分に問うべき質問だ。それを書き出してプランを立ててみてほしい。最初は宿題のような気がするかもしれない。けれども時がたつうちにごく自然にできるようになる。わたしは街へ仕事に出かけるときはいつも、それが東京であれ、タコマであれ、フリータイムがあるという前提で、精神を高めたり、インスピレーションを得たりするためのプランを立てる。休暇で家族旅行に出かけるときでさえ、決まって、歴史的に重要な現代建築物などを見つけておき、旅先に着いたら、家族を引っ張ってそれを見に行く。家族はわたしに仕方なくつきあってくれるが、自分たちの背後にそびえる、画期的で幻想的な建築物の価値がわかっているはずだ。

富を分け与えよう

チームのメンバーが、仕事関連のプロジェクトで旅に出るときも同じだ。わたしはいつも、戻ってきたら何を見たか、誰と交流したか、街でどんな経験をしたかを、ほかのメンバーに聞かせてほしいと頼んだ。わたしはそれを「外から内へ」セッションと呼んでいる。チーム全体にとって、それはひとつのチャンスだ。みんなが集まって、誰かの旅行の体験を分かちあうことで、クリエイティブなエネルギーと、ひょっとするとインスピレーションも注入される。その旅行に行っていなくとも、プレゼンテーションによって知識が伝達され、好奇心が刺激され、自分たちの限界が広がる。たとえば誰かがTEDカンファレンスに参加したとする。するとわたしたちは、トップファイブの講演のダウンロードファイルを手にいれられる。また別の誰かがラスベガスで行なわれるCES（コンシューマー・エレクトロニクス・ショー）に出かけたとする。するとわたしたちは、どのビジネスセクターで、最新のブレイクスルーが起こったかを知ることができる。ひとりですべての場所に行くことはできないが、チームでなら、はるかに多くのことを経験できる。

コービーの好奇心

何年も一緒に仕事をしてきた人のなかで、つねにインスピレーションを求めつづけている人といえば、そして探求心と好奇心の塊で、自分が学んだことや発見したことを他者と分かちあう人といえば、それはコービー・ブライアントだ。

コービーの好奇心の強さは、プロのバスケットプレーヤーのあいだでは有名だ。そんなコービーが、若いころにマイケル・ジョーダンに勇気を振り絞って助言を求めたときのことを振り返って、こう言っている――「訊かないかぎり、教われない」。また、ヒューストン・ロケッツの殿堂入りセンター・プレーヤー、アキーム・オラジュワンにまつわるエピソードもある。オラジュワンは現役選手たちに手を差しのべ、若者たちの技術、とくにペイントエリアでの技術が上がるように手助けしたことで知られている。キャリアの後半に、コービーはオラジュワンと丸一日過ごし、元ロケッツのこの選手が得意としていたポストプレーを学んだ。そして二〇一六年の試合後、試合を見に来ていたオラジュワンとコービーが握手しているのをカメラが捉えた。その後のインタビューで、オラジュワンとの握手の件を尋ねられたコービーは、こう言った――「わたしはアキームの姿を追いかけながら育ってきました。アキームのプレーをよく見ていました。だからこそ、いまここに立てたのです。そして彼の家で、フットワークやポストでの動きを教わったことがあります。アキームは一日じゅうわたしにつきあってくれました。感謝しかありません」。いっぽうオラジュワンは、いちばんの弟子は誰かと訊かれたとき、シンプルにこう答えた。「たくさんの選手たちにアドバイスしてきたけど、いちばん熱心だったのはコービー・ブライアントだ」[5]

いくら歳を取っても、いくら偉くなっても、学びというものには終わりがない。

コービーとわたしの好奇心にまつわる出来事といえば、年に一度のビジネスとブランドのミーティングのときだった。コービーは、当時目にした新しい技術を夢中になって話しはじめた。そのイノベーションに対するコービーの情熱は伝わってくるのだが、それが何か、わたしたちにはわからなかった。コービーはわたしたちを待たせて、ようやく、その特別な何かと発明者を会議室に招きいれ、プレゼンテーションを手伝った。コービーがそれほど興奮していたものとは、拡張現実（ＡＲ）だった。これは現実世界の対象物に、スマートフォンなどのデバイスをかざすと、ディスプレイに、その対象物やその場所に関する便利でインスピレーションをかきたてる情報や映像が現れ、インタラクティブな経験ができる仕組みだ。現在、ＡＲはあらゆる場所で、とくに携帯電話を使ったものが普及している。ナイキはずいぶんまえからマーケティングのツールキットの一環として、このテクノロジーを使ってきた。しかしコービーに紹介された当時は、この業界の大半がARとはいったいなんなのか知らなかったし、それを自分たちの仕事にどう生かせるのか、見当もつかなかった。

ところが五回もNBAチャンピオンになったことのあるコービーその人が、わたしたちにこの真新しいテクノロジーに関するあらゆる知識を披露し、もうすぐ、消費者体験にわくわくするような新たな次元がもたらされると語った。さらにコービーはスマートフォンをシューズにかざして、この技術のデモンストレーションまでしてみせた。シューズがスイッチのような役割を果たし、情報と画像の世界が解きはなたれた。これはその日の会議の議題に入っていなかったし、コービーとナイキとの取り組みにも含まれていなかった。コービーはこういう人なのだ。コービーの好奇心と発見に対する執着心は、コービーと一緒に働くみんなのインスピレーションの源で、畏怖の源でもあった。

自分の殻を破ろう

まずは己が手本を示せ。人に説くまえに実行せよ。というわけで、ここではそんな話をしよう。幸運なことに、わたしは自分のキャリア全体にわたって、ブランドマーケティングのイノベーションを推進する機会を持てた。最初は仕事を始めて間もないイメージ・デザインチーム時代。この当時は非現実的なアイデアを勝手気ままに思い描いていた。そしてCMOになってからは、ブランドのストーリーテリングもエクスペリエンスもみな、未来へ向けて進化させた。イノベーションはいわば、わたしが夢中になっているもののひとつだ。わたしは限界を目指し、そばにいるチームにこう尋ねるのが好きだ。「もし○○だったら？」

けれども、好奇心を生活の一部にするようになったのは、グローバル・ブランド・イノベーションの責任者としての役割を果たしているときだった。好奇心こそがイノベーションを促す、かけがえのないひらめきを連れてきてくれる。わたしは本気で、好奇心に満ちた生活をしている。それはつまり、自分自身を実験台にしたということだ。そして、ときどき度を越してしまった。わたしはいつも、体調を整えたり、健康を増進したりするための新たなイノベーションに引き寄せられてきた。わたしの自己実験のゴールは、スポーツの世界とプロダクトの世界の交差点を見つけることだ。それがどうやってアスリートの能力を高めるのだろうか。それらはアスリートとスポーツとのあいだの障害を少なくするのだろうか。それとも増やすのだろうか。わたしは答えを知りたかった。あるとき、一日にそれらのイノベーション四つをいっぺんに使って、わたしはハンドルを越えた。どういうことかって？　いまから詳しく説明しよう。

きっかけは単純だった。数年まえにウープストラップが市場に登場し、パワフルな心拍モニターとして消費者のあいだで話題になった。わたしは最初のバージョンを使ってみることにした。活動や睡眠のトラッキングが可能で、思った以上にさまざまなデータが収集されるし、扱いもすごく簡単だった。そのうえ、これをつけることによって行動に変化が起こった。スコアや、全体的な健康を改善したくて、生活習慣を見直したのだ。そして、やみつきになった。

さらにもう一歩踏みこんでみようと思った。身体の健康を維持するなら、精神のほうの健康も、というわけだ。ニューロピークプロのことは耳にしていた。マインドトレーニングを使って、脳の機能とパフォーマンスを強化するというプロダクトだ。これは、強いプレッシャーの下で集中力が切れにくくなる方法として、とくにアスリートに向けてマーケティングされていた。わたしはこの企業の創設者ドクター・ティム・ロイヤーを招き、年一回の社外のブランドイノベーション会議で話をしてもらうことにした。プレゼンテーションの日、ティムは朝早くに姿を現した。まだ誰もがコーヒーと朝食を手にしている時間だった。ティムは部屋にいる人全員に、わざわざ声をかけて挨拶をしていた。大半の者は、まだ眠い目をこすりながら、朝食に気を取られていた。ティムは話をする時間になると、プレゼンテーションの冒頭で、部屋にいるすべての人びとの名前を呼んだ。二〇人すべての名前を。いったいどんな魔法を使ったのだろうか。わたしは不思議で仕方がなかった。名前を覚えるのが得意でないわたしのような者にとって、これは驚くべき特技だった。ほかの人びとも驚いていた。ティムのやったことのなかで、おそらくこれがいちばんの宣伝になって、わたしはニューロピークプロを自分で試してみようという気になった。

そんなわけで、わたしはプログラムを開始した。一週間に数回、センサー付きの未来っぽいバイザーを頭につけ、強いストレスがかかるシチュエーションで集中力を保つための脳トレーニングとして、独自にデザインされたゲームをスマートフォンで行なった。デバイスはスコアを算出し、開始時の数値を示した。ユーザーはセッションを通じて、そのスコアの改善を試みる。精神と身体はこれでカバーできた。では、もう少し前進しよう。

わたしが次に目をつけたのは、プリュムラボのフローだ。このデバイスはバックパックやハンドバッグなどにぶら下げ、スマートフォンとつなげて、周りの空気の質を測定できるようになっている。これは、フローによってユーザーが旅のプランを立て、徒歩やバイク、車で移動するときなどに、もっとも大気汚染の少ない道を選べるようになっている。そうすることで、肺がさらに健康になるという考えである。わたしはフローを使って初めて、都会の環境で空気が移動し、ある特定の場所でしばしば淀むという事実を知った。わたしは、清浄ではないエアポケットがある道は避けて道順を決めるようになった。

最後にわたしは、自律飛行型ドローン、スカイディオを手にいれた。このドローンは飛行しながら動画を記録するタイプで、ユーザーの携帯電話と同期し誘導ビーコンのように機能する。あなたがどこへ行こうとも、ドローンはついてきて、道中ずっと動画を撮影する。いわば、空飛ぶゴープロだ。このドローンを使って、自分が走っている様子を追跡して動画を撮影した。まもなく、速く走れば走るほど、いいシーンが撮れると気づいた。けれども、これはいくらなんでも年齢的に無理があると考えた。そこで思いついたのが、スカイディオを使って、マウンテンバイクに乗っている自分を追跡させることだった。そしてあるとき、わたしはやや注意散漫になっていた。後ろのドローンに気を取られ、前の道をあまりよく見ていなかった。不意に前輪が何かに乗りあげ、わたしはハンドルバーを越えて、肩から地面に落っこちた。そして、この災難のすべてがカメラに収められていた。わたしはその動画をインスタグラムにアップした。けれどもそれで話が終わりではない。たしかにわたし自身は、スカイディオの使い方を間違え、ユーザーエラーを起こした。にもかかわらず、アスリートのビデオコンテンツを創作するプロダクトには、はかりしれない可能性があると気づいた。ランナーや、バイカーや、スキーヤーたちのこれまで見たことのない姿を収めた動画コンテンツだ。

これらの経験を打ち明けたのは、情熱と好奇心がイノベーションのなかで果たす役割を説明したかったからだ。「殻を破れ」という主張《マントラ》がときには、新しいプロダクトや経験を試せという意味になることもある。その心は、なんらかの方法で、それらのイノベーションと、あなたやあなたのチームが取り組んでいることに交差する部分があるかどうか試してみよ、ということなのだ。ときには、交わることもある。交わらないこともある。けれども、あなた自身がいつもの場所を離れて試してみるまで、結果はわからない。わたしはこれらのイノベーションを自分自身で体験してみてやっと、消費者としてその価値を評価できたし、いかにして個人の能力が強化《エンパワーメント》されて生活の改善につながるかも理解できた。エンパワーメントのツールとして（最高のテクノロジーを備えた最新のガジェットとしてでなく）、ある製品を位置づけるという概念はつねに、製品とブランドマーケティングについて考えるときのわたしの核になってきた。また、わたしがこれらの製品を紹介したのは、芸術と科学という両面のアプローチで製品が作られているからだ。これらは、デジタル・プラットフォームとデジタルの能力に支えられた物理的な体験を提供するが、これらを使うにはまず、あなたが人生を生きなければならない。未来を創るのは人間だ。それがたまたま、あなたの個人情報が原動力になっているテクノロジーによって支えられているだけだ。

ビジョン・アドバンテージ

コーチKは、ナイキ本社であの日わたしたちに話をしたとき、ふたつのポイントを強調していた。第一に、ブランドマーケターは、ほかの人が見ていないものを見ている。第二に、このビジョン・アドバンテージがわたしたちと競合との違いである。コーチKの言葉をヒントにして、わたしなりにインスピレーションを働かせると、ブランドリーダーとして、ほかの人には見えていないものがわたしたちに見えている理由は、共感と好奇心というふたつの特質に価値を置いているからだ。共感力によって、わたしたちは、ほかの人の視点で世界を眺めることができる。共感力によって、自分自身のかぎられた経験の外側に一歩踏みだすことができるし、誰かほかの人の目を通して見たものを受けいれられるようになる。これによって、そうしなければ見過ごしていたかもしれないものが見えてくる。そして、その見えたものがわたしたちのソリューションの支えになる。

けれども、このビジョン・アドバンテージを維持するには、共感力だけでは充分ではない。わたしたちはつねに、これまで手にしたことのない何かを見るという姿勢を取りつづけねばならない。これが好奇心の目的だ。わたしたち自身の狭い視野から見える地平線の向こうに、何があるのかと尋ねる意欲だ。そこに何があるのかを想像するのではなく、実際に地平線を越えて、探検しなければならない。知識を広げ、ありそうもない場所でインスピレーションを探すために、新しい状況に身を置くのだ。ときには居心地の悪い場所もあるだろう。わたしのチームとわたしが行なってきたさまざまなエクササイズやアクティビティは、わたしたちが実際にしてきたことと同じくらい重要だ。だからといって、あなたのチームも、ビッグフット・ハンターを呼ぶべきだと言っているわけではない。ビッグフット・ハンターの話みたいに、エキセントリックでとほうもない瞬間を見つけて、チーム内で、不思議なことに素直に驚く気持ちを育てるべきだと言っているのだ。

アートとストーリーはわたしたちの周りにある。アートとストーリーはこの惑星に存在するわたしたちの活力源だ。好奇心を失わずに、探しに行けるかぎり、それらはこの世界のどこにでもある。そしておそらく、いざ、それらを見つけたら、見つけたものを使って、自分たち自身のアートとストーリーに新たな息吹を与えられるだろう。

「クリエイティビティはチームスポーツだ」の原則

1. クリエイティブ・ドリームチームを作ろう
デイドリーマーを受けいれよう。静かな者の声こそ最大に。ダイバーシティを酸素にして、クリエイティブの追求に命を吹きこもう。

2. 自分の殻を破ろう
自己満足はクリエイティブの敵だ。インスピレーションが湧いてくるのを待つな。外へ出て、見つける計画を立てよ。どこへ行って、何を見て、誰に会うのか。外の世界をあなたの内側に引きこんで、想像力をかきたてよう。

3. 他者が見ているものを見て、見えていないものを見つけよう
共感こそが良いブランドを最高のブランドに変える。より広い視野を持って、自分自身の経験の向こう側にある世の中や人びとをより深く理解しよう。この「ビジョン・アドバンテージ」を使って、目の前に見えているものの先にある、より深い真相をあらわにしよう。

4．自発性がチャンスを引き寄せる

すべてのクリエイティブな飛躍が、計画的に達成できるわけではない。厳格さがクリエイティビティを抑えつけることもある。自己表現の瞬間を解きはなてるチーム構造にしておこう。

5．ゲームを開始するのは才能だが、ゲームに勝つのは化学反応だ

ボールをパスしよう。右脳派と左脳派が互いに能力を倍増しあうような文化を作ろう。精神とスキルと夢とのあいだで、過激でクリエイティブなコラボレーションを実現しよう。

第三章　無難にいくな、勝ちにいけ

スウェーデン出身のサッカー選手ズラタン・イブラヒモビッチが放つバイシクルキックのシーン。ボールを蹴っている最中で一時停止され、スーツ（に、たしかタートルネック）姿の男がひとり、ステージに上がる。男はズラタンが宙に浮いている静止画像を指して、上から目線の口調でこう言う。「七六パーセントの確率でボールを逃しています。無謀ですね」姿の見えないオーディエンスが笑う。

男はTEDトークのスピーカー風に話を続ける。背後のスクリーンに映しだされているのは世界でも指折りのサッカー選手たちの映像だ。たとえば、クリスティアーノ・ロナウド、ズラタン、ウェイン・ルーニーなど。「現代の偉大な選手たちでさえ、ミスをする。あまりに大きなリスクを負いすぎる。けっきょくのところ、選手たちもただの……人間なのです」「人間」という言葉を言ったあとに少し間を置いて余韻を作る。オーディエンスはこの生物のもろさや失敗の可能性を充分理解する。「けれども、そうでなければ、どうでしょうか」

こんなふうにして、ナイキの二〇一四年の壮大なアニメーション作品《The Last Game》（ラストゲーム）は始まる。このアニメーションは、ワイデン＋ケネディとパッション・ピクチャーズとの提携で創作され、完成までに一年以上かかった作品だ。ナイキの歴史のなかで制作された、どのブランド・コミュニケーション作品よりも制作期間が長いというだけでなく、コマーシャルとしても五分というのは最長の作品だった。

フィルムは、世界的にすぐれたサッカー選手たちが、科学者と科学者が作った選手のクローンからサッカーを救うというストーリーだ。「未来のサッカー」というのが科学者の触れ込みで、「ほころびのない意思決定。保証された結果。人びとが望んでいるのはこれだ」と宣伝する。クローンは試合中のリスクをすべて排除し、感情を交えない効率性を取りいれるようプログラムされていた。そして、当初はクローンが勝つ。

物語が進むにつれ、クローンが次々とチーム内の人間と入れ替わっていく短いシーンが示される。観客もだんだんと減っていき、とうとう最後のひとりが立ちあがり、がっかりした様子で立ち去る。そのあと科学者が現れ、テレビのリポーターに、サッカーの次はバスケットボールでもクローン化した「完璧なレブロン」を作る計画をしていると語る場面が現れる。リポーターが、もともとの選手たちはどうなるんです？　と尋ねると、科学者はこう答える。「そんなこと、知ったこっちゃないね」

そのあと、ブラジルのレジェンド、ロナウド（「怪物《フェノーメノ》」というニックネームで呼ばれる）が「サッカーを救う」ために、サッカーではなく別の仕事をしているクリスティアーノ、ウェイン・ルーニー、ズラタンら「オリジナルの選手たち」を集める。

「すぐれた選手になれたのは、なぜかを思い出そう」と、ロナウドは選手たちに語りかける。

「リスクを恐れていないからだ。みんなはゲームみたいにサッカーを楽しんでいた。クローンのサッカーはつまらない作業みたいだ。きみたちはリスクを冒して勝ちにいく。無難なプレーほど、危険なものはない」

オリジナルの人間たちはクローンとの一本勝負に挑む。試合の日、スタジアムは以前のように超満員になり、船外活動中の宇宙飛行士でさえ、アイパッドでこの試合を観戦している。そして、試合が始まると……。

リスクテイキング文化

《The Last Game》は、ナイキの《Risk Everything》（リスク上等）キャンペーンの三番目のフィルムで、二〇一四年のワールドカップのタイミングで世に出た。これはナイキにとって、重大な瞬間だった。世界的なサッカービジネスで、世界一のブランドになれるチャンスだったからだ。機は熟した。リスクをかけた徹底的な取り組みで、業界トップの座をつかむチャンスだった。サッカーブランドとして、圧倒的な立場になるというゴールを実現するには、単なるグローバルなキャンペーン以上のものが必要だ。ワールドカップを通じて、消費者がナイキと交流する仕方を変えるような、世界的なエンターテインメント体験が。これは、ハードルの高い計画で、どれほどリスクがあるかもわかっていた。とはいえ、「リスク上等」と謳《うた》うからには、ナイキ自らこの言葉どおりにふるまわなければならなかった。

それでも、これはナイキにとって、新たな立ち位置というわけではない。わたしは幸運にも、すべてにおいてリスクをかけることを良しとし、それを奨励する企業で働いていた。ナイキが成長し、国際的なサッカーなど新たな市場へ進出していったころはとくに、リスクテイキングの文化も育った。当初からブランドの一部だったこの精神を維持しつづけていることが、ナイキの成功に欠かせない重要な要素だった。多くの企業は、最初は大胆で実験的だが、ある程度の頂点に達すると、攻撃的な戦略から守りを固める戦略に切り替える。ひとつの市場で支配的な立場を手にしてしまうと、恐怖心が生まれる。不安感のせいで、何かを達成するより何かを守るほうへ変わっていく。平気で冒していたリスクがふいに、高すぎるリスクになる。

老舗企業であれ、新興企業であれ、むずかしいのは、いかにして、最初にリスクテイキング文化を確立し、それを崩そうとする自然な力からその文化を守るかである。組織にはいつも理性的な意見をいう人がいる。それらの人びとは、ドリーマーがガードレールから飛びださないように努める。それらの声があるのはいいことだし、クリエイティブで攻撃的な戦略を続けるために、すべての警告を無視せよと言っているわけではない。けれども企業は、その目的と声に忠実でありつづけると同時に、ドリーマーを励まして、消費者と接する新たな方法を生みだすべきだ。リスクテイキング文化を守れるかどうかは、とどのつまり、誘因《インセンティブ》を提供しているかどうかだ。組織は積極的に、大胆なアイデアに報酬を与えているだろうか。リーダーチームは、ドリーマーのアイデアを聞く時間を作っているだろうか。型破りなアイデアがうまくいかなかったとき、もう一度試してみるようにクリエイターらを励ましているだろうか。企業がどのように新たなアイデアを扱い、それをビジネスプロセスに組みこんでいるかをみれば、企業がリスクテイキングを重視しているかどうかが、はっきりわかる。

ここで、「リスクテイキング」あるいは「勝ちにいく」というのがどういう意味かを、説明しておこう。これらの言葉は、さまざまな規模のディスラプションを表現するために曖昧に使われることがあまりに多い。それが製品であれ、マーケティングイノベーションであれ、ディスラプションは、あなたが達成しようとしていることに対する万能の言葉だ。たしかに、便利な言葉である。

けれども、わたしたちには、もっとぴったりの言葉がある。マーケティングでリスクを冒す目的は、消費者とかかわりあうための新たな道を生みだすことだ。あなたは、これまでやったことのないレベルで消費者に接触しようとしている。それでも、いったん接触ができれば、ゲームの流れが永遠に変わる（そしてしばしば、新たな収益のチャンスも開けてくる）。それをディスラプションと呼ぶ人もいるが、わたしはそれをイノベーションと呼ぶ。

たとえば、デジタル革命の真っ最中に、かなりローテクで非デジタル的なイノベーションを始めるなど、わたしは幸運にも、いかなるレベルであれ、リスクテイキングを育む文化のなかにいた。これらの転換期のあいだずっと、ナイキに在籍しているという機会を得た。そこには、モーション・キャプチャ・アニメーションがあり、いくつかのアプリの立ち上げがあり、消費者とブランドがより近づくためのソーシャルメディア戦略があった。しかし、ナイキが導入したテクノロジーにかかわりなく、このクリエイティブな旅の一歩一歩は、小さなクリエイティブチーム内での会話に端を発している。この小さなチームは大きな夢を抱き、こう質問することを許されている。「もし、〇〇だったら、どうだろうか？」

機敏で身軽に

同僚のジェイソン・コーンは、ドライブが憂鬱《ゆううつ》だった。フォードの古い一九八一年式カーゴヴァンを運転して、オレゴン州ビーバートンからフロリダ州のサラソタへと、シカゴ・ホワイトソックスの春季トレーニングの場所に向かわねばならなかったのだ。当時は一九九〇年代の半ばで、ホワイトソックスの名簿には新しい選手の名前があった。その名はマイケル・ジョーダン。野球界にとってはエキサイティングな時期で、ナイキもその場に行こうとしていた。けれどもジェイソンにとって、六〇時間のドライブはエキサイティングとは言いがたかった。西海岸から東海岸までの旅を同僚と、「くせえやつ《スティンキー》」というあだ名がついたヴァンに乗っていかねばならない。そのあだ名がつけられたのは、ヴァンが以前ごみ運搬車として使われていたからだ。エアコンなし。カセットデッキ付きのAM／FMラジオは壊れかけ。車内に充満している不快な臭い。スティンキーは、ナイキのイベントでみられる自動車とは似ても似つかないタイプだった。それでもジェイソンは、長旅のすえにようやく競技場に車を停めると、さっそく後部ドアをあけて、ホワイトソックスの春季トレーニングキャンプを見に集まっていた大勢のファンと交流をはじめた。おそらくジョーダンがいるからだろうが、ファンはこれまでになく多かった。

二〇年ちかくまえのその旅を思いかえして、ジェイソンはわたしにこう言った。「ぼくたちは、三〇日間で何千ドルもの商品を売った。これは現地で人びとと何千回も直接触れあう機会を作ったということにもなる。こういうマーケティングが、ブランドにとってはかけがえのない経験だよ。《スポーツ・イラストレイテッド》誌にも掲載されたしね」

スティンキーは、ナイキの「SWAT」、つまりスポーツ・ワールド・アタックチームの旗艦《フラッグ》車《シップ》だ。SWATは、一九九〇年代前半に立ちあげられたイベントマーケティングの一環だった。ジェイソンとわたしは、一九九四年のワールドカップに向けて、アイデアを発展させるチームにいた。この年に世界でもっとも人気のあるスポーツイベントが、初めてアメリカの地で開催され、九つの都市が会場となった。わたしはその数年前に、当時はこっそり活動していたナイキのサッカーイメージデザインの責任者に志願（か、選ばれたか）していた。ナイキは、まだ国際的なサッカーの市場にしっかり入りこめていなかったし、周りからもそうみられていた。一九九四年のワールドカップのために、わたしたちが手にいれた予算は一万ドルだった。それは、一九九四年の基準からしても低いほうだった。ジェイソンとわたしはこう思っていた。ナイキはこの予算で、一カ月のあいだ、消費者をつなぎとめておけると本気で考えているのだろうか。けれども、リソースの不足は、あとになってみれば、わたしたちが必要としていた創造性のエキスになっていたことがわかる。

わたしたちの答えはヴァンだった。ナイキのインターンシップに出かけるとき、わたしが両親から借りたのと似たヴァンだ。中古のヴァンを買うのもいいが、社用車の古いフォードカーゴヴァンが駐車場に埃をかぶって停まっているぞ、と部署の長は言った。そうやってスティンキーがわたしたちのチームに仲間入りした。まずやるべきことは、スティンキーをアップグレードすることだった。だから、わたしたちはヴァンを黒く塗り、フードにクロームイエローのスウッシュマークを描いてカスタマイズした。サイドには新しいナイキのサッカーロゴを描き、内装も改めた。その甲斐あって、ヴァンの後部ドアをあければ、アスリートたちの名前が書かれた旗が奥に飾られた、製品の陳列台になった。わたしたちは、スティンキーの改造で予算の一万ドルをすっかり使ってしまったので、運転手を雇うお金がなかった。そんなわけで、くじでハズレを引いたジェイソンがその暑い夏、国じゅうを回るこのヴァンの運転手になった。そのイベントで、ナイキは正式なスポンサーではなかったかもしれないが、わたしたちはスタジアムにヴァンを乗りつけて、こっそりとサッカーブランドとしてのナイキを伝道した。スポンサーらは看板やステージ、広告板、ケータリングなど、なんだかんだで一万ドル以上はゆうに費やしていたが、現地の人びとと話をしたのは、わたしたちのほうだ。全体的な前提条件は、ビッグでないイベント体験。つまり人びとが中心の体験として機能することだった。

わたしたちは、できるだけ消費者に近づこうとした。企業と、わたしたちがリーチすべき消費者とのあいだにあって、このふたつを分断している衝立を取りのぞきたかった。つまり、宣伝しながら重要な消費者のフィードバック（とアイデア）も集めていたのだ。とはいえ、ここがミソなのだが、消費者は宣伝を見せられているとも、フォーカスグループ〔市場調査の一形態として意見を収集するために集められる集団〕の一員になっているとも思っていない。

グレート・スティンキーツアーを回っているとき、まもなく気づいたのだが、フットワーク軽く、エネルギーが集まっているところに出向けば、わたしたちはブランドとして、どこにでもいるのも同然になれた。サッカー・ワールドカップだけでなく、野球やバスケットボールなど、ほかのスポーツにも活動範囲を広げた。小売店のスポーツイベントや、地元のスポーツイベントを訪れ、近隣の地域を掛け持ちして回ることもあった。一日として同じ日はなかった。ある日は地元の少年少女らのスポーツクラブを訪問し、翌日はナイキが後援しているアスリートをスポーツクリニックに送りだし、翌々日は、地元の公園でバスケットボールをして過ごす……というように。

「さあ、かかって来なよ。きみたちが勝ったら、ナイキのバスケットボールシューズをプレゼントするよ」

ジェイソンとわたしは、ポートランドのビスタ・スプリングス・カフェで、週一回夕食をとりながら、ブレインストーミングを行なった。ルールは、デザートを食べながら仕事をやっつけて、それから、ちゃんとした夕食にありつくことだった。アイスクリームサンデーをパクつきながら、ナプキンにアイデアを書きこんで、それを交換しあった。話し合いがどこへ向かうかはどうあれ、始まりは、いつもシンプルな質問からだった。「もし、〇〇だったら？」

こうして、この場所でわたしたちはひとつの計画に生命を吹きこみ、やがてそれがSWATという名称で正式なチームになった。このチームで、クリエイターとしてすばらしい時間を過ごせた。予算がほとんどないから、突拍子もないアイデアを出さざるをえなかった。幸いなことに、クリエイティブ通りのほぼすべての交差点で、青信号が出た。

イベントに出かけて、地元の消費者に話しかけただけで、ナイキがそのイベントのオフィシャルスポンサーだと勘違いされることもよくあった。イベントに公式に協賛している企業は、競技場のサイドラインに置かれる看板からコーヒーカップまで、あらゆるものにロゴをいれるだけだが、わたしたちは時間とリソースを費やして、人びとと直接かかわりを持った。

その後二年間で、SWATの車両はスティンキーから、シートを野球のグローブに見立て、外観は野球ボールにみえるよう仕立てたフォルクスワーゲン・ビートル・バグと、アウトドア・アドベンチャー・スポーツ・イベント用のフォルクスワーゲンバスになり、最終的には黒の二台のハマーへと変わった。大型飛行船や列車を使うアイデアまでも思いついたけれども、こっそり活動《ステルス》とは程遠い案だったので、チームとしてはあきらめた。スピードと敏捷《びんしょう》性がSWATの強みだった。わたしたちは、スポーツイベントでのモバイルな販売活動を通じて、消費者の心をつかもうとした。ここで重要なのは、収益を上げることではない。大事なのは、わたしたちと同じようにスポーツを愛する人たちと、個別に交流することだった。

　スティンキーを使った最初の取り組みは、予算がほぼゼロの状態で行なわれたことを考えれば、この活動全体を通して、それほど大きなリスクはなかったのでは、と思う人がいるかもしれない。たしかにジェイソンとわたしがあのとき失敗したとしても、まあ、いっか、というほどのことだった可能性はある。少なくともナイキが何百万ドルと損をするわけじゃない。けれども、リスクにはもうひとつの側面がある。リスクをかけることによって、チームはチャンスをつかめる。それだけではない。その場にあるもので、アドリブを利かせる余地や自由が与えられる。メッセージ効果を最大限にするために、なんでもかんでも、フォーカスグループを使って市場調査したりして、慎重におぜん立てすべきでもない。たしかに、洗練され、徹底的に試作されつくした生産物も必要だ。そうすることで、標的とするエモーションに訴える方向に確実に進める。それでも、ナイキでのいい思い出のなかには、現場での販売活動にまつわるものがある。現場は消費者と対面で仕事ができる場所だ。ブランドを作りあげている人びとと、そのブランドがリーチしたいと思っている人びととのあいだには、たいてい壁がある。この二者が握手することなどほぼない。交流はスクリーンを通して、あるいは看板を介して、あるいはアスリートなどのブランド・アンバサダーを通じて起こる。けれども、わたしが消費者たちと過ごした瞬間は、リアルな人間同士の交流の時間だった。わたしたち――ジェイソンとわたしと、SWATに仲間入りしたほかのみんながブランド、みんながナイキだった。

ナイキのSWATプログラムは、草の根的な販売活動としてナイキ初の試みというわけではない（フィル・ナイトが創業当時にやっていた）し、唯一というわけでもない。けれどもそれが生まれた経緯は、わたしがそこにかかわっていたのだけれども、リスクを冒すことによってマーケティングのイノベーションが導かれたストーリーのひとつである。競合他社が互いにしのぎを削って、贅沢な企業展示を展開しているときに、わたしたちは一歩後ろに下がって、まったく逆の方向へ向かった。消費者にもっと近づこうという活動のなかで、わたしたちはナイキの新たな道を発明し、ナイキのモットー「アスリートがアスリートに奉仕《サービス》する」をそのまま実行することができた。消費者がいる場所で消費者と会うことで、わたしたちが何者かをよく知ってもらうための鍵は、機動性と敏捷性だと、気づいたのだ。

小売革命をデザインする

照明が暗くなると、人びとが顔を上げた。買い物客が目にするのは、広いアトリウム五階分の高い天井から降りてくるスクリーンだ。スクリーンは壁を覆い、映画館の銀幕みたいにみえる。客たちが動きを止める。スクリーンが明るくなって、ナイキのブランドフィルムがはじまる。フィルムは地上最強のアスリートについてのフィルムかもしれない。もしかすると、わたしたちみんなについてのフィルムかもしれない。いずれにしろ、フィルムはアスリートに、つまりその店にいる人びとに直接語りかける。なぜ、ここにいるのか。ここ、ニューヨークのフィフス・アヴェニューにある店のドアを通りぬけたのはなぜか。ただ、まっさらのシューズを買うためなのか。いいや、そうじゃない。フィルムが思い出させる。ここに来たのはアスリートだからだ。短いフィルムが終わると、照明が明るくなり、スクリーンは五階分の高さを上がっていく。しばしの沈黙。買い物客——アスリートたち——はいま目にしたものを徐々に理解して、一斉に拍手する。そこでは巨大な時計——競技場のスコアボードにあるのと似たもの——が次のフィルム開始までのカウントダウンを始める。そして、買い物は続けられるが、いまや、客たちが履くシューズやジャージがちがってみえる。それらは単なるプロダクトではない。アスリートとしての可能性を解きはなつツールなのだ。

一九九六年、ナイキは小売店での購買体験を変えようとし、わたしはその試みにかかわった。フィフス・アヴェニューと五七丁目通りの角にあったナイキタウンNYCは、わたしが若いころの良き指導者《メンター》ゴードン・トンプソンとジョン・ホークのアイデアで生まれた。ゴードンは当時、ナイキ・デザイン部のトップで、ポートランドに登場したナイキ初のナイキタウンの立案者だった。ジョンはゴードンの弟子で、ダイナミックな想像力に富む才能あふれるデザイナーでもあり、なんでもささっとスケッチするのがうまかった。このふたりがタッグを組んで、ニューヨークの旗艦店を「ボトルシップ」のようにしようと思いついた。ボトルとして外観は古い体育館のようにみえるけれど、なか（シップ）は未来のスポーツをイメージさせる画期的な内装になっている。古いものと新しいものが共存する世界だ。

ナイキタウンNYCは、ただの小売店ではなかった。ほかに類のない、繊細で壮大なブランド体験ができる、いわば「小売の劇場」だ。わたしは、建物のファサードや古い体育館をテーマにした細かい部分のデザインと、内装を数多く担当した。けれども、わたしたちは、ただ古い体育館にみえるものを建てるつもりはなかった。それでは画期的でもなんでもない。わたしたちはこの古い体育館に命を与えたかった。そこには本当の過去があるようにしたかった。選手のスニーカーの跡が床に残っているような場所だ。わたしたちは一九三〇年代のニューヨーク市の学校に似せて正式の名称さえもつけた。「P．S．６４５３」というのがそれだ（携帯電話のキーパッドで〝NIKE〟と押してみてほしい）。

もちろん、この革命的なプランでも、新たな難題が立ちふさがることになる。最初にぶつかった壁は、わたしたちのビジョンを現実の形にしてくれるデザイン・エージェンシーを見つけることだった。古い体育館の外観を作ってくれる企業は数多くあった。けれども、わたしたちは体育館を古く見せるだけでは飽きたらなかった。古さを感じ<u>たかった</u>。そこで、わたしたちが目をつけたのは、視覚的なストーリーテリングの達人、ブロードウェイだった。劇場のセットデザインのチームを雇い、一九三〇年代風の体育館を作りあげた。このおかげで、古いものと新しいもののあいだをつなぐストーリーを伝えるだけのパワーがこの建物に備わった。「古い」レンガのファサードを抜け、畳まれて壁に寄せられている木製の観覧席を過ぎると、未来のスポーツの光景が現れ、消費者はすぐにコントラストに気づく。けれどもそこには連続性もある。ひとつの時代から次の時代へというつながりだ。

それに加えて、わたしはこの体育館により深い歴史を刻みたかった。それで、かつてこのコートをホームと呼んでいたチームがあるという設定を考え、視覚的なバックストーリーを盛りこんだ。チーム名は、ナイキのふたりの共同創始者フィル・ナイトとビル・バウワーマンにちなんで、「バウワーマン・ナイツ」とした。ビル・バウワーマンはオレゴン大学の伝説的な陸上競技のコーチで、フィルはビルの教え子だった。わたしは数時間かけて、騎士《ナイツ》のヘルメットを描いた。デザインのモチーフは、建物の外側を飾っているチームのマスコットだ。建物の前面には、マスコットのほかに、スポーツに固有の価値観である「Honor（名誉）」「Courage（勇気）」「Victory（勝利）」「Teamwork（チームワーク）」という文字も刻まれていた。ブロードウェイのデザインチームはそれに信憑性を持たせてくれた。その時代を徹底的かつ広範に調べ、ペインターや彫刻家、デザイナーなどそれぞれの職人の協力によって、ほぼ完璧なリアリズムを感じさせる、過ぎ去りし時代が再現できた。たとえば、体育館の至る所で使われていた革製品の革は何十年もまえのものらしく擦り切れてみえるように仕上げた。わたしは三〇年代の選手たちが着ていたような、ナイツチームの記念スタジャンまでデザインした。これはストアの開店記念にフィルへプレゼントした。

ストアのなかの未来的な環境では、チームスポーツフロアのデザインも担当した。フロアには、裏側がシューズのディスプレイ棚にもなっているトロフィーのケースもあった。このデザインによって、消費者はひとつの場所で、買い物をしながら、すばらしいトロフィーのコレクションを眺めることもできる。ストアが開店した週末、その棚には、北米プロアイスホッケーの優勝カップであるスタンレーカップや、スーパーボウルの優勝者に与えられるヴィンス・ロンバルディ・トロフィー、北米野球リーグMLBのワールドシリーズのトロフィーがすべてひとつのケースに収まっていた。こんなことは前代未聞だった。スタンレーカップに至っては専任の武装した警備員もれなくついてきて、オープンした週末のあいだじゅう、どこぞの不届き者がカップを盗もうなどと考えた場合に備えて、つねにトロフィーの近くに立っていた。

さらに一歩進むために、わたしは別のタイプのトロフィーを手にいれようとしていた。それはリル・ペニーだ。リル・ペニーは一九九〇年代なかばに、オーランド・マジックのポイントガードだったペニー・ハーダウェイが出演していたコマーシャルで使われたパペットだ。声を演じていたのはクリス・ロックだった。わたしはオフィスの裏ルートを使って、リル・ペニーのパペットをナイキタウンNYCに置くことに成功し、トロフィーケースの隣にリル・ペニー用の特別な空間をディスプレイした。とはいえ、あの特徴のある声がなければ、リル・ペニーはリル・ペニーではない。ということで、ケースのなかにスピーカーを備えつけ、買い物客が通りかかったときに、ありとあらゆる罵詈雑言を放つクリス・ロックの声が聞こえるようにした。この無礼なたわ言を楽しんでもらえたかどうかは定かではないけれど、実物のリル・ペニーを生で見られることは喜んでもらえたはずだ。

最終的なストアデザインに盛り込まれた大きなアイデアもあるいっぽうで、採用されなかったアイデアがほかに三つあった。イノベーションのプロセスに関していえば、それらはわたしにとっていい教訓になった。あなたが本気でブレイクスルーを促進しているなら、「アイデアの成功率」という打率のようなものを設定するといい。たとえば買い物客はまったく新しい双方向性の、赤外線で足のサイズが測定できるサービスを経験した。また、倉庫からお客様のいる五階へスニーカーを運ぶ透明の「シューチューブ」を目にした。短距離走のレジェンド、マイケル・ジョンソンがオリンピックで勝利したとき履いていた金色の陸上用スパイクも眺めることができた。これらの大胆なアイデアの背後には、実現しなかったアイデアが文字どおり何百と転がっている。一〇〇パーセント実現すると保証されているプロジェクトしか気持ちよく取り組めない人は、この仕事に向いていない。失敗を恐れることはない。なぜならそれは失敗ではないからだ。それはイノベーションの代償だ。そして次の数年のあいだに、捨てられたものも含めて大半のアイデアは、また姿を現し、大なり小なり、未来のコンセプトに影響を及ぼすのだとわたしは学んだ。

結局のところ、ナイキタウンNYCは永続的な建物であるため、それ自体がひとつのリスクだった。それでも、充分に報われた。わたしたちは小売体験を築こうとしていた。それによって、ひとつの店が、あらゆる感覚を刺激し、多重的な感情を引きだす消費者体験へと変わるのだ。買い物客は古い体育館を抜けて、店内のイノベーション空間へ入り、五階分の大型スクリーンを目にする。店全体が、洪水のようなエモーションで買い物客を包みこむようデザインされていた。プロダクトの展示方法さえも、没入型の体験の一部を担っている。「エアテクノロジー」を採用したスニーカーは、「エア」の壁に飾られている。ユニフォームのラックや棚に、ただ置かれているものはひとつとしてない。販売備品も、置かれている商品のプロダクトデザインからダイレクトにインスピレーションを得て、細やかな心配りでデザインされている。店内を歩きまわるだけで、消費者はどのアスリートがどのスニーカーやユニフォームを身につけているのかが、わかるようになっている。ちょっとしたテクノロジーがいかにして自分たちを、アスリートとしてより強くするのかが理解できるようになっている。ここは消費者がストーリーを読むためのミュージアムではない。消費者がストーリーに入りこみ、ストーリーの一部になれるツールを提供する店なのだ。

わたしたちがこのイノベーションで示せたのは、小売の空間は、ブランドのストーリーを生きと、想像力豊かに伝えられる絶好の機会を提供できるということだ。こんにちの小売業界を眺めてみると、実店舗のある小売業はしばしば差別化ができていない。これでは、消費者にデジタル環境から出て、それらの店舗に向かう理由を与えるのはむずかしい（コロナ禍の影響で、さらにその傾向が強まっている）。物理的な小売店には、何か抜きんでた売りが必要だ。つまり、従来のショッピング以外の存在理由がなければならない。ナイキタウンＮＹＣ、そして世界じゅうにある多くの姉妹店は、それ自体が人びとの目的となり、たとえ何も買わずに店を出ることがあっても、人びとが訪れたいと思う場所だった。

かぎられた資源でやりくりする

ハンディビデオカメラ――というものを覚えているだろうか？――がＦＣバルセロナのスター選手、ロナウジーニョが練習まえにウォームアップしている姿を捉える。そこへ、ひとりの男がブリーフケースを手に現れる。すると、ロナウジーニョが小走りで近づく。ブリーフケースには、真新しい白と金のナイキのサッカーシューズが入っている。ロナウジーニョは靴紐を結び、フィールドに走って戻る。カメラは、ロナウジーニョを追いかけ、サッカーボールでリフティングを始めるところを映す。この種の技も偉大な選手がするとなんの苦もなく簡単そうにみえるが、何年もの練習の賜物だ。ロナウジーニョは新しいシューズでボールを空中に蹴りあげ、約三〇ヤード先のゴールのクロスバーに向かってシュートを放つ。ボールはクロスバーに当たって跳ねかえり、ロナウジーニョのほうへ戻ってくる。すると今度はボールを身体でさばき、ふたたびリフティングしてから、クロスバーに蹴りかえし、また完璧にクロスバーに当てる。ボールはふたたびロナウジーニョのもとに跳ねかえってきて、ロナウジーニョはもう一度、身体でボールを受け止め、何度かクロスバーへのキックをくりかえしたあと、サイドラインまで小走りで戻り、ビデオカメラの録画は止まる。このフィルムの視聴者はしばらくしてから、いま目にしたありえない技の数々に加えて、サッカーボールが一度も地面についていなかったことに気づく。

二〇〇五年の秋、サッカーの新シーズンを迎えて、ナイキはロナウジーニョ仕様の白と金のサッカーシューズを限定販売する計画をしていた。そのマーケティングを託されたのは、当時オランダにいたナイキヨーロッパのコンテンツ・マネジャー、イアン・レンシュだった。イアンは一カ月のあいだに、この新しいシューズの新発売に向けてコンセプトを組み立て、チームに伝えなければならなかった。この状況では失敗や無駄遣いをしている余裕はあまりなかった。

イアンに与えられた課題は、「破壊的」な方法を見つけ、ロナウジーニョの新しいシューズにエネルギーを与え、存在を知ってもらい、競合を出し抜くことだった。言っておくが、これは、「破壊的《ディスラプティブ》」という言葉がマーケティング用語として広まるずっとまえのことだ。イアンと彼のチームがやりくりせねばならない予算は具体的には決まっていなかったが、それほど多くはないと思われ、臨機応変に動く必要があると想定された。時間も予算も充分ではないとすれば、ナイキの特徴として有名な、凝ったプロデュースや驚異のビジュアル、そしてみごとにディレクションされた映像作品にマッチするコンセプトを組み立てても意味はない。わたしのマネジャーがいつもAC／DCの曲を引用して言うように、「汚れ仕事、お安く請け負います」だ。とはいえこの仕事に「お安く」は当てはまるが、「汚れ仕事」ではまったくない。

　オランダのオフィスに缶詰めになったイアンのチームは、ようやくモチーフとして「クロスバー」というゲームを使うアイデアを思いついた。プレーヤーが代わりばんこに離れた距離からサッカーゴールのクロスバーを狙う。そして、先にクロスバーにボールを当てたほうが勝つ。けして不可能な技ではない。それでも世界一のサッカー選手でさえ、そこに当てるには、何度かトライしなければならないだろう。コマーシャルの「ワオの瞬間」としてクロスバー・ゲームを使うのは、たしかにクールだろうが、画期的とまではいえない。では、もしもロナウジーニョが二回当てたらどうだろうか。かなりいい線をいっている。それでも、ロナウジーニョにボールを戻さなければならないとなると、編集が多くなり、イアンとチームが生みだしたいエネルギーや興奮が死んでしまう可能性がある。では、もしも編集なしだったらどうだろうか。もしもノーカットの長回しだったらどうだろうか。最初のキックのあと、ボールがロナウジーニョのほうまで跳ねかえり、もう一度蹴れたらどうだろうか。

　そうそう、それでいこう。とはいえ、ひとつだけ問題があった。チームが頭のなかで作った映像は、物理的な世界で可能とはかぎらない。ようするに、ロナウジーニョは何度か試せばクロスバーに当てられるだろうが、ゴールエリアの外にいる自分のところにボールを跳ねかえすのは根本的に不可能だった。しかも、それをもう一度繰り返すなんて、不可能の二乗だ。とはいえ、みんながこのアイデアを気にいり、すばらしい映像になるとわかっていた……では、どうすべきだろうか。イアンはまず、ナイキのデジタルエージェンシー・パートナーのフラムファブ社に話を持ちかけた。彼らはすぐにこのアイデアのパワーを理解し、協力したいと思った。次にこのチームが、すぐれたディレクターと優秀な視覚効果の専門家を取りこんだ。この人たちは撮影の成功に不可欠だった。エフェクトが加えられると、手持ちカメラで気取りのない瞬間を撮影したような映像になった。

《Crossbar》（クロスバー）は、コンテンツ共有とソーシャルメディアのターニングポイントだった。二〇〇五年二月、ユーチューブのサービスが始まったが、まだ動画コンテンツのプラットフォームとして圧倒的な立場にはなっていなかった。それは数年先のことだ。SNSなどで拡散されるビデオ（バイラル動画）という概念は、まだ本当には存在せず、少なくともマーケティングに関連づけて考えられてはいなかった。当時、大半のコンテンツは電子メールを通じて広まっていた。友人同士で写真を共有し、興味のあるメールを共有することもあった。しかし、ナイキが《Crossbar》をユーチューブにアップしたとき、この動画は爆発的に拡散され、この若いプラットフォームの歴史上で一〇〇万ビューを達成した最初のブランド作品となった。いまでは、遅かれ早かれ、誰が一〇〇万ビューを達成してもおかしくないけれども、ナイキのようないっぱしのブランドが、好きなだけ広告スペースを購入できる資金を持ちながら、通常の映像制作とは異なる「素人」風の作品をユーチューブに投稿したことは、この企業にリスクテイキング文化が定着している証《あかし》でもある。この作品は、CG画像を使ったCMに革新をもたらしただけでなく、コンテンツ用の未検証の媒体に大きな価値を見出した。《Crossbar》以降、マーケティング界は変わってしまった（そしてユーチューブは、最終的に企業による広告用コンテンツの無料配信を停止した）。

わたしたちは、二〇〇八年にコービー・ブライアントを起用したバイラル動画でひじょうによく似たアプローチをとった。冒頭で、コービーはちょっと動画を撮ろうとカメラ付き携帯電話をセットする。そして、おニューのバスケットボールシューズを見せる。その傍らには友人がいて、笑いあいながらも、コービーがやろうとしていることを止めているようだ。視聴者はもちろん、何が起こるかわからない（それがどちらのビデオでも鍵になっている）。コービーは画面の左側を向いて身構える。すると、**なんてこった、車がやってくるぞ！**　一秒の何分の一かのうちに、コービーが飛びあがり、その真下をアストンマーティンが走りさる。しばらく友人と喜びあったあと、コービーがカメラ目線で次の台詞を言う――「こうやればいいのさ！」。

このふたつの動画はいずれも配信後に、インターネット上で「あれは現実なのか」という記事が出回った。わたしは動画のテクニカルな成功（あるいは斬新さ）を測るのに、これ以上いい方法はないと思っている。もちろん、重要なのは人を騙しつづけることではない。重要なのは、視覚的にすぐれたものを作って、ほんのひととき（あるいはふたとき）、動画を見た人が「いまのは本物だ」と思うようにしむけることだ。しばらくすると、視聴者はやられた、と気づいて額をぴしゃりと叩き、笑って、もう一度動画を見る。それから、動画をシェアする。こうして、まったく新しいコンテンツ配信の方法が生まれる。

《Crossbar》が生まれたのは、イアンが金と時間の両方の不足に四苦八苦したからこそだと考えると、リソースがかぎられているときこそ、もっともクリエイティブになれるというべきかもしれない。これだけしかない。ではこれで何ができるだろうか。この状況によって導きだされるイノベーションの規模は、スタイルやセンスでいえば、予算がたっぷりあるプロジェクトに太刀打ちできないかもしれない。けれども、チャンスをつかもうという誘因を与える。さらに、どちらの動画も従来のメディアでは報じられないため、クリエイターたちは有望な新しいチャネルを発見し、それを理解するよう導かれる。これは広告界の、デジタル草の根マーケティングのようなものとみなせるのではないだろうか。《Crossbar》は、大半の企業がまだ考えてさえいなかった（コンテンツとプラットフォーム両方の）レベルで消費者にリーチした。そしてのちに、どの企業もこの新しいチャネルを無視できなくなった。

情熱のパワー

子どものころの自分の部屋を覚えているだろうか。壁に貼ったポスターや、机に飾った絵や写真、棚に並べた本や小物を覚えているだろうか。頭のなかで、いまから自分の部屋のなかに入り、何を目にするか考えてみよう。お気に入りのスポーツ選手やチームのポスターを貼ったときの気分を考えてみよう。部屋のどこにそれを貼ったのか、なぜそうしたのだろうか。そうやって飾られたポスターや写真が、あなたやあなたの情熱について、何を語っているかを考えてみよう。あなたが愛していたものについて、誰もなんの疑いも抱かない。壁のポスターは年月を経るうちに、情熱が別のものに向かっていき、変わっていったかもしれない。とにかく、ティーンエイジャーは、完璧な部屋のデザインなど考えたりしない。色の組み合わせに気をつけることもない。ポスターが重なるとか、この絵とあの絵は合わないとかも、とくに気にしたりしない。あなたを駆りたてているのは、提示というさまざまな要素を含む性質だ。それは、自分の部屋にひとりきりでいて、画像や思い出の品やアイデアに囲まれているときに湧いてくる感覚で、それが喜びを与えるのだ。

二〇〇七年五月、ナイキはハーレムの一二五丁目通りにフットロッカーが運営するハウス・オブ・フープスを初めてオープンした。ここはまさにバスケットボールの聖地で、ナイキバスケットボール、ジョーダン・ブランド、コンバースなど、ナイキのポートフォリオ内のすべてのブランドが集結し、バスケットボールの過去、現在、未来を示していた。店のウィンドウには、バスケットボールのハーフコートがみえる。消費者が正面のドアから入ると、すぐホールがあり、ニューヨークのバスケットボール界の伝説的な選手たちの写真が飾られている。角を曲がると等身大で本物そっくりのレブロンとコービーのマネキンが展示されている。そのマネキンには、アーティストがエアブラシで描いた実物そっくりのタトゥーまで施されている。またニューヨーク独特のサブウェイタイルで作られたパトリック・ユーイングの巨大なモザイク画が壁を飾っている。壁紙はビクトリア調で、ゲームの要素を取りいれた複雑なパターンが表現され、スニーカーはそれぞれ照明が当てられ、刻印が施された木の台の上に飾られている。そして、シューズのブティックエリアに入ると、革製の台座の上にスニーカーが置かれ、トロフィーのように飾られている。ダークウッドのパネルに、照明が効果的に当てられ、荘厳な光を放って、スニーカーが神聖な物体であることを強調している。このプロジェクト全体が、情熱の賜物であり、もっとも重要なクリエイティブの原則のひとつを表現している。それはつまり、細部にこそ最高水準を維持せよということだ。このハウス・オブ・フープスは、最初の一店舗にすぎず、その後三年間で米国外を含め一〇〇を超える店舗が展開されることになる。

このコンセプトの原点は、すべてがはじまる一年ほどまえに、ナイキのバスケットボール・クリエイティブ・ディレクターのレイ・バッツと交わした会話にまでさかのぼる。

そのときの会話は、表面的にはとても簡単なものだった。若者たちは自分たちの住んでいる環境のなかで、どのようにしてバスケットボールへの愛を表現しているか、という話をしたのだ。ティーンエイジャーの部屋は、壁や棚に写真やポスター、トロフィー、思い出の品などが飾られているだろう。それらは彼らの情熱を示し、ゲームにまつわるお気に入りのストーリーを伝えている。ティーンエイジャーは、たいてい完璧さを求めて計画的にそれらを飾っているわけではなく、ただ思いつくまま直感で飾っているだけだ。おおいに楽しんで自己表現しているのだ。このアイデアはバスケットボールにかぎる必要性はなかったけれど、わたしもレイも、子どものころ、好きな選手やスポーツを示す場として自分の部屋をどんなふうに使っていたかを思い出し、自分自身の子ども時代の記憶を頼りにしていた。

しかし、このようにティーンの若者がお気に入りの試合やプロダクトや選手をえりすぐって称賛しているのなら、店舗でもバスケットボールへの愛を表現すればいいのではないか。大半のスポーツ用品店では、バスケットボールを取り巻く豊かな文化が見落とされていて、テーブルや棚にシューズがただ並べられ、ストーリーテリングの道筋はほとんどない。そこにヒントがあった。バスケットボールに夢中のティーンエイジャーの部屋は、語られるべきストーリーに満ちている。その部屋をヒントにして実際の店舗をデザインしたらどうだろうか。ティーンと同じ情熱と心配りで、ストーリーやキャラクターが何層にも重なった没入型の環境を創ったらどうだろうか。そして、その店舗がニューヨークの伝統的なブラウンストーンのアパートメントの一角にあったらどうだろうか。バスケットボール文化の大半が、選手たちによって何世代にもわたって作られ、育まれてきたニューヨークという街で。こうしてアイデアが膨らんでいった――外観はアパートメントのようでありながら、店内に入るとバスケットボールに情熱を捧げる究極の場所が広がる。

　こうして最初のアイデアが生まれると、次の目標は、消費者がどのような体験の旅をするのかを図解し、バスケットボールビジネスの成長に狙いを定めている企業のリーダーたちの手にそれを渡すことだった。クリエイティブなプロセスにおけるその時点での旅は、精緻さよりも想像力を重視した旅になるはずだ。わたしたちは、驚嘆の念を引きだしたいと思った。リーダーたちを正面ドアから招きいれて、さまざまな空間へとバーチャルに歩かせたかった。わたしたちのコンセプトやアイデアを、ひとそろいのプレゼンテーションにまとめて本にして、本物のNBAジャージで表紙を包んだ。わたしたちが目指したのは、思わず手に取ってページをめくらずにはいられない本を作ることだった。まもなく、わたしたちはその本を完成させた。

　一カ月後、レイとわたしは、ナイキの社長とフットロッカーのCEOの前に立っていた。わたしたちは発言を許され、本をビジュアルガイドとして使いながら、コンセプトを順に説明した。プレゼンテーションのあいだ、話を聴いていたほかの人びとが本を取りあっているのに気づいて、思わず笑みが浮かんだ。本は全員に行きわたるほど数がなかったのだ。これは良い兆候だ。この会議のあとに続く成功を予感させるものだった。

　視覚的にすぐれたコンセプトブックは別にして、レイとわたしがアイデアを出してからビジュアルにするまでのスピードは、ある会話から生まれたコンセプトを現実のものにするうえで重要な役割を果たした。会議であるアイデアについて話したあと、会議室を出て、一カ月後とか、あろうことか一年後までそのアイデアに取り組まずにいた、なんてことがよくあるのではないだろうか――「そういえば、まえに話してたあのアイデアってどうなったんだっけ」。そうなるのは、たいてい、誰もそのアイデアの本質を汲みとってビジュアルにしなかったからだ。わたしはこのビジュアル化を「アイデア映画ポスター」作りと呼んでいる。では、どうやって、ストーリーやコンセプトを抽出し、一枚のイメージ画にして、一目でそのアイデアを理解できるようにすればいいのだろうか。わたしの自説は次のとおりだ――すぐにビジュアル化せよ。何度も会議を重ねてアイデアをこね回すのは時間の無駄だ。その時間を使って、アイデアにリアリティを持たせよう。アイデアをイメージ画にしたものがあれば、みんなをワクワクさせて、賛同を得られるかもしれない――あるいはちっともワクワクしてもらえないかもしれない。もしかすると、そのイメージ画から、むずかしい問題や弱点があきらかになり、話を進めるまえにそれらを解決する必要が出てくるかもしれない。いずれにせよ、アイデアをより鮮明に描けるようになる。それに加えて、あなたの創造のプロセスに、スピードという特性が加わる。この特性は不可欠だ。通常、アイデアを未熟な状態で見せるのには、多少の居心地の悪さがつきまとう。アイデアを画像にしたものであれ、試作品であれ、完璧でなければ（だからこの考えも）、誰だって堂々と示す勇気が出ないものだ。けれども、完璧さを進歩の敵にしてはいけない。

ハウス・オブ・フープスは、コンセプトの面でも実践の面でもうまく機能した。それは、示されているのが情熱だからだ。ナイキタウンが、単一企業のレンズを通して見たスポーツ界をめぐる旅を提供するだけでなく、五感を楽しませる壮大な小売劇場だとしたら、ハウス・オブ・フープスは、親しみやすい、バスケットボールへの情熱のストーリーだ。規模は小さいかもしれないが、壮大さは変わらない。ここには、仰々しいビル五階分のスクリーンはない。子どもたちの情熱が自分の部屋でお気に入りのスポーツに息吹を与えるように、わたしたちはこのバスケットボールの聖地となる店舗に活力が満ちるよう情熱を注いだ。企業は、あからさまな情熱の表現に尻込みしがちだが、それは情熱が操作しづらいからだ。もっと体験に没入できるように空間を使えるのに、陳列する商品を多くしようとする。そうやって、斬新なアイデアを促す当初の情熱は、より実際的な問題に割りこまれ、脇へ追いやられてしまう。しかし、このハウス・オブ・フープスでは、その情熱の表明は伝染していく。プロダクトを少なくして、息をつける空間を確保し、消費者が物語に強い結びつきを持てるようになっている。その情熱がコンバージョン〔訪問者がサプライヤーの望む行動を取った状態〕につながり、ナイキとナイキバスケットボールのビジネスの双方を牽引するのだ。

情熱というのは、リスクのあるエモーションだ。なぜなら、情熱はわたしたち自身を他人にさらけだすよう要求するからだ。もし、あなたが誰かとその人の情熱について会話したことがあるなら、言っている意味がわかるだろう。あなたはその情熱を感じることができる。夢中になって語り、途中で我にかえって少し恥ずかしそうにする人もいる。けれども、そこがいいのだ。それをオーディエンスに見せるのだ。あなたのブランド、あなたのストーリー、あなたの空間に、とめどない情熱を吹きこむといい。お気に入りのものについて話しはじめて、止まらなくなってみよう。

ハウス・オブ・フープスには、シンプルな会話からいかにして小売業として大成功したイノベーションへと進んだかという物語がある。ふとした会話からブレインストーミングがはじまり、それがコンセプトになり、ひとつの店が生まれ、あっというまに世界じゅうに一〇〇以上の店舗が広がった。わたしとレイが思いついた最初のコンセプトは、このプロセスのあいだじゅう無傷で生き残った。究極の安息の地として、バスケットボールに夢中なティーンエイジャーの部屋をふたりで思い描きはじめたときから、このアイデアの是非を判断する人びとのまえでプレゼンし、完成した店のドアが開いて消費者がバスケットボールへの情熱に満ちたコートに入る瞬間までずっと、最初のコンセプトは生き残った。この旅を通して、そのアイデアは目標に向かうことができた。それは、わたしたちが前進しつづけ、前進を許されたからだ。これこそ、リスクテイキングを誘う文化なのだ。こうしてこそ、ときおり停滞する小売業界に刺激が与えられ、世界的なフランチャイズにまで発展するものが生まれる。社内のプロセスを通じて、アイデアに命を与え、育てよう。そのアイデアを使って市場を活性化し、ブランドと消費者、消費者と彼らが愛するスポーツとのあいだに強い絆を築こう。

ラストゲーム

「最初にゴールしたほうが勝ち。二度目のチャンスはない」

そうアナウンサーが宣言して始まる《The Last Game》では、おそろしく効率のいいクローンたちが、リスクは冒すし、完全無欠でもない挑戦者であるオリジナルのスーパースターたちと戦う。試合序盤は、オリジナル側の形勢が悪く、クローンは完璧なフットワークでやすやすとディフェンスをかわし、圧倒する。ズラタンのシュートはゴール上隅に飛び、ほぼ防御不能なコースだったが、クローンのキーパーにたやすく取られてしまう。がっかりしたズラタンは両手を挙げ、信じられないという表情を浮かべる。クローンはすばやくカウンターを仕掛け、ボールを敵陣へ進め、オリジナルチームのゴールの射程範囲に入る。クローンのストライカーが蹴ったボールは、キーパーのいないゴールに向かって軽々と飛んでいく……が、ブラジルのスター、ダヴィド・ルイスがゴールまであと数センチのところでどうにかボールを止める。

今度はオリジナル選手たちの番だ。みごとなパスや抜群のフットワーク。そしてプレーすることの喜びに満ちたオリジナルの選手たちは、怒った科学者にさらなるクローンをフィールドに投入されても、ボールをゴールへと進める（選手の追加投入はルール違反と思われるが、なぜか警告されない……）。ロナウドは、クローン側のペナルティエリアのすぐ外側でボールを保持していることに気づく。ゴール前に立つディフェンダーの数を見て、ロナウドは「だめだめ、これじゃ簡単すぎる」と言う。さらにディフェンダーが集まると、「だいぶましになった」と言って、ロナウド・ショーを始める。このポルトガルのスターは、迷路を抜けるようにディフェンダーたちのあいだを縫い、想像力豊かな動きでクローンたちを惑わせ、とうとうゴールライン上で自分だけになると、クローンたちに微笑みを向け、ボールを軽く蹴りいれる。観客は沸きかえる。人間の想像力とリスクテイキングが勝利する。

《The Last Game》は、さまざまなレベルで大胆に動画制作が行なわれている。が、驚くほど単純な動画でもある。このフィルムはみごとな出来ばえで、ストーリーも巧みなので、全体的な制作が真にどれほど画期的なのかは見逃されやすい。ワイデン＋ケネディのクリエイティブ・ディレクターであるアルベルト・ポンテとライアン・オルークは、大まかな筋書きを思いついたあと、クリエイティブチームがそれまでしたことのないプロセスを開始した。まず、ライターたちの部屋を用意し、ダイアログライター、ストーリーライター、ジョークライターなど、あらゆる種類のライターを集めた。最初にできあがった脚本は四五分あった。これは、通常のコマーシャルより四四分も長い。伝えたいストーリーが、使いたいメディアには長すぎるというサインだったのかもしれない。場合によっては、このアイデアは実行できないとその場でお蔵入りにしてしまう企業もあるだろう。しかし、わたしたちは「このストーリーを五分で伝えられないか」と自分自身に問うたのだ。それがふたつ目の決断につながった。この長さの動画は、通常のテレビCMの枠では流せない。もう一度言うが、ほかの多くの企業なら、このプロジェクトは骨を折るほどの価値はないと判断していただろう。普通のCMとして流せないのなら、そもそもなぜ世に出すのだろうか。

答えは、「伝えるべきストーリーだから」である。コンセプト全体が過去を踏襲したものでない以上、昔ながらの手法にこだわるつもりはなかった。新しい方法で消費者にリーチしようとするならば、従来どおりのやり方を進んで捨てるくらいでなければならない。それが肝心だが、そのただなかで、結果がどうなるかわからないというのは、とびきり怖いことでもある。とにかく、ライターたちは、ストーリーの質を落とさずに五分間の動画へと編集する作業に戻った（とはいえ、あのオリジナルの脚本が短篇映画としてどうだったかは、ずっと気になっている）。

ここで、アニメーション制作会社としてパッション・ピクチャーズをチームに引っ張りこみ、ビジュアルの世界や各プレーヤーの個性を練りあげた。わたしたちには、アニメーションがどんなふうに見えるべきなのか、確信はなかった。が、いままで見たことがあるようなものにするわけにはいかなかった。これまでのアニメーションとはちがうが、同時に魅力的でなければいけない。しかも、作風も、面白みはあるが子どもっぽくはないという、絶妙なバランスを取らねばならなかった。

このアニメーションの問題をさらに複雑にしているのは、アスリートから承認を得なければならないという点だった。これは、ナイキのクリエイティブのいずれにも共通する課題だ。ブランド・コミュニケーションに登場するアスリートには、それを拒否する権利がある。けれども《The Last Game》で問題になったのは、クリスティアーノ・ロナウドやズラタンら――承認に慣れていないわけではないアスリートが、初めてアニメーションという形で自分たちの姿を見ることだった。ようするに、受けいれてもらうのにしばらくかかったということだ。キャラクターデザインの最初の数ラウンドで、ラフなアニメーションを見たときは不安になった。不確定な要素が多すぎて、この企画がうまくいくのか、疑問を感じはじめていた。

アニメーションがあまりに本物そっくりだと、その媒体の芸術的な表現が弱くなることがある。だから、ちょうどいいバランスを見つけねばならない。アニメーションの見え方に居心地の悪さを感じる選手がひとりでもいるのなら、フィルムは作れない。ありがたいことに、ちょうどいいバランスが見つかり、アニメーターは、やや実物をデフォルメしているとしても、本人の姿として、選手たちにアニメーションを見せた。

このアニメーションはフィルム自体のなかで活躍しただけではなかった。もともとわたしたちは、ワールドカップの試合に合わせて、リアルタイムのコンテンツを（テクノロジーと人間の忍耐力が許すかぎりリアルに）提供しようとしていた。ところが、著作権契約があるので、競技場で起こったすばらしい瞬間を、ただ切り取って自分たちのもののようには使えないという問題があった。また、独自の素材として使えるはずの、従来どおりの撮影に選手たちを起用することもできなかった。だからこそわたしたちは、画期的な試みとしてアニメーションに力を注いだ。アニメーションは、それらすべての難題からわたしたちを解放してくれた(とはいえ、新しい問題をたっぷり生みだしていたのだが)。これは初の試みだった。それは、テクノロジーがあまりにも新しかったからというだけのことじゃない。単純に、必要なメンバーが国じゅうに散らばっていてすばやく連携が取れないせいもあった。

その解決策として、ポートランドのダウンタウンに、二〇〇人規模のナイキフットボールコマンドセンターを建造した。これで一カ所にライターやアートディレクター、エージェンシーパートナーたちが集まり、作成したコンテンツのかけらをすばやく隣のチームに渡し、協力しながら作業ができるようになった。コマンドセンターは一日二四時間三〇日間ぶっ通しで運営が可能で、二二言語に対応していた。たとえば、クリスティアーノ・ロナウドが競技場で何かすばらしいプレーをしたとき、チームはさっそく「リスク上等」という言葉を強調した見出し付きのアニメーションのロナウドを、ソーシャルメディアに投稿する。わたしたちは全部で二〇〇本以上もの独自のコンテンツをリアルタイムで作り、世界じゅうのデジタル・プラットフォームに配信した。これもまた、それまでやったことのない試みだった。

コマンドセンターの離れ業と成功のひとつは、その空間そのものだった。社内の設備チームなら、倉庫の家具を転用したり、既存の空間を使い回すところだ。けれども、この空間は通常のチャネルを通さず、ひとつの目的のためにデザインされた。ひじょうにクリエイティブな共同プロセスを可能にするためだけに。アート、壁にかけられた引用句、写真、照明など、すべてがキュレートされ、意図的に配置されて、任務を負ったチームを没頭させ、彼らの想像力をかきたてた。自分のいる空間を誇りに思えれば（たしかにわたしたちは、誇りに思っていた）、それに見合った働きをしようと考えるものだ。空間そのものが、わたしたちが追い求めているものを生き生きと表現していた。

コマンドセンターは、ある意味家族だった。参加した企業は通常ならお互いにビジネスでも、評価の面でも競いあっている関係だ。それを考えると、これはまれな状況だった。当時ナイキで、ソーシャルメディアのリーダーを務めていたムーサ・タリクは「一緒に食事をして、一緒にワールドカップを見て、一緒にコミュニティを作りあげていきました」と述べた。ヒエラルキーやエージェンシー間の溝がなく、みんなが同じレベルにいた。最終的に、《リスク上等》キャンペーンはナイキより大きくなった。その目標はブランドを超えていた。誰もがアイデアを持ち寄って、世界最大のステージで、初のリアルタイムのグローバル・マーケティング・オフェンスを世に送りだした。「ナイキはあなたに夢を見る許可を与えたのです。そしてわたしたちは、夢を見せるために世界的に優秀な人材をひとつ屋根の下に集めたのです」とムーサは言った。

フィルムに登場するプレーヤーのひとりズラタン・イブラヒモビッチはスウェーデンのナショナルチームの一員なのだが、このチームはワールドカップに出られなかった。けれどもズラタンはユニークな人柄で、《The Last Game》でも、その他の宣伝活動でも中心的な役割を担ってくれた。わたしたちはズラタンのチームがワールドカップに出られない状態で、どうすればズラタンをこのキャンペーン体験のなかに組みこめるかを考えねばならなかった。

幸運にも、ズラタンを人気者にしている理由——基本的にズラタンは歩くジョーク製造機だった——が答えをくれた。自分のことを三人称で話す癖と、かぎりない自信を備えたズラタンは、非公式のトーナメントスポークスマンになったのだ。まえに自分のことをこんなふうに語っている選手がいた——「あまりに完璧すぎる自分がおかしくて、笑っちゃったよ」。それがズラタンだった。この感じ、わかってもらえるだろうか。

このアイデアの実現に向けて、コマンドセンターの脈打つ心臓部を作った。つまり、画期的なデジタルパペットとアニメーションのスタジオだ。モーションキャプチャ用のつなぎ《スーツ》を着た俳優だけでなく、表情を作るデジタルパペット師が、ズラタンの声に命を吹きこみ、そのうえにアニメーションで最終的な仕上げを行なった。この画期的なプロセスによって、スウェーデン人のフォワード、ズラタンが、グーグルハングアウトでファンからの質問に答えた。それにハッシュタグ #AskZlatan をつけ、短いアニメーション動画にしてソーシャルメディアに投稿した。

この会話がどんなふうに進んでいくのか、その感覚を伝えるために、司会者がアニメーションのズラタンに、わたしの声が聞こえるかと尋ねると、このスター選手はこう答えた。「ズラタンには、あなたの声が、しゃべるまえから聞こえている」

司会者：「ズラタン、世界じゅうの人びとがあなたに質問をしようと、お待ちかねですよ」

ズラタン：「いいとも、ズラタンはなんでも知っているからね」

さらに、リアルタイムのアニメーション・ズラタンは、毎晩ESPNテレビの番組《スポーツセンター》の「ズラタン・イブラヒモビッチの〝今日行なわれたリスクテイク〟」というコーナーに登場した。わたしたちは、脚本案の作成からアニメーションの完成まで六時間以内で作業を進めた。

これらすべての要素が揃ったとき——圧倒的な数の不確定要素を考えると奇跡に近い——、期待を上回るキャンペーンになった。フィルムそれ自体がとてつもなくヒットし、ワールドカップの試合と連動したリアルタイムのアニメーション動画は、消費者にいまだかつてない体験をもたらした。そしてズラタンの人気の理由も、改めて示していた。このキャンペーンの成功によって、一企業が世界に向けてひとつの体験を配信しながら、地域に密着してもいられるという、新たなスタンダードが生まれた。これがイノベーションの力なのだ。

ナイキは、ワールドカップ中にキャンペーン動画がもっとも視聴されたブランドになっただけでなく、この動画はナイキ史上、もっとも視聴されたキャンペーンとなった。キャンペーンの影響力は、いくつかの数字をみるだけでもあきらかだ。三本の《リスク上等》キャンペーンフィルムは、デジタルプラットフォーム上で四億回以上再生された。二三〇〇万人がこのキャンペーンに「いいね！」したり、リツイートしたり、コメントをつけたりして、このコンテンツにかかわってくれた。そして、《The Last Game》のフィルムは、フェイスブックで、これまででいちばんシェアされた動画となった。

無難にいくな、勝ちにいけ

イノベーションのブレイクスルーが、慎重に生みだされることはめったにない。科学の領域であれ、ブランドマーケティングであれ、新たな概念には、大胆で恐れ知らずともいえるほどのリスクテイクが必要だ。単に何か新しいことをしたいという理由だけで、わたしたちはリスクを冒すわけではない。わたしたちがリスクを冒すのは、考え方や、コミュニケーションの方法、かかわり方を新しく創造しようとしているからなのだ。わたしたちがリスクを冒すのは、世界はずっと回りつづけるし、消費者の期待は膨らみつづけるからだ。

とはいえ、ブランドイノベーションを追求するとしても、消費者との距離を縮めるために、良好にマネジメントされていた戦略やプロセスを犠牲にしてしまっては、元も子もない。いまの企業は、消費者とリアルタイムで相互交流できる、なみはずれた能力を備えている。それによって、消費者をストーリーの一部に引きこめるのだ。それでも、これには時間とリソースが必要である。うまく行なう秘訣は、ちょうどいいバランスを見つけることだ。ソーシャルメディアやその他のデジタルチャネルで消費者のニーズに応えることと、消費者の想像力を刺激し、あなたの企業が実現できることは何かを広く理解してもらうこと。そのバランスを見つけるのだ。購買の取引よりも、つながりを尊重するアプローチを本気で信じるなら、消費者がいちばん必要としているときにそばにいる必要がある。そうしながら消費者の心を開いて、新たな願望を抱かせることもできる。これを達成するには、アートとサイエンスのバランスが必要だ。アートとサイエンス――イマジネーションとデータ――が調和することで、収益が上がり、成功が約束される。

よくあることだが、仕事のペースに飲みこまれると、そのペースについていくだけで充分じゃないかと思うようになる。けれども、ブランドとして、わたしたちには根本的なタスクがあることを忘れてはいけない。そのひとつは、消費者の心をエモーショナルに揺さぶり、消費者とわたしたちの距離をもっと縮めることだ。想像力を使って消費者とのつながりを作り、テクノロジーでそれを活性化させよう。そうしながら、自分たちの限界を試し、冒すべきリスクを追い求めよう。かつて、広告界の伝説的なアートディレクター、ジョージ・ロイスはこう言った。「慎重にもなれるし、創造的にもなれる（けれども、慎重で創造的なものなどない）」

「無難にいくな、勝ちにいけ」の原則

1. 許可を求めるな

企業文化から想像力を奪う手っ取り早い方法は、想像力を発揮するときに許可を得るようチームに要求することだ。しっかり時間を取って、日頃からデイドリーマーになる習慣をつけよう。

2. 思い切って振りきろう

野球界の殿堂入りを果たしたメジャーリーガーの現役時代の打率は平均〇・三〇一だ。これは一塁ベースにたどりつくより、アウトになるほうが多かったことを意味する。それでもなお、それらの選手は歴史に残るすぐれた選手たちとみなされている。思い切ってイノベーションをやりきろう。失敗しても、その道の先にあるのは成功だ。

3．映画ポスターを作ろう

あなたのアイデアを映画ポスターにしたら、どんなものができるだろうか。即席で作った画像を使って、あなたのストーリーをどうすれば伝えられるだろうか。その時点で話せるアイデアを話せばいい。できるだけ早くビジュアルにして、チームにアイデアを知らせ、そのアイデアを消費者にも知らせよう。

4．制約を歓迎しよう

ときには、時間もお金も少ないほうが、いいものができることがある。かぎられた時間と予算というプレッシャーが想像力にとっては恩恵になることがある。切迫感が独創性を生むのだ。

5．アリーナを建てよう

エモーションがない空間でエモーションを創造するのはむずかしい。デジタルであれ、リアルであれ、そっけない真っ白なオフィスのなかでは、みごとな才能が開花したとしても、一瞬でしぼんでしまう。あなたが探しもとめているソリューションと同じくらい、環境も画期的なものにしてみよう。

第四章　ブランドの顔を作ろう

〝自らの翼で翔ぶかぎり、高く飛びすぎることはない〟

——ウィリアム・ブレイク

かなり多くの人にとって、ウィリアム・ブレイクという名前は、《ウィングス》と呼ばれているマイケル・ジョーダンのポスターにあるだけの存在だ。一九世紀のイギリスの詩人で画家でもある男と、現代の偉大なアスリートのイメージとはほとんど結びつかない。けれども、ブレイクの詩の一節は、史上に残るほど大人気のポスターに記されるという、すばらしい運命をたどった。このポスターは、女優ファラ・フォーセットがスケートボードに乗っているポスターを追い抜いて、一九九〇年代前半にトップの座を獲得した。もちろん、ブレイクの名前が全米に知られるようになったのは、両腕を広げ、片手でバスケットボールをつかんだジョーダンのおかげだ。その結果、ブレイクは（少なくともこの詩句は）永遠にスポーツとナイキに結びつけられるようになった。

このモノクロの《ウィングス》ポスターのデザイナーは、ロン・デュマスだ。ブレイクの言葉が「野心的で時代を超越している」と気づいたデュマスは、例によって類まれな職人技を発揮し、その言葉を用いて、フルカラーの栄光を手にしたスター選手を写した媒体になにがしかの「芸術性」を付与した。一風変わった芸術的な要素があったからこそ、当時ミネアポリス・カレッジ・オブ・アート・アンド・デザインのデザイン科の学生だったわたしは、アパートメントの壁にそのポスターをでかでかと貼ったのだろう。一九九〇年代のほかの多くの若者たちと同様に、わたしはそのポスターが大好きだったし、いまでも、スポーツのポスターのなかではオールタイム・ベストとみなしている。そして、わたしがそのポスターを大好きな理由は、《ウィングス》が普通のスポーツポスターではないところ、そういうポスターとして作られていないところだ。

わたしがデュマスのもとで働くようになったころ、デュマスはナイキのイメージ・デザインのクリエイティブ・ディレクターで、《ウィングス》のデザインをしてからあまり時間がたっていなかった。デュマスは、一九八〇年代と一九九〇年代前半にすでに何度かジョーダンのポスターをデザインしたことがあった。もっとも有名な古典ともいえるポスターは、一九八八年のスラムダンク・コンテストで、フリースローラインからジョーダンが放った勝利のシュートシーンのものだろう。もうひとつ有名なジョーダンのポスターが、それより数年早くに、ナイキの伝説のデザイナー、ピーター・ムーアによって作られていた。これは演出されたシュートを撮影したもので、このスター選手の象徴となった「ジャンプマン」のダンクポーズが写っている。じつをいうと、このポスターからジョーダンのジャンプマン・ロゴができたのだ。このロゴのクリエイティブなディレクションを行なったのもムーアだった。

この歴史を考えると、ジョーダンの新しいポスターとしてデュマスが出したアイデアに、眉をひそめる人がいたとしても、その理由がおわかりだろう。このポスターは、それまでの（人気のあった）ジョーダンのポスターの路線から大きく外れていた。しかも、ジョーダンはバスケットボールを片手でつかんでいるだけなのだ。「ありがたいことに、気に入ってくれたし、スポーツマーケティング部でも評判が良かった。このデザインでいくことになったんだ」デュマスはあとになってそう語った。

デュマスは、はじめから、ジョーダンのポスターをステップアップさせたいと思っていたらしい。当時、ジョーダンの競技中のみごとな姿は、見飽きるほどよく目にした。ナイキはその戦線では、《ジャンプマン》ポスターと《スラムダンク・コンテスト》ポスターですでに先頭に立っていた。そのふたつのポスターはみごとな芸術的価値があり――もちろん、よく売れた。けれども、過去の成功をくりかえすのは、断じてデュマスのやり方ではなかった。ポスターはもっと深い目的を成しとげられるのではないだろうか。人によってさまざまな意味やインサイトがそこに見出されるような、芸術作品にもなれるのでは。ジョーダンのような専門スキルを備えたプレーヤーたちが、コートや競技場で見せるプレーは、芸術の域に達していると主張する人もいる。古代ギリシアでも、動きのなかにみられる美の概念がある。そのうえ、ナイキはスポーツを、芸術や文学と同じくらい昔から人間が営んできた慣習の一領域として擁護してきた。その事実からすれば、芸術のひとつとして、当時世界的にもっとも有名だったアスリートを紹介するというのは、ナイキのブランドのあり方と完全に合致しているし、なんならブランドの領域を新たに押しひろげてさえいる。

たしかに、《ウィングス》が抜きんでているのは、競技を表現しているからである。「このアイデアをスケッチで描いたとき、芸術的な写真みたいにモノクロにすべきだとすぐに気づいた」と、デュマスは言った。最高の写真がそうであるように、この写真も絵画のような効果を発揮し、対象物はクリアで目立つが、その写真が何を意味しているかについては、見る人によっていろいろな解釈ができる。まさにそこが狙いで、ジョーダンの広げられた両腕は、オーディエンスによってさまざまな意味に取れる。ようするに、わたしが感じたものは、あなたが感じているものと違うかもしれないということだ。そして、クリエイターであるデュマス自身が、このポーズを思いついたときのイメージを聞いて、わたしは驚いた。デュマスはそのポーズを見て「子どもたちが、飛ぶ真似をして、両手を広げて走るのがどれほど好きだったか」を思い出したそうだ。子どものころの無邪気な思いと、ブレイクの引用句はぴったりくる。若者への呼びかけだ——大きな夢を見よう、壁を越えよう、疑いや恐れという重しは捨てて、高く舞いあがれ。それと同時に、ジョーダンの表情と儀式めいて伸ばされた両腕は、瞑想にふける人を思い起こさせもする。羽ばたいているのではなく、想像しているのだ。その姿が醸しだす静けさは、人間の精神が身体を支配しているさまを表しているようにもみえる。

《ウィングス》は、アスリートとしてのジョーダンを称賛しているというよりむしろ、人間の精神を称賛していて、ジョーダンは若者たちのなかにある偉大さのシンボルとしての役目を果たしているのではないだろうか。このような視点でみると、このポスターは、ひとりの偉大なアスリートの紹介にとどまらない、もっと大きなことを成しとげているように思える。このポスターはまさにナイキの目的——ブランドの核の部分——を抽出し、ひとつの像に落としこんでいる。それは、あなたも偉大なアスリートになれる可能性がある、ということだ。このポスターに引きつけられるのは、バスケットボールファンだけではない。ひょっとすると、そのおかげでよく売れたのかもしれない。このポスターを部屋に飾った人のなかには、バスケットボールを持ったこともない人がいるかもしれない。これは《ウィングス》ポスターが時代を超越している理由の説明にもなる。このポスターは、さまざまな価値観や目的を持つ強みを伝えている。それが見ている人のエモーションを強くかきたてるのだ。あなたの限界を決めるのはあなた以外にいない。翼を広げよう。どこまで飛べるかなんて、誰にわかるものか。

ああそうだよ。ブレイクの言葉のほうが、グッとくるさ。

写真とフレーム

《ウィングス》はたしかに人気の高いポスターで、独特のスタイルがあるかもしれない。けれども、ナイキのブランド・アイデンティティをめぐるもっと大きな議論では、それほど重要な位置を占めていないと考える人もいるだろう。ナイキといえば、あのスウッシュマークだ。あのロゴだ。マイケル・ジョーダンについて考えるとき、またはナイキとつながりのあるアスリートの誰かを考えるとき、思い浮かべるのはロゴだ。たとえば「ジャンプマン」の。この章では、ロゴについて考察してみよう。ブランド・アイデンティティを持ちだして、ロゴ全体の重要性を弱めるつもりはない。けれどもロゴは、ブランド・アイデンティティを伝えるためのツールボックスにあるひとつの要素にすぎない。《ウィングス》とこれから考察するほかのロゴデザインも、かなりしっかりと周到に考えられたブランド・アイデンティティを心に留めたうえで、生みだされている。

ブランド・アイデンティティそのものは、見逃されることが多いが、マーケティングの一部だ。スタートアップ企業や起業家と話をしていると、なかには、企業や組織のさまざまな価値観や目的を、デザインを通じてアピールする重要性を過小評価している人がいる。このせいで、複数の強力なブランドが消費者と確立してきたエモーショナルな結びつきが、軽視される。けれども、このエモーショナルな結びつきによって、消費者はあなたの会社の製品やサービスを利用することに誇りを感じるのだ。もちろん、企業はまず消費者基盤とともにブランド・エクイティを築かねばならない。そうしたあとで、ブランドへの忠誠心が生まれる。けれどもブランドは、その精《エー》神《トス》とイメージを伝える強いビジュアル・ランゲージ〔情報伝達を行なうための視覚的な要素〕とともに始まる。

たとえば誰かの署名、シグネチャについて考えてみよう。署名が昔もいまも明白な個人のマークであるのには理由がある。ふたつとして同じ署名はなく、それぞれの署名にその人を象徴する明白なスタイルと見た目がある。ブランド・アイデンティティも、署名みたいに独特のものであるべきだ。ブランドの価値観や目的、独自の質を示していると、すぐに理解してもらえるような独自のアイデンティティがいい。あなたの会社のブランド・アイデンティティは、社是や文章によるコミュニケーションと並んで、ブランドのストーリーを語っているだろうか。そのブランドには個性があるだろうか。その個性がこのアイデンティティに映しだされているだろうか。つまり、一貫した特徴があるだろうか。そしてその特徴は、消費者の視界に入るすべての識別子に力強く反映されているだろうか。

ブランドのアイデンティティが、そのロゴで伝わるのは疑いようもない。けれども、この窮屈な定義のその先へ進み、もっと広い視野を受けいれよう。オーディエンスに向けて、ブランド・アイデンティティについて話すとき、わたしはよくメタファーとして写真のフレームを使う。ブランド・アイデンティティとは、あなたのブランドから発信される、あらゆるイメージ、あらゆるプロダクト、あらゆるアウトプットをフレームに収める方法だ。そのフレームは、写真全体やあなたが見せようとしている対象に影を落とすようではいけない。けれども、そのブランドに属していると誰にでもわかるような、はっきりした要素を含んでいる必要がある。とはいえ、すべてのフレームがまったく同じである必要はない。ブランドの識別子をあれこれ検討するのは、強力で一貫性のあるブランド・アイデンティティを構築する醍醐味のひとつであり、課題でもある。これらのフレームは、形や色、スタイルが似ていて、一目であなたの会社のブランドのものだとわかるようでなければならない。たとえば、《ウィングス》について考えてみよう。写真はマイケル・ジョーダンだ。けれども、ジョーダンをフレームにいれる方法、つまりモノクロ写真の使用や、明快なイメージ、トップにある「Ｗｉｎｇｓ」という文字、横長の形、さらにはポスターが伝えようとしているメッセージ。それらはみな、ナイキというブランドのフレームの一部だ。それらはみな、このポスターがナイキから生みだされたことをはっきりと示している。フレームがナイキブランドの価値観や目的――偉大さへ到達せよと他者を鼓舞すること――を表しているからだ。スポーツは精神状態が大切で、抜きんでるには、渦巻くような感情のなかで静寂の感覚をつかむメンタルが必要だ。そして、それは夢をみたいという意欲から始まる。

そのフレームが写真を圧倒していないのはあきらかだ。なんだかんだいっても、《ウィングス》はジョーダンのポスターであり、ほかの誰かではこのポスターの域には達しなかった。ナイキは、このポスターの目的を乗っ取ってはいない。けれども、そこに存在感はある。背景の一部となって、消費者とのなくてはならないエモーショナルな結びつきを提供している。そしてそれが、このポスターを単なるマイケル・ジョーダンの写真以上のものに押しあげている。これは簡単にできることではないし、史上最高といえるほど人気のスポーツポスターを引き合いに出すのは、やや不公平かもしれないことも、重々承知している。それでも、《ウィングス》をただのポスター以上の存在とみなし、このポスターが多くの目的を満たし、さまざまなエモーションを生みだすことに気づいているなら、ブランド・アイデンティティが、大小を問わず、いかにさまざまな手法を使えるかも、みえてくるはずだ。ぶっちゃけていうと、大半のブランドは、このレベルのディテールにこだわっていない。けれども最高のブランドはそこまでこだわる。それは、複数のプラットフォームにわたって、ブランド・アイデンティティを創造する重要性を理解し、そこに大きな価値を置いているからだ。ブランド・アイデンティティはある一点を伝えている——これがわたしたちだ、と。

フレーム：企業のビジュアル・ランゲージ

ではいまから、あなたのお気に入りのブランドのいくつかについて考えてみてほしい。きっとそれほど苦もなく、そのブランドのビジュアル・ランゲージの要素を説明できるのではないだろうか。特徴のある色。フォントの種類。ロゴ。これらの要素には幸運な偶然でそうなったものがある、なんて思ったら大間違いだ。ブランド自体がたまたまある外観になり、それをみんなが知るようになったなんて、考えてはいけない。ブランドの強力なアイデンティティを築いてきた企業は、強い信念で労力をかけ、それを実現したのだ。一七〇年以上ものあいだ、ティファニーのブランド・アイデンティティとして受け継がれているのが、象徴的なブルーだ。初めて採用されたとき、それはただブルーという色でしかなかった。けれども一世紀にわたって、消費者とブランド・エクイティを築いてきたあと、そのシンプルなブルーは、「ティファニーブルー」になった。いまではその色とブランドは切っても切れない関係になっている。もうひとつの高級ブランド、バーバリーはもっとも人気のある衣服に、アイコニックなチェック柄、タータンチェックを使ってきた。そのチェック柄をみただけで、バーバリーだとわかる。あるいは、グーグルは絶えず、そのロゴをアレンジして、今日はなんの日か、世界で何が起こった日かを表現していることを思い出してみよう。さらに、メディア企業のネットフリックスは、そのブランド体験をわかりやすく示すフレームとして赤色を使っている。高級ブランドであれ、技術系企業であれ、自動車メーカーであれ、スポーツウェアメーカーであれ、ブランドがビジュアル・アイデンティティに力をいれて投資することで、その収益にダイレクトな影響がある。それらのビジュアルの目印はけっして気まぐれにできたものではない。いつも意図して作りこまれている。

　わたしは何年ものあいだ、アップルのブランド・デザインチームと共同作業をすることがあり、とくに当時のマーケティング・コミュニケーションのクリエイティブ・ディレクター、浅井弘樹とはよく一緒に仕事をした。彼のクリエイティブなリーダーシップのもと、アップルはエモーシヨン・バイ・デザインの精神を形にしていた。それが可能だったのは、ディテールにこだわり、ビジュアル・アイデンティティの強い力を完全に理解していたからだ。アップルのパッケージ、製品イメージ、店頭サイン、ウェブサイトなど、ほとんどのものに共通して存在しているのは何だろうか——つまり、ブランドのロゴ以外にという意味だが。それは、白い空間を生かして、余計なものを排除している点だ。アップルのブランド・アイデンティティは、シンプルというパワーの上に構築されている。白は、ストーリーの主人公であるプロダクトそのものを見せるための無地の背景みたいな役割を果たし、プロダクトをステージの中央に押しだす。いいかえれば、そこにないものが、そこにあるものと同じくらい重要なのだ。

何十年ものあいだ、アップルの白い空間の利用は、このブランドのアイデンティティのひとつの要素となってきた。この色というか色の欠如は、アップルのブランド・エコシステム全体にわたってみられる。色を商標登録することはできないけれども、アップルはロゴと同じように白を自社のものにしている。アップルは、誰が見てもこれがアップルだとわかるように、プロダクトやアウトプットをフレームで囲んでいる。その「フレーム」つまり、アップルのブランド・アイデンティティの要素は、そのなかの絵、つまりプロダクトを圧倒してはいない。それでも、その存在感を消費者は感じとる。だからこそ、消費者の第一印象は「これぞアップル」なのだ。単純さはあらゆるフレームの特性であるべきだが、アップルが用いているクリーンでミニマルなデザインは、アップルのロゴ自体と同じようにブランドと結びついている。それはアップルを差別化しているだけでなく、消費者のなかにエモーショナルな反応を呼びおこす。そのシンプルなデザインと企業への愛着とが関連づけられている。それはちょうど香りで記憶が呼び起こされるようなものだ。

とはいえ、アップルの特徴的なパッケージであれ、たとえば、小売業界の巨人である（スーパーの）ターゲットがそのアイコニックなロゴをコミュニケーションのなかの、視覚的な句読点として創造的に使用する方法であれ、これらのブランドはたゆまず努力し、消費者が店舗（またはオンラインショップ）に足を踏みいれた瞬間から、商品をあける瞬間まで、独自のアイデンティティを伝えつづけている。これらの象徴的なブランドは、ブランドの目的について深く考え、理解することによって、時間をかけてアイデンティティを構築し、育て、顧客の忠誠心を獲得してきた。これは、一度確立したらいいというものではない。ブランドはつねに、そのアイデンティティを築き、発展させ、注意深く検討して、そのアイデンティティがブランドのあらゆる側面で表現されるようにしてきた。これが何を物語っているかというと、これらのブランドには、ブランドの規範を尊重する社内文化が備わっているということだ。それらの企業のチームは、あらゆる視覚的なディテールが、ブランドのストーリーを伝える絶好のチャンスだと、はっきり理解している。

そのいっぽうで、スタートアップ企業や起業家は、ブランド・アイデンティティにこだわりぬくチャンスを最初から逃している可能性がある。起業家たちは、わたしが世界で有数のアイコニックなブランドについて話すのを聞いているが、自分たちに当てはまるとは夢にも思わない。スタートアップ企業は会社を立ちあげて、製品を市場に送りだすだけで精一杯なのだ。ロゴを越えた先にあるブランド・アイデンティティをあきらかにする時間などない。この考えはわからなくもない。現在、スタートアップ文化の世界では、猛烈なスピードでアイデアが市場に持ちこまれる。一日に使える時間はかぎられているし、考える時間もしかり。だから、すぐにわかりやすい結果が得られない、ビジュアル部分を充実させる時間的な余裕はない。「あとでやろう」という言葉が何度も繰り返されることになりかねない。とはいえ、ブランド・アイデンティティは、単に色やテンプレート、画像などを使って自社を差別化すればいいというものじゃない。ブランド・アイデンティティとは、ようするに、長い時間をかけて企業を築くための土台である。企業は進化し、成長するが、そのブランドイメージを作り変えることはほとんどできない。いったん、あなたのブランドに対する世間の印象が固まってしまったら、良いものであれ悪いものであれ、その印象を変えるのは、ひどくむずかしい。だから、どんな印象を与えたいのか慎重に考えてから、築いていくべきである。運まかせはご法度だし、「あとで」できるなどと考えてはいけない。いますぐ始めよう。そうすれば、ブランド・アイデンティティを育てて形にし、スタイルを生み、ブランドをもっともよく表している形態にすることができるだろう。その結果は最初は目にみえないほど小さいかもしれないが、時間がたてば、まぎれもない利益が得られるはずだ。

スウッシュの復活

二〇〇〇年の夏、わたしはある噂を耳にした。イメージ・デザインのリーダー、つまりわたしの上司が退職するらしい。これこそ、わたしにとって進化のときで、いつでも舞台にあがる用意はできていると知らせるタイミングだった。デザイナーからリーダーへとステップアップする準備は整っていた。わたしは上司のオフィスを訪れ、ボスのあとを引き継ぐ用意はあります、と高らかに宣言した。ボスはまだ辞めることをおおっぴらにしていなかったので、やや面食らった様子だったが、立候補者として考慮にいれると言った。その夏の終わり、世界がまだシドニーオリンピックの競技に注目しているころ、わたしはイメージ・デザインの新たなリーダーとなり、ナイキのブランド・アイデンティティと世界じゅうのブランド体験の創造と管理を任された。

さしせまった問題のひとつが、わずか八年まえのインターン時代に上司だった人びとを、今度は自分が上司として、直接マネジメントしなければならないことだった。ベテランデザイナーのなかには、これを腹に据えかねている人もいた。この変化が浸透するには、いくらか時間が必要だった。何事にも通じることだが、尊敬は獲得するもので、与えられるものじゃない。けれどもわたしは目的と計画があって、この新しい職に就いた。わたしが最初に出したビジネス上の注文は、部署名を変更することだった。「イメージ」という言葉は、このチームが担っているブランドへの責任の範囲を狭めているように思えたからだ。だから、わたしは新たな部署名として、ブランド・デザインを推した（これは、デザイン業界で実際にこの言葉が使われるようになるずっとまえのことだ）。この案は受けいれられた。イメージは去り、ブランドがその座についた。

わたしの新たなリーダーとしての役割は、その部署名とともに始まり、二〇年その任を務めた。ナイキのイノベーションやアスリートのロゴ、そしてなによりスウッシュを監督するという役割だった。

そう、わたしは世界でも有数の象徴的なブランドロゴであるスウッシュの、保全と使用を担当していたのだ。

プレッシャーがあったかって？　いや、ぜんっぜん平気だったね（ウソウソ）。

実際のところ、わたしの最初の任務のひとつが、スウッシュの復活を手助けすることだった。一九九〇年代なかば以降、ナイキはおもなアイコンとして、スウッシュだけを使うようになり、スウッシュの上に乗っていたフーツラというフォントのNIKEロゴは、切り離された。二〇〇〇年の一時期、わたしたちはブランディングの遺産をさらにさかのぼり、さまざまな理由から、七〇年代初頭にナイキのパッケージに採用されていたnikeの筆記体ロゴを復活させることになった。スウッシュは濫用され、一足のシューズに一二カ所もつけられていることがあり、少々控える必要があった。そこで、このレトロな手書きっぽい筆記体のnikeロゴを、数あるブランド・アイデンティティの要素に加え、スウッシュへの依存を軽減しようとしたのだ。ところが、まもなく気づいた。この筆記体のロゴには、以前のロゴにあったエモーショナルな力強さとブランド・エクイティが足りないのだ。クリーンでシンプルで、何よりアイコニックなブランドマークが複雑になってしまった。スウッシュといえばナイキ。ナイキといえばスウッシュ。文字は冗長だ。それでも、スウッシュの一時休場はある種の効果を生んだ。いわばスウッシュに一息つかせて、また呼び戻したわけだ。スウッシュをふたたび、ブランドのシグネチャとして重要な役割に戻すとき、わたしたちは新たなブランドの規定を設けた。そして、クリエイティブチームを集め、組織全体にこの変更を伝える最適な方法がないか話しあった。その結果できあがったのが、表紙にスウッシュのエンボス加工を施したメタリックシルバーの小さなブランドブックだった。この『ブランディング・バイブル』は、マーケティング担当者やデザイナーだけでなく、社内の全員に配付した。それによって、ブランドマークの重要性をアピールしたのだ。このバイブルには、スウッシュに関するルールが記載されていた。スウッシュをめぐる境界線。すべきこと、してはいけないこと、いつ、どこでなどが定められていた。全体的な考えは、スウッシュを神聖なものへと昇華させるべきということだった。それらのルールはそのロゴマークを保護するためのものだった。人呼んで、スウッシュ・リバイバル。（筆記体の文字のない）シンプルでアイコニックなロゴに戻ることに対するわくわく感を、ビーバートンの本社で湧きあがらせてから、新しい（古い）ロゴを世界に公表したかった。社内全体で、些末すぎて検討できないディテールなどない、ということを再度確認しておきたかった。ブランディングの重要性が、宣伝と同じくらいナイキの文化に深く染みこんだ。

こういうことはすべて、ただのから騒ぎじゃないかと思う人がいるかもしれない。ナイキのヴィンテージロゴである筆記体のロゴがあろうがなかろうが、スウッシュは三〇年ちかくもナイキのブランドマークだったでしょうが、と。美しくてシンプルで効果的なアイコンを備えている幸運なブランドはそうあるものではない。それは、キャロライン・デビッドソンのデザインだった（スウッシュを見たフィルの伝説的なコメントは「まあ、お気に入りとはいえないが、きっと、だんだん馴染んでくるだろう」だ）。この種の幸運は、よくあることではない。わたしはいつもチームに、スウッシュがあることにどれほど感謝すべきかを強調してきた。世界じゅうのブランドマーケターが、昔もいまも羨むマークなのだから。

けっきょく、筆記体のロゴの有無に、どれほど違いがあったのだろうか。何十年もまえからスウッシュは、独立してナイキのシューズのサイドに描かれていたのではなかったのだろうか。この決定の重要性を理解するには、まず、スウッシュがいつからナイキのブランドマークになったかを理解しなければならない。こんなふうに考える人がいるかもしれない。世界でもひじょうによく知られたブランドマークのひとつであり、その企業がはじまって以来スニーカーの外観を飾ってきたマークであることを考えれば、スウッシュはつねにすべてのプロダクトのブランドマークだったのではないかと。しかし、一九九四年以前は、ナイキのフーツラフォントのロゴが、あらゆるマーケティング・コミュニケーションに用いられていた。テレビ広告、印刷広告、看板、シューズボックスに至るまで。では、いったい何があったのだろうか。

アガシ効果

一九九四年、ロン・デュマスとブランドリーダーのチームが、あるアイデアを思いついた。そのチームは六月のウィンブルドン選手権を観戦していた。アンドレ・アガシが真っ白なナイキのテニスウェアを着て戦っていた。さらに重要なことに、アガシはナイキハットをかぶっていた。白一色で、前面にシンプルな黒のスウッシュがあしらわれていた。フーツラフォントのナイキという文字はなかった。このアガシの帽子に対する世間の反応は早かった。ビーバートン本社でも、このシンプルでエレガントなロゴは大好評だった。

「世界の大舞台で着用された帽子に描かれた、このシンボルの純粋さが受け、社内全体も活気に満ちていた。それがやがて、ひとつの課題へとつながった。ナイキはいかにして、このシンプルなデザインを、コミュニケーションやブランド・アイデンティティのあらゆる領域に移しかえていくかという課題だ」とデュマスは語った。

しかしこのときは、数年後に「ｎｉｋｅ」の筆記体ロゴから別離したときほど単純なことでははなかった。このマークが築いてきたエクイティはいうまでもなく、ナイキのブランドマークが、企業ブランディングやコミュニケーションのあらゆる場面で、どれほど頻繁に使われてきたかを評価しなければならない。デュマスとそのチームは、スウッシュというアイデンティティをどの用途で使用するかを特定しなければならなかった。たとえば広告、パッケージ、小売、印刷物などが含まれるが、それだけには留まらない。ようするに、膨大な作業だった。

デュマスが心に留めておくべき不安材料は、それだけではなかった。新たなスウッシュのみのデザインは、ナイキブランドの何を伝えるのか。何が変わったのか。なぜ変えたのか。人気のあるブランドマークの半分を取ってしまうのだから、良かれ悪しかれ、なんらかの反応があって当然だった。「どうってことないんじゃないか」と言って、この決定を擁護する人はほとんどいなかった。小さな変化だが、劇的な変化だ。

そこで、デュマスは執行部へ向けたピッチを準備し、ナイキ・キャンパス内のジョン・マッケンロー・ビルで、プレゼンテーションを行なった。大きなポスターボードを会議室全体に掲げ、スウッシュだけのアイデンティティのあらゆる用途を示した。デュマスの感覚では、プレゼンテーションは一時間ほどで終わった。経営陣は、変更案の是非について、はっきりと言葉で示さなかったものの、満足そうではあった。

「自分たちが作ったものを気にいってたし、斬新だと思ってはいたが、やはりちょっと落ち着かない気分だった。なにしろ、世界的な企業のブランド・アイデンティティを、たったひとつのシンボルだけに変えようって提案したわけだから」とデュマスはそのころを振り返って言った。

「当時、世界じゅう探しても、フォーチュン五〇〇企業で、これほどの変革をやってのけた企業はなかったと思う。わたしは、『よし、偉大なブランドに風穴をあけるクリエイティブ・ディレクターになってやる！』と思っていた」

その翌日、デュマスのもとに電話がかかってきて、変更が承認されたと告げられた。フォーカスグループも、消費者調査もなし。経営陣は、この新しいシンプルなデザインにゴーをかけていいと考えたのだ。とはいえ、デュマスの仕事は始まったばかりだった。

「これがおそらく、わたしのキャリアで最大のプロジェクトになるだろうと思った。その後六カ月ほどかけて、詳細を詰めなければならなかった」とデュマスは語った。

必要なのは包括的なプログラムだった。ナイキのすべてのパッケージとプロダクトに新しいデザインを組みいれなければならないのだ。そして、一九九六年の春、スウッシュだけの新しいブランド・アイデンティティが世界じゅうで公表された。

消費者や業界からの反応は、全体的に上々だった。「何か斬新でアイコニックなことがたしかに起こったんだ。これが、その後何年にもわたるナイキの継続的な成長とブランド力の強さに貢献したと、わたしは考えている」とデュマスは話を締めくくった。

というわけで、そう、ロゴを変えるっていうことはかなりたいしたことで……。

それでも大事なのは、わたしたちがナイキのロゴを変えた（あるいはリバイバルしたり、また戻したりした）という事実ではなく、なぜ変えたのかという理由だ。デュマスやほかの人びとにとっては、アガシの帽子についていたシンプルなスウッシュが——当時は企業の大変革につながるとは誰も思っていなかったデザインの一パターンだったが——すばらしい意味をわたしたちや世界に浸透させてきたそのマークを、改めてよくみてみるきっかけになった。ブランドが初めてロゴ、つまりシグネチャをデザインしたときから、ひとつの旅がはじまり、そのうちロゴが神聖なものとなり、それを変えるなんて口にしようものなら、異端者みたいにみられるようになる。フィルが肩をすくめて、スウッシュは「そのうち馴染むだろう」と言ったときから、デュマスが自分のキャリアで最大のプロジェクト（ごまんとあった大きなプロジェクトのひとつ）に乗りだすまでの一九七一年から一九九四年までの年月は、ナイキがエクイティを築いて、それをアイデンティティとロゴに埋めこむことができた時期だった。最初は、ほかのブランドから際立たせるためのクールなシンボルだったものが、やがてあなたやあなたのチームを、大きな誇りで満たすものになる。あなたが正しくやれば、そのロゴが顧客にも誇りを与え、ブランドへの帰属意識とブランド自体に対する信頼感を与えられるようになる。そのような価値観や目的を持たないロゴは、単なる絵にすぎない。何も伝えていないのなら、なんの意味もない。

最初の直感

ブランドデザインのリーダーに就任した一年目の印象深い思い出は、スウッシュの復活だけではない。そのころ、ナイキ・ショックスという、まったく新しいシューズの発売も控えていた。これは、ミッドソールのデザインに大きな革新をもたらした。シューズの下部にあるショックスの円柱は、バネみたいに機能し、まずかかとが地面に押しつけられたときの衝撃を吸収し、バネが作動すると蓄えたエネルギーを放出する。これは未来のシューズ、新たな世紀にふさわしいシューズだった。

当時、すべての製品の制作を統括していたマーク・パーカーから、ナイキ・ショックスという新しいイノベーションのブランド・アイデンティティチームを率いるリーダーになるよう頼まれた。それはつまり、新シリーズのシューズデザインと同じぐらい画期的なロゴのデザインを担当することを意味した。当時、ロゴはわたしの得意とするところだったが、新しい職務を受ければ、自らデザインする仕事は少なくなることもわかっていた。わたしはクリエイティブチームのリーダーになり、チームに力を与える立場になった。それでも、マークが話しているあいだ、メモを取らずにはおれず、またマークの言葉を聞きながら、ショックスのロゴの簡単なスケッチを描かずにはいられなかった。それは、いたずら書きみたいなもので、ただわたしの脳がそのシューズの目的とアイデンティティのコンセプトを抽出して、シンプルなデザインに変換しただけのものだった。それもわたしが得意なことだった。そのスケッチは、裏返した「Z」にみえる「S」の上下にダッシュをつけたもので、基本的にはバネみたいに見えるロゴだった。わたしはノートを閉じ、そのことは忘れてしまった。そして、別のデザインの作業に取りかかった。

この時期、わたしのチームはイノベーションのためのロゴ開発に、大きなリソースを費やすことが珍しくなかった。世界じゅうの何百万人ものアスリートの足元を飾るブランドのマークに払う額としては、安いものだ。わたしはふたつのデザイン会社に依頼し、合計八〇個のショックスロゴの候補を手にいれた。かなり数が多いように聞こえるが、ことブランディングに関しては、わたしたちはあらゆる手を尽くしていた。いくつかのロゴを検討し、編集してみたものの、どのロゴもこれという決め手に欠けていた。ふとわたしは、以前描いた簡単なスケッチを思い出し、それを引っ張りだしてきた。それでもまだ、そのロゴは、ほかのデザインを判断するための基準のようなものとしか見ていなかった。しかし、候補のロゴを見ながら、わたしは何度も最初に描いたシンプルなスケッチに立ち返った。そしてついに、わたしのスケッチはスケッチ以上のものだと認める気になった。それは、候補デザインだ。だから、このスケッチを候補に加えた。それから、マークとわたしは、すべてのロゴをもう一度検討したのだが、ふたりとも何度もわたしのロゴに戻ってきた。おそらく、最初はあまりに文字っぽいという理由で敬遠していた。たしかに、ふたつのデザイン会社が「Z」の裏返しよりも、いいものを思いつくこともある。けれども同時に、なぜベストなロゴがベストとみなされるのかを思い出した。それは、シンプルで、視覚的にはっきりしていて、ストーリーを伝えているからだ。マークはわたしを見て、「これだよ」と言った。

ときには時間をかけて回り道をして、最初の場所に戻ってくることもある。最初の直感が正しかったということもある。こうして、わたしの裏返しのZは、新しいナイキ・ショックスのロゴになった。このロゴは、すぐれたシンボルを定義する三つの項目すべてのチェックボックスにチェックマークが付く、効果的なロゴだった。三つの項目とは、革新的な見た目をしていること（バネ）、革新的なもの自体に注目させる動的な質があること（バネが跳ね飛んできそうな感じ）、表音が含まれていること（裏返しのZは本当は「ショックス（Shox）」の「S」である）。ひとつのロゴでこれら三つの項目すべてを満たすなんてめったにないことだった。ナイキでのロゴデザインの日々の締めくくりとしては、悪くない。

とはいえ、まだ完成にはほど遠かった。次は、ナイキ・ショックスのイノベーションを、おもしろく、覚えやすく表現するキャッチコピーの作成だ。そこで出てきたのが「ビョーン

(Boing)」だ。完璧じゃないか。遊び心があり、シンプルで、わかりやすい。もちろん、このコピーが飛びだしてきたのはワイデン＋ケネディの頭脳からである。これ以上望むべくもない。わたしたちのキャンペーンは、その年の夏、シドニーで開催されたオリンピック期間に助けられたのはまちがいない。このオリンピックで、アメリカ男子バスケットボールチームのヴィンス・カーターが、ナイキ・ショックスを履いていた。すでにバスケットボール界で最高のダンカーのひとりとして知られていたカーターは、フランス代表との試合中に相手のパスをキャッチした。そして、二回ドリブルしたあと、ジャンプして（「ビョーン！」）、フランスチームのセンター、七フィート二インチのフレデリック・ワイスの頭を信じられないほど高く越えて、みごとなカーター風シュートでボールをゴールに叩きこんだ。あれは良いロゴで、良いキャッチフレーズだった。しかし、世界じゅうのどんなマーケティングも、あのゴールの瞬間にはかなわない。

かつてアルバート・アインシュタインはこう言った――「できるだけ単純にせよ。かといってただ単純にすればいいというものではない」。ロゴデザインについて考えるとき、わたしはこの名言を肝に銘じている。わたしのナイキ・ショックスのロゴが単純なのは、ふとした思いつきで生まれたからだ。「思いつき」というほど大げさなものでさえない。わたしは、マークの話を聞いて、最初に頭に浮かんだ（跳ねた）ものを書き留めただけだった。それは、思いつきというより、直感のようなものだった。しかも、何かほかにないものを作ろうというつもりもなかった。思ったままを描き、そのまま忘れてしまった。複雑にしたり、思い悩んだり、必要以上に手をいれて、すっかり台無しにする時間を取らなかった。それがシンプルだったのは、直感の産物だったからだ。

何年もかけて、わたしたちは才能を解きはなち、人びとに「フォース（力）」や「フライト（跳躍）」を与えるバスケットボールシューズのロゴを創造してきた。「マックス・エア」や「ズーム・エア」クッションを備えたランニングシューズのロゴを作ってきた。さらに、「ナイキLA」対「ナイキNYC」という街の文化に根ざした都市ごとのブランディングも進め、タイガー・ウッズやセリーナ・ウィリアムズといった、ずばぬけたアスリートらのエッセンスを抽出したブランドロゴも手掛けた。重要なのは、最初の試みで成功するにせよ、一年かけてロゴのさまざまな方向性に悩むにせよ、ブランドはそのビジュアルの核に全力で打ちこまねばならないということだ。そのビジュアルの核は錨《アンカー》となって、ビジュアル・ランゲージとしてほかのすべての要素を大地につなぐ。

フレームのなかの絵

ナイキは、プロダクトの発売をひとつの機会とみなしていて、消費者を毎回どこか新しい場所に連れていく。そこは、親しみやすさと憧れを完全に具現した、直感的な世界だ。イノベーションは、単なる実用的で必須なもの以上の存在になるべきだし、そのプロダクトを使っているすぐれたアスリートたちは、わたしたちの意欲を高め、インスピレーションを与えてくれる存在であるべきだ。そのためには、これらのイノベーションを中心に据えて、エモーションを注入しなければならない。たとえるなら、フレームに収まったブランドの絵を創造するというのは、想像力とメタファーの詰まった、エモーショナルな画像《イメージ》の世界を築くことである。製品のイメージの世界は、製品への憧れを築き、その良さを型破りな方法で伝える。これらは単なるイメージではない。ストーリーだ。そして、それぞれのストーリーはある瞬間を形にしており、同時に、ナイキというブランド全体を示す助けにもなっている。

ひとつのイメージからは、ひじょうに多くのことが伝わるものだ。ナイキ・デザイン部の元統括責任者だった才能あふれるヘザー・アムニー＝デイはこう言った。「すぐれたイメージには、よくできた精巧な映画のセットみたいなパワーがあって、そのすべてが組みあわさって、ある瞬間をもたらします。人並外れたことをしている人たちの姿をビジュアルとして目にすると、わたしたちは人として、それぞれ独自に反応を示します」

この目的達成にあたって、わたしたちはアートディレクションと写真の力を信じることにした。その力によってブランドのペルソナが形成され、アスリートやプロダクトのストーリーが伝えられると信じていた。一緒に仕事をするフォトグラファーが、競技をしているアスリートの雄姿をとらえるのが得意なアニー・リーボヴィッツであれ、スポーツへの情熱と動きを見逃さないカルロス・セラーオであれ、スポーツに宿る魂を引きだすジョン・ヒュートであれ、それぞれのコラボレーションによって、才能あふれるフォトグラファーのレンズを通してブランドにさまざまな広がりがもたらされる。これらのアーティストは、独自のシグネチャを写真に加える。その写真を使って、ナイキは世界に自分たちのブランドを伝える。

フォトグラファーは、その専門性を生かしてイメージをとらえ、被写体のどこか深いところにあるものを明らかにするだけでなく、被写体がその奥深い場所に行けるよう誘導するという困難な仕事も担っている。つまり、信憑性がありながら魔法のような瞬間でもある場所だ。見た人が写真とエモーショナルにつながれるような場所だ。この仕事のむずかしさをわたしが身に染みて感じたのは、一九九九年の女子サッカー・ワールドカップのときだった。当時わたしは、パサディナでの優勝を目指すアメリカ代表チームとのパートナーシップを深める手伝いをする機会を得た。アメリカ代表チームが、試合に向けて集中力を高めている最中なのを考えると、かなりむずかしい注文だった。それでもわたしは、イベントや、店頭や、チームに入りたいと願う子どもたちの寝室の壁などに貼られるような写真を使って、全国的なキャンペーンを行ない、ナイキとチームのパートナーシップを促す必要があった。そこで、わたしがコラボレーションの相手に選んだのは、オーストラリアのフォトグラファー、ベン・ワッツだった。ベンは、ドキュメンタリー風の独特のスタイルを備えているだけでなく、ほぼ超人なみのエネルギーもあり、シャッターを切るたびにそのエネルギーを写真に封じこめた。それは、感染性のエネルギーで、すばらしいアスリートたちの写真に息吹を吹きこむのに、まさに必要な要素だった。

　わたしたち――とベン――の仕事は、選手たちの個々の人柄を引きだしながら、チーム全体のアイデンティティを築くことだった。ブランディ・チャステイン、ミア・ハム、ティーシャ・ヴェンチュリーニ、ティフェニー・ミルブレット、ブリアナ・スカリーという五人の比類なき選手らを中心に、複数のロケーションで幾日か過ごした。各選手が独特の個性とチーム内での役割を持っていて、わたしたちはその両方の特徴を表現しなければならなかった。練習の様子を中心に撮影していたことを考えると、選手たちが試合並みの高いエネルギーを発してくれるかどうかは保証できない。そのため、ベンはそのエネルギーを吹きこむ必要があった。そして、このフォトグラファーは、まさに望みどおりのことをしてくれた。ミアの魂のこもった覚悟の表情、ブランディのエネルギッシュなリーダーシップ、そしてブリアナの静かな自信。そのすべてが、それぞれの写真から伝わってくる。

また、その時期のまさに一瞬を切り取るドキュメントとして、個々のポートレイトも撮影した。一緒にトレーニングしているところ、一緒に食事をしているところ、ファンと交流しているところ、くつろいで笑っているところなどなど。選手がゴールを決めている瞬間ほど劇的ではないかもしれないが、これらの写真は、オーディエンスにすぐれた選手たちのピッチ外での生活を見せる窓となり、選手たちがチームでどのように生活し、プレーしているかを伝えた。オーディエンスは、この《Road to Pasadena》（パサディナへの道）をチームとともに進み、劇的な瞬間だけでなく、日常の瞬間の場にも居合わせたように思える。そして、この当時のチームがアメリカ史上に残るほどすぐれたチームとして記憶されていることを考えると、それは行く価値のある旅だったといえる。

とはいえ、この稀有な女性たちとのプロジェクトには、それ以上の何かがあった。わたしたちが捉えたのは、偽りのない姿だった。それは、この業界ではなかなかお目にかかれないものだ。本当の姿を目にするには、その人に自分自身をさらけだしてもいいと思ってもらわねばならない。何年ものあいだ、この女子チームは、試合中にプレーしている写真を通してしか表現されてこなかった。そういう写真に写っているのは、選手たちがスポーツへのとほうもない情熱や勇姿を示している瞬間だ。わたしたちは、個人として、それらの選手の姿を紹介しようとした。ユニフォームを着ている人間のベールをはがし、サッカー選手であるだけでなく、ひとりの人として驚くべき人物であることを示そうとした。必要な時間や資金や人材を投入したおかげで、わたしたちは、類まれなアスリートたちの人間らしくて共感を呼ぶ一面を示すことができた。

この撮影に同行したナイキのライター、デニー・ヴェントはのちにこう語った。「これらの撮影やサッカーチームとの活動の大半がうまくいったのは、人間関係と本物の姿を大事にしたからでしょう。宣伝活動のようにはちっとも感じられなかった。選手と、選手のことをもっと知りたがっている子どもたちとをつなぐパイプ役に、幸運にもなれた気分でした」

けっきょくはそれが、わたしたちの目的だった。ファン、とくに子どもたちに、日ごろから尊敬しているすばらしいアスリートたちを、自分たちのヒーローを身近に感じてもらうこと。これこそがポートレイトなどの写真の力だ。写真が、瞬間を切り取って消費者に届け、アスリートとエモーショナルなつながりを作るのだ。

メタファーを使いこなす

そう、それはいかれた仕業だった。わたしが言っているのは、頭全体を剃って、ひたいの真上だけ楕円形に残すという、珍妙な髪型のことだ。わたしは何十年間も頭を剃ってきた。そんな人間にもあの髪型は謎だった。そうするならするで、正しい方法がある。二〇〇二年のワールドカップ。ブラジルのロナウドは当時、世界でもっとも有名なサッカー選手だった。そのロナウドが頭を剃ったのだ。まちがったやり方で。しかし、最初にその髪型をみたときと同じくらい不思議だと思ったのは、ロナウドの髪型は、バリカンでうっかりやってしまった不運なアクシデントの結果ではなかったと知ったときだった。ロナウドは、どうすれば人びとの注目を集められるか知っていたし、さらに重要なことに、その注目をプレーでも後押しできるとわかっていた。ロナウドは大会の得点王に贈られるゴールデンブーツ賞を受賞することによって、その注目に応えた。アスリートにとって、パフォーマンスを伴わないスタイルは、はかなく、虚しい。ブランドの世界では、美しいが役に立たないプロダクトは、ただ埃をかぶっていくだけだ。わたしは、一八年間にわたってブランドやアスリート、プロダクトのイメージを先導してきた。そのなかで、アスリートのパフォーマンスと企業が生むイノベーションの効果を倍増させるイメージの重要性を説いてきた。ワールドカップで披露されたロナウドの驚きの髪型から数年後、ナイキのすばらしいブランドコミュニケーションの遺産のひとつ、創造力の源であるエンリコ・バレリは、「髪型の問題」という自説で、その点を強調した。

　つまるところ、重要なのはロナウドの髪型ではなく、ロナウドもバレリも理解していたように、話題をさらうようなイメージを背負ってプレーするのは、フレームのなかの「絵」を描くもうひとつの方法にすぎないということだ。サッカーをめぐるイメージというテーマで話を続けると、二〇〇六年のドイツワールドカップからのち、ナイキのサッカービジネスを拡大する方法のひとつが、トップサッカー選手とその選手独自のサッカーウェアをひとつのブランドのように扱うことだった。クリエイティブチームは、独自の（ときには奇妙な）アンケートを実施して、プレーヤーとして、またひとりの人間として選手たちのコアな部分に触れた。そうすることでダイレクトに、それぞれの選手のブランド・アイデンティティのあるべき姿、伝えるべき特徴が導かれる。つまり選手たちが何を感じ、どんな言葉を発し、何を見ているのかがあきらかになる。

　このプロセスを開始するにあたって、クリエイティブチームは、メタファーを使った「ムード

・ボード」を作り、それを特定の存在に結びつけることで、選手の反応も得た。たとえば、こんな質問をしてみるのだ。「フィールドでのあなたは、スポーツカーでしょうか。それともバイクでしょうか？」、「あなたのプレーは直線的なスピードが売りですか、それとも左右に振るタイプでしょうか？」、「自分を動物にたとえるならどんな動物ですか？　ヘビ、タカ、それともトラ？　いずれも捕食者ですが、攻撃方法が異なります。あなたはどれでしょうか？」、「立ち振る舞いについては、ダイアモンドのようにシャープでしょうか？　それともグラフィティアートみたいに豊かに表現するタイプですか？」。

わたしたちはこのアンケートを選手らに差しだし、反応を見た。大半の選手が肯定的な反応を見せた。面白がることもあれば、どの項目にもまったく合致しない人もいたが、つねに有益だった。概して、選手らはきっぱりと決断し、わたしたちが何をするつもりか、自分がどういう人間なのかを正確に理解していた。とはいえ、大事なのは反応を引きだすことだった。クリスティアーノ・ロナウドのようなアスリートは明快で、「ダイアモンド」だった。つまり、クリスティアーノの視覚的なペルソナは、シンプルで、磨きをかけられ、洗練されていなければならない。これによって、選手の属性に忠実に、それぞれのサッカーブランド全体の特徴を築くことができた。クリエイティブチームは、これらの情報や会話の中身を、選手とシューズの視覚的なペルソナに変換した。そうすることで、単なるアスリート、単なるサッカーシューズにとどまらないものになる。それらは、アスリートの人柄とブランドの直感的な拡張子になった。ダイアモンドやロケットやスーパーカーの要素を混ぜあわせ、クリスティアーノの爆発的なスピード感というアイデンティティを生みだした。つまり、ひとつのメタファーではなく、いくつかのメタファーを組みあわせて、刺激的な世界を創った。その世界が、アスリートのプレースタイルとサッカーブランドを表すのだ。

マンバのメンタリティ

さて、お次はコービー・ブライアントだ。このアスリートに、メタファーを理解するためのムード・ボードは不要だった。コービーと一緒に、彼自身のブランド・アイデンティティの確立と、シグネチャ・シューズであるコービーⅦのデザインに取り組んだとき、すぐに、コービーには外部からインスピレーションを得るようにという励ましはいらないことがわかった。コービーはアートから多くのインスピレーションを得ていた。とくに魅力を感じていたアーティストは、メキシコのシュールレアリスム画家のオクタビオ・オカンポだった。オカンポは、目の錯覚を使った錯視芸術の作家として知られ、小さくて複雑な像が合わさって大きな像を作りだすメタモルフィック・ペインティングのスタイルが有名だ。絵をじっくり見れば見るほど、隠れていた絵が次々に浮かびあがってくる。

コービーがクリエイティブチームに伝えたのは、オカンポの魅力が「絵のなかに絵がある」スタイルにあることだった。コービーいわく、オカンポの絵は、コービー自身が自分の試合スタイルやメンタリティをどう見ているか、そして人びとがそれをどう受け止めているかに通じていた。オカンポのアートと同じように、コービーのプレーも、ある敵にはある方法に見え、別の敵にはまったく違うものに見えていた。この見方から直接、《Different Animal, Same Beast》（別の動物に見えても、同じ獣）キャンペーンが生まれた。ナイキ・デザインとジョーダン・ブランドのデザイン部の統括責任者だったデヴィッド・クリーチがチームを率いて、三つのダイナミックな絵を作成した。一見すると一足の靴のように見えるが、よく見るとヘビ、ヒョウ、ホオジロザメの頭部を模していることがわかる。このイメージは、コービーのコート上でのメンタリティやプレースタイルのメタファーだ。ブラックマンバから始まったが、このときは、同じようにハンターの本能を持つほかの動物を含めている。つまり試合中に次々と現れる内なる獣を取りいれることで、消費者に「絵のなかの絵」を通してマンバというペルソナを見てもらうのだ。

もちろん、コービーのシューズにコート上でどのような強みがあるのか、消費者に確実に知らせる必要もあった。最終的には、製品（この場合はコービーⅦ）を購入するアスリートのニーズに応えなければならないと、わたしはクリエイティブチームに口を酸っぱくして言ってきた。それがナイキブランドの目的だったし、これからもずっとそうなのだ。どうすれば、コービーの別の面が表現する内なる獣をストーリーテリングで伝えながら、同時にこのシューズを履くことで、アスリートが得られる強みを紹介できるだろうか。プレーヤーとして得られる強みは、コート上でふたつのアングルから攻められるという点だ。すばやい攻撃と、力強い攻撃。まさにマンバのように。

コービーに、ほかのアスリートにはない力で、背中をはるか先へと押され、わたしたちは想像力を駆使して、従来のマーケティングの枠を超えていった。アーティストのクリストフ・ロバーツと手を組んで、ギャラリーのディスプレイを行ない、使用済みのコービーのシューズボックスを実物大のホオジロザメに変身させた。また、シューズ自体がブラックマンバであるかのように、テラリウムのなかにコービーのシューズを展示した。オカンポの「絵のなかに絵がある」というアプローチに立ち返り、ディスプレイのひとつひとつで、そのシューズでどんな体験をするかによって、コービーの対戦相手のように、何通りにも見えるようなブランドの表現を目指した。

コービーのこだわりは、ブランド・アイデンティティのあらゆる部分に染みわたっていて、ロゴにもより深い意味がもたらされていた。一見すると、六つの図形が組みあわさったシンボルマークで、日本の武士からヒントを得たデザインになっている。しかし、コービーにかかると、ブランド・アイデンティティのなかにある要素は、オカンポの絵のように、表面どおりの意味だけではない。コービーが《エスクァイア》誌上で語ったように、このロゴは鞘に収められた刀を表していた。「刀は生身の才能です。鞘はその才能を収めておくパッケージです。あなたが経験したすべて、あなたの傷跡や荷物、あなたが学んだことをそれにいれておくのです[6]」

それがマンバ・メンタリティだ。

コービーが、自分の内なる野獣を懸命に伝えてくれたので、わたしたちはたやすくコンセプトを作ることができた。コービーはつねに一貫して何かを成し遂げようとしている。クリエイティブな面でも、コービーのおかげでわたしたちは向上できた。コービーは先生になって、わたしたちにもっと好奇心を持てと教えてくれた。そしてときには、ちゅうちょすることなく自分自身が生徒になり、自分の技術をさらに高めた。

夢をデザインする

ここまで、ブランディングの役割とイメージについて話をしてきた。けれどもわたしたちは、ブランド・アイデンティティの重要性について話すとき、物理的かデジタルかにかかわらず、その環境も考慮しなければならない。オーディエンスにブランドの価値を浸透させるのに、空間を使うことほどいい方法はない。それは文字どおり、ブランドを見て、聞いて、触れることができて、すべての感覚が研ぎ澄まされる場所だ。

たとえば、こんな例を考えてみよう。にぎやかな通りを歩いているとき、店先のショーウィンドウに国旗や額装された絵画、ヴィンテージのトロフィーなどがたっぷり陳列された店の前を通りかかるとする。黒っぽいウッドパネルを背景に、まるで映画の一場面のようにみえる。店のなかに入ると、壁には大学のペナントらしきものやモノクロの集合写真が飾られ、家具は、ウィンドウのディスプレイに使われている木材とマッチしている。これらすべての要素は、マネキンに着せてある服の色とコントラストをなし、スポットライトが当たっている。エレガントだが、洗練されすぎてもいない。ひとつのスタイルをはっきり示しているが、特定の時代のものではない。ひとつの時代を示してはいない。むしろ時代を超越している。店内を歩きまわっているうちに、エリアが変われば次々と場面が変わるのに気づく。クラシカルでトラディショナル。五〇年まえでも洗練されてみえただろうし、五〇年後でも、粋《いき》にみえるだろう。

ラルフ・ローレンというブランドのストーリーは、わたしが子どものころから興味を持っていたもののひとつだ。かつてローレン自身がこう言っていた。「わたしがデザインしているのはプロダクトではなく、夢だ」そして、ラルフ・ローレンの店内に入ったとき、わたしたちはまさにそう感じる。人びとは、約束されたライフスタイルに心惹かれる。エレガントな余暇を過ごすというクラシカルなアメリカ人の典型的なライフスタイルに心惹かれるのだ。なぜならこの店で売られているのは、衣料品ではなく、憧れだからだ。

ラルフ・ローレンのベーシックなポロシャツは、数十年ものあいだ変化していない(正確にいうと、一九七五年以来)。そこには理由がある。ローレンはかつてこうも言った──「わたしは流行を追う人間ではありません。むしろ、流行を追わない人間です。わたしは長く生きることや、永遠やスタイルに興味があるのです」。ポロプレーヤーのロゴから店構え、内装、服そのものまで、ラルフ・ローレンというブランドは、特別なアイデンティティにこだわっている。別の言い方をすれば、このブランドは、まるで映画のワンシーンのようなひとつの場面を創造している。これも相当に意図的な戦略だ。

「服をデザインするときはいつも、映画を一本撮っている」

じつのところ、そのアイデンティティこそ、ラルフ・ローレンが売っているものなのだ。それぞれのシーンのなかのごく小さなディテールにまで気を配っているからこそ、ラルフ・ローレンは、百貨店の一角にあった小さなネクタイ店から、世界でもっとも有名な高級ブランドへと成長したのだ。

オバマをデザインする

二〇一〇年、わたしたちはシアトルで国際的なマーケティング会議を開いた。わたしは当時、グローバル・ブランド・クリエイティブ部の統括責任者という新しい役職に就いていた。これはナイキのブランド・ストーリーと、アイデンティティ、ボイス、そしてエクスペリエンスの創造を推進する役割だった。当時のCMOだったダヴィデ・グラッソから、この会議でナイキのブランドクリエイティブの精神《エートス》をプレゼンテーションするよう依頼された。わたしはそのプレゼンテーションを、リーダーチームとともに作成し、ブランドの新たなキャラクターに命を吹きこみ、消費者にそのキャラクターを伝えねばならなかった。わたしはゲストスピーカーに続いて発表することになっていたが、ダヴィデはゲストの名前を明かそうとしなかった。けれどもダヴィデの興奮した様子から、この謎のゲストは特別な人物だろうと察していた。

さて、本番の時間になると、マジック・ジョンソンが登場し、みんなを驚かせた。マジックは、一九八〇年のNBAチャンピオンシップ・ファイナル第六戦、歴史的な四二得点をあげた試合を分析しはじめた。フィラデルフィアとの戦いで、負傷したカリーム・アブドゥル＝ジャバーの代わりを務めたとき、マジックの伝説が生まれた。その夜、マジックはすべてのポジションでプレーし、ベビーフックと呼ばれる独自のスカイフックを生みだした。マジックのメッセージはあきらかだった。カリームが負傷したとき、誰もがもうだめだと思った。けれども、マジックはちがった。伸るか反るかの大きな賭けで、ほとんど勝ち目がないときこそ、最高のパフォーマンスを発揮しなければならない。

ところで、マジック・ジョンソンのあとで、いったいどんなプレゼンがこなせるというのだろうか。けれどもわたしには、とっておきの切り札があった。ナイキというブランドとビジネスの両方を成長させるために、ブランディングが果たす役割の重要性を強調しようと、スコット・トーマスを招いていたのだ。スコットは、二〇〇八年に行なわれた大統領選でオバマキャンペーンのデザイン・ディレクターを務めた。そして『*Designing Obama*』（オバマをデザインする）という本を書いた。この本は、アートとデザインのポートフォリオであり、歴史的な選挙の裏側のストーリーが語られている。職場に政治を持ち込んでいるとみる人がいる可能性を考えれば、少しリスクはあったが、おそらくストーリーとその教訓に集中してもらえるだろうと考えた。

大統領選挙で、ブランディングとビジュアル・コミュニケーション・デザインが、あれほど重要な役割を果たしたのは初めてだった。キャンペーン全体の頼みの綱となったのは、オバマのロゴだ。象徴的な青字の「O」の下部に紅白の縞の旗を配した、日の出を彷彿させるデザインだ。後にも先にも、これほど象徴的な候補者のロゴはなかった。このロゴが秀逸なのは、このロゴに備わったエモーショナルな力とシンプルさだけでなく、それぞれのオーディエンスに合わせてカスタマイズできたところだ。スコットのチームは、一二の異なるアイデンティティ・グループに合わせたバージョンに加えて、アメリカの各州に合わせた五〇のバージョンを作成した。

スコットは、デザインを使ってビジュアル・ランゲージを作るときは、候補者のボイスと一致させるだけでなく、候補者のボイスを強調し増幅することを目的にすべきだと語った。色の組み合わせや字体、図形的な形を活用することで、スコットらは、人びとに希望や楽観的な考え方、信念を抱かせることができた。その象徴的なロゴは、「'80」の隣にあるオバマの名前と並べられる粋なロゴというよりも、オバマ自身の分身になるようデザインされた。スコットとそのチームは、なぜこの候補者が、さまざまな地位や分野にいる人びとの共感を呼ぶのかを理解していたし、その人びとの気持ちを具現化するアイコンを創るのが自分たちの仕事だとわかっていた。そして、その仕事をきちんとこなせれば、また、候補者自身がそのビジュアルに必要な意味を持たせられれば、支持者から湧きあがる気持ちをつかむアイコンになるとわかっていた。

とどのつまり、大事なのは、マジック・ジョンソンのスリリングな第六戦のストーリーと張りあうことではなく（文句なしにスポーツ史に残るすばらしいストーリーだけれども）、コート上であれ、選挙キャンペーンであれ、高度な職人技を駆使し、それに打ち込むことだ。そうしてこそ、伝説が生まれる。

ブランドの顔を作ろう

アスリートは競技場に入ると、顔つきが変わるという。集中力、決意、気合。ただひとつの目標。その表情には、気持ちが現れている。準備を整え、進む道を阻むものは何もない。あなたの企業のブランド・アイデンティティ――つまり世界に示すイメージ――は、ブランドが勝負に挑むときの顔だ。消費者があなたのブランドを見るとき、その目に映るものだ。シーンの裏側で、競争に向けてあらゆる努力をして、集中力を高め、準備を整えていたとしても、そのようなブランドの顔を消費者に見せなければ、消費者の目に映るのは、集中力の切れた無関心なプレーヤーかもしれない。

では、いかにして、世界の人びとに自分たちの重要性をアピールすべきだろうか。世の中の人びとは、どのようにブランドを見て、そのブランドに愛着を感じるのだろうか。愛着は時とともに育まねばならない。何もないところから急に強まったりしない。スタンダードになるビジュアル、つまりブランドのシンボルが必要だ。消費者がどこで、またはどのようにブランドと交流するとしても、その瞬間にブランドのスタンダードを感じてもらわねばならない。消費者は、あなたのブランドがかかわっているすべてのもの、あらゆるアウトプット、あらゆるコミュニケーション、あらゆるプロダクトに、ブランドのシグネチャマークがついていると知っているはずだ。だからブランドの顔を作り、偉大なブランドへ成長しよう。

「ブランドの顔を作ろう」の原則

1. 単なるロゴではない

あなたの会社のロゴは、最初はただの視覚的なシグネチャのように感じるかもしれない。けれども、ブランドの未来を左右するひじょうに重要な要素としてロゴを扱おう。精一杯正しく理解すれば、消費者の一生の憧れという重みを伴うようになる可能性がある。

2. 写真とフレーム

強力で見分けやすいブランドのフレームを作ろう。ただし、そのフレームに収める写真より目立たないようにすること。ブランドの土台は、語りたいストーリーのためのステージだ。フレームが丈夫であればあるほど、ストーリーもパワフルになる。

3. 髪型は大事

能力の伴わないスタイルは、はかなく忘れさられる運命にある。スタイルの伴わない能力は尊敬されるが、抜きんでることはない。能力とスタイルが相乗効果を生んだとき、ブランドの差別化が可能になる。

4. 絵のなかの絵

ブランドのイメージに深みと発見を加えよう。何層にもなる意味を与えよう。消費者があなたのブランドをよく知ろうと近づけば近づくほど、ブランドとのつながりが深くなる。

5. 舞台を整えよう

消費者が入りこんだ映画はどんな映画で、どんなシーンだろうか。あなたのブランドとその製品に没入できる世界を築こう。その世界では、五感を刺激する映画が上映され、さらに重要なことには、消費者が登場人物のひとりになれるストーリーが語られる。

6. 妥協せずに単純に

ときには、何を語るかと同じくらい、何を語らないかが重要なことがある。ブランド・アイデンティティは、足し算でもあり引き算でもある。何がいちばん重要かをあきらかにして、それ以外は退場願おう。

7. 最後の一〇パーセントにこだわろう

ほんのささいなディテールでさえも最高水準にしよう。それらのディテールのひとつひとつが、いかに小さなものであれ、ブランド・ストーリーについてさらに多くを語り、「これが、わたしたちです」と伝える機会になる。時をへるにつれ、あなたが質に対して抱いていた敬意は、消費者のブランドに対する敬意になって戻ってくる。

第五章　忘れがたい存在になろう

ナイキの創設者フィル・ナイトとステージに立つ直前に、フィルがこちらを向き、わたしがフィルとほかのパネリストのために準備した質問に目を通したと言われた。そして、かなりダンスしなけりゃならないかもな、と告げられた。つまり、わたしの質問では、時間が余りそうだと言っているのだ。

そのあとすぐ、わたしたちは仮設ステージに進み、ナイキの従業員たちから拍手で迎えられた。何百人もの従業員らがジェリー・ライス・ビルのアトリウムで待ちかまえていたし、オンラインで世界じゅうの何千人もの従業員が視聴している。わたしはこれまで何度となく、ナイキのボイスの力についてプレゼンテーションを行なってきたが、このような状況はいままでなかった。それに、これほどの大物たち——職業的な意味で——と演壇に立ったこともなかった。大物たちとは、フィル・ナイト、ワイデン＋ケネディのダン・ワイデン、そして一九八〇年からナイキに在職していたベテランでナイキ・イノベーションの社長であるトム・クラークだ。

そうなのだ。だからわたしはプレッシャーを感じていた。そこへもってきてフィルのさきほどの言葉。もう、冷や汗タラタラだった。

二〇一三年、ナイキはスローガンである《ジャスト・ドゥ・イット》の二五周年を祝っていた。かれこれ数十年まえに、このスローガンを創ったのはダンその人だった。グローバル・ブランド・クリエイティブ部の統括責任者としてわたしが、この祝賀行事で任された役目は、ナイキの歴史とブランドの成功を支えた三人の巨人を相手に、四〇分のパネルディスカッションのモデレーターを務めることだった。過去二五年間のナイキの広告における《ジャスト・ドゥ・イット》の重要性からすれば、過去に敬意を表して、未来への道を開くこの機会がどれほど重要な意味を持つか、わたしにも充分わかっていた。この瞬間の重みを感じているいっぽうで、同じステージに立てることにわくわくしていたし、刺激のあるパネルディスカッションになるよう準備してきた。

それなのに、フィルに言われたのだ。開始のほんの数秒まえに。提案した質問にあまりピンと来なかったと。あれこれ準備をしたというのに。

イベントは、新しい《Just Do It ―― Possibilities》（ジャスト・ドゥ・イット――可能性）というタイトルのコマーシャルの公式な発表で幕があけた。このコマーシャルは、アスリートやセレブリティなど豪華な有名人が出演するさまざまなシナリオのなかで、一般の人びとが自分の限界を押しひろげるきっかけを手にするというのがテーマだ。このフィルムはジャスト・ドゥ・イットというスローガン（とナイキブランド）を完璧かつ簡潔に表現している。けっきょくのところ、《ジャスト・ドゥ・イット》の奥にあるポイントは、なんなのだろうか。自分ができると考えているレベルを超えて、（自分のために）自分自身に挑戦するということではないだろうか。もちろん、フィルムは、新しい世代のオーディエンスに、まったくユニークでありながら、いまにふさわしい形で何十年もの《ジャスト・ドゥ・イット》ストーリーを伝えなければならなかった。時代に乗ったフレッシュな存在でいるために、多くのブランドが古いスローガンやモットーを捨てている。けれども《ジャスト・ドゥ・イット》は、ナイキのブランドの基盤を三〇年以上形づくってきたのだ。この時点で、《ジャスト・ドゥ・イット》は、スウッシュと同じくナイキの同義語になっていた。ナイキはそのスローガンを別のものに置き換えるのではなく、むしろそれを何度も何度も強化してきた。《ジャスト・ドゥ・イット》ストーリーが語られる方法をくりかえし再発明してきたが、それ自体の土台となるストーリーは変わっていない。この言葉はスウッシュと同じくらいアイコニックだ。けれども、けして特定の年代のオーディエンスが懐かしく思い出すようなフレーズにはなっていない（多くのブランドのモットーが年月を経て、そうなっているが）。これには理由がある。あなたの子どもも《ジャスト・ドゥ・イット》というスローガンを知っている。あなたの祖父母も知っている。そこが重要なポイントだ。

さきほどの新しいCM動画は、割れんばかりの拍手喝采を受けた。わたしはそのあと、パネリストに最初の質問を投げかけた。パネリストたちは深い意見やこぼれ話を交えながら、わたしが用意した質問に滞りなくすべて回答してくれた。けれども、パネルディスカッションの時間はまだ半分残っていた。

幸いにも、わたしはこのプログラムの仕上げに、いくつかの象徴的な《ジャスト・ドゥ・イット》のCMを編集してまとめた短いフィルムも用意していた。予想よりも早い時間にこのフィルムを流さねばならなくなったが、少なくともこれを流しているあいだに、後半の質問を考えるために息をつく時間ができた。最初のCMは伝説的な《Bo Knows》だった。これは、クロストレーニングというスポーツを世界に紹介し、初めてナイキのCMの締めくくりに「Just Do It」という言葉が登場する。このコマーシャルのあと、フィルが、これまでのナイキのCMのなかで最高の部類に入るコマーシャルだと絶賛した。それはわたしも同感だった。このコマーシャルが放送されたとき、わたしは一八歳で、ストレングス&コンディショニング〔筋力トレーニングと全身の調整〕に夢中になっていた。若いころからの数あるナイキのCMのどれよりも、《Bo Knows》によって、このブランドへのエモーショナルで強い（そして、あとになってみれば、壊れようのない）つながりができた。

次に流れたのは一九九二年に放送された《インスタント・カーマ》だ。ジョン・レノンの歌声にかぶさって、プロのアスリートたちがルーティンのトレーニングを行なっている映像が流れる（注目は、オリンピアンのマイケル・ジョンソン）。このCMが効果的だったのはその曲のおかげだ。パワフルなドラムとコーラス「わたしたちはみな輝いている《ウィ・オール・シャイン・オン》」が映像とぴったりシンクロしていた。ダンはこの曲の使用許可をジョン・レノンの妻、オノ・ヨーコから得たときの話を語った。

ダンのチームがジョン・レノンの曲をナイキのCMで使うのは、これが二回目だった。一回目は、ビートルズの《レボリューション》を用いた。一九八七年に同じ名前のナイキのコマーシャルで、BGMに使用したのだ。現在の読者のみなさんは覚えていないかもしれないが、最初のCMは、ちょっとした物議（と司法上の争い）を引き起こした（三〇年以上もたったあとでは、少々馬鹿らしい話だが）。ここで重要なのは、《レボリューション》のまえまでは、企業がコマーシャルで使うのはカバーばかりで、原曲は使っていなかったことだ。ナイキはこの慣例を破った（そしてそれがトレンドになり、そのまま現在まで続いている）。だからこそ、《インスタント・カーマ》は、やや寝た子を起こすようなところがあった。もちろん、そのあいだの五年間で文化は変化していたので、《インスタント・カーマ》はあっというま《インスタント》に古典になった。

ナイキの歴史のなかの、その瞬間をいま思い返しているのは、それらのＣＭを選んでから八年たったいまでも、それぞれのＣＭがフィルムを通してブランドのストーリーを世界に伝え、ナイキのボイスがブランド自体の価値やパーソナリティをいかに表しているかを示しているからだ。それらのストーリーは、最初に世に出てから何十年後でも記憶に残っている。それは、そのストーリーがオーディエンスの強いエモーションをかきたてたからだ。《Bo Knows》は、プロのアスリートだけでなく、すべてのアスリートに、新たなトレーニング方法を紹介した。また、このＣＭは、いまでも使われているスローガンが、初めて世に出たコマーシャルでもある。《ジャスト・ドゥ・イット》はそれ自体、何度も再発明されてきたが、キャンペーンの核はいつも、ボー・ジャクソンが出てきて、（あきらかに面白おかしく）あらゆるスポーツをしているところを、視聴者が初めて目にしたときのままだ。《インスタント・カーマ》では、過去（歌）と現在（アスリートの映像）の融合、音楽とスポーツのコンビネーションがみられる。こんにち、これらの分野は一般的に組みあわされるが、当時はそんな習慣はなかった。いまや音楽とスポーツは、プロであれ、アマチュアであれ、アスリートにとって切っても切れない間柄である。ナイキが先見の明でそのふたつを組みあわせたのだ。

とはいえ、それらのフィルムはほんの一部だ。ほかにも、ナイキのブランド力を高め、なじみのある絵を別の角度で新たなオーディエンスに示したフィルムは多数ある。最終的に、《ジャスト・ドゥ・イット》の二五周年の祝賀会では、時の試練に耐えたものを選んだ。歴史がそれらの価値を決めたのだ。わたしは、ナイキのブランド・ストーリーにおいて、これらのCMがどれほど重要かを示したかった。三〇年以上もブランドの一部になってきたスローガンはとくに。

パネルディスカッションの締めくくりに、わたしはパネリストたちに最後の質問をした――「ナイキの次世代のストーリーテラーたちに向けて、何かアドバイスはありますか」。フィルの答えは、深い共感を呼んだ。ゴルフにたとえて、フィルはこんな話をした。ブランドのストーリーテラーとして、あなたはゴルフクラブをひとそろい持っている。あなたはそのときどきに打つべきショットに基づいて、ふさわしいクラブを選ばねばならない。

「時が変われば、必要なショットも変わる」と、フィルは言った。それらのショットの積み重ねが、時をへて、ブランドのボイスを作りあげる。競技は変わらない。ゴールも同じ。けれども、そのゴールに到達する方法はあなたの選択に左右される。ブランドがオーディエンスとつながるためのボイスを採用する方法を説明するのに、何かいいたとえはないかとずっと探してきたが、これ以上いいものはない。最終的に、フィルが言ったように、わたしたちはいくらかダンスをしなければならなかったかもしれないが、わたしはすばらしい回答を引きだせたのではないだろうか。

モザイクのようなブランド・パーソナリティ

あなたのブランドは、あなたのストーリーだ。ストーリーというのは、あなたの企業の製品、アイデア、サービスを、世界に向けて表現する方法だ。けれども、このストーリーを語る方法はひとつではない。ブランドには、ひとつのアイデアやひとつの特徴しかないわけではないのだから。あらゆる良質な物語と同じく、ブランドのストーリーは複数の要素やわき筋、余談、思わぬ展開で構成されている。ただ、あらゆる良質な物語とちがって、ブランドのストーリーには終わりがない。そのストーリーはつねに、連綿と続いていく。企業が何かを世に出すときはいつも、そのブランドのストーリーを伝えている。ストーリーは、インスタグラムの投稿によって語られ、ブランドのウェブサイトでも語られる。また統括キャンペーンでは、小売店の店頭、イベント活動、テレビCM、ソーシャルメディアのコンテンツなど、すべてを組みあわせて、ひとつのストーリーが伝えられる。

心や情熱や目的のないストーリーは、それらが欠けている人がすばらしい人になれないのと同じく、すばらしいブランドを生みだせない。ひとりの人間について考えるのが、ここではぴったりくる。わたしたちはみな個々の人間だ。唯一無二で、ひとりで完全な人間だ。わたしたちはひとつのものだ。あなたこそが、あなたのブランドだ。とはいえ、誰であれ、ひとりの個人を少し掘りさげてみると、特徴、信念、強みがいくつもモザイクのように混在し、さらには矛盾した行為や言葉さえも見つかる。誰かのことを知るには、その人の一面を知るだけではいけない。その人のストーリーの全体、あるいは少なくともかなりの部分を知らねばならない。どこの出身か、何をしているのか、何が好きか、何をしないのか、どんなふうに考え、感じるのか、世の中をどのように見ているのか。あなたの人生のなかで密接な結びつきのある人びとをみてみるといい。配偶者や子ども、親、きょうだい、親友。そして自分に問うてみるといい。あなたは彼らのストーリーを語れるかと。

ナイキのストーリーはいつも、アスリートとともに始まる。それはナイキブランドの基本的な要素であったし、いまもそうありつづけている。とはいえ、ナイキが何十年にもわたって、アスリートのストーリーをいかに選んできたかも、ブランドの一部を形づくる。というのもそれによって、ブランドの特徴やその価値観、目標があらわになるからだ。それらは数年では劇的に変化しないが、まちがいなく拡大していった。変化したのは、ナイキがこのストーリーを語る方法だ。面白い小説がそうであるように、ブランドのストーリーを語る方法はいくつもあって、ストーリーのジャンルもいろいろある。インスピレーションのストーリー、偉大さについてのストーリー、ユーモアのあるストーリー、大穴が勝つストーリー、そして失敗のストーリー。ナイキはさまざまなジャンルや、媒体を探求してきたし、今後もその探求を続けていく。大事なのは、ストーリテリングというアートはつねに流動的であるということだ。それは、次々と移り変わる風景であり、そこでは、多くの媒体が消費者の注意を引こうと励んでいる。どのブランドにとっても正しい、ひとつの答えがあるわけではないけれども、あなたのブランドにぴったりのものはいくつかある。

ブランドが個性を確立するために使える媒体はいろいろある。それでも、動画（フィルム）はとくに、深みのあるストーリーを語るのに効果的な方法だ。フィルムは共感を呼ぶ。心の奥のボイスを創り、オーディエンスの奥底にあるエモーションを揺さぶる。ナイキと長年、クリエイティブな仕事をともにしてきたワイデン＋ケネディは、スポーツ界の本質をフィルムを通じて没入型のストーリーに変換する能力がずばぬけている。イノベーションの有用性を示すのに最適な方法として、とくにアスリートのパフォーマンスに関する場合、動きを通じて示すといいときがある。フィルムは、たとえ三〇秒から六〇秒のものであってさえ、わたしたちのすべての感覚に訴えかけ、心を動かす。いまは、指先でタップするだけで、あらゆるストリーミングサービスを見られるようになった。短篇であれ長篇であれ、フィルムを介したストーリーテリングの黄金時代にいることはまちがいない。これは、ブランド・コミュニケーションにも影響しうるし、影響するはずである。企業にとってのテレビコマーシャルの重要性と役割は進化してきたし、あなたがストーリーを伝えるために利用できるプラットフォームやチャネルも増えてきた。そのいっぽうで、フィルムを通じたブランドのすぐれたストーリーテリングで核となる信条の多くは、変わらないままである。

ブランドをどう定義し、ブランドのどのような特徴を、どのような方法で世の人びととシェアするかにかかわらず、すぐれたストーリーには共通点がひとつある。それは、人間の想像力を刺激し、エモーショナルな反応を引きだすという点だ。

あなたのブランドがどの業界に属し、どんなプロダクトやサービスを提供しているかにかかわらず、クリエイティブなアウトプットで想像力をかきたてたり、心を揺さぶっていないのなら、あなたはチャンスを逃している。いまから例を挙げるストーリーを通じて、このふたつの目標にクリエイティブに到達する方法をみてみよう。注目すべきはストーリーの内容だけでなく、どのように、どこで、なぜそれを語るのかだ。

新しいポジションと新しいオフェンス

二〇一〇年に、わたしがナイキのグローバル・ブランド・クリエイティブ部の統括責任者に就任したとき、マーケティングの世界は重大な変化を経験していた。わたしが就いたポジションは、真新しく、いくつか生まれている機会を一挙に活用するために作られた。第二章では、それまで大なり小なり独立して運営されていたいくつかの部署の責任者になったと述べた。統括の目的は、複数の部署を統合して、最初からさまざまなチーム間の化学反応を促進し、クリエイティブな協力関係を育むことだった。

しかし、組織再編が推進されたもうひとつの大きな理由は、メディアを取り巻く環境が大きく変化していたという点だ。わたしの新たな役割――と新しい組織のあり方――は、ソーシャルメディアの破壊的な普及、とくに消費者とダイレクトにかかわれる新しいプラットフォームの普及と時を同じくしていた。さまざまな新しいプラットフォームで消費者へ真にリーチするには、別々のチームがクリエイティブの面で、共通の認識を持っている必要がある。そうすれば、その後のブランド・ストーリーが差別化され、意義深いものになり、見た目や雰囲気にもはるかに一貫性が生まれる。このように進化している最中のマルチメディア環境では、最初の最初から共同作業をする必要があった。

新しいポジションに置かれたわたしは、それを実行する方法を見つけなければならなかった。この役になって、（文字どおり）第一日目、わたしは新しいチームとひとつの部屋に集まり、二〇一〇年のマスターズ直前に放送されるタイガー・ウッズの新しい広告のコンセプトを評価した。

コンセプトはデザインとしてシンプルだった——モノクロで撮影されたタイガーがカメラを直視しているあいだ、タイガーの亡き父アールの声が流れる。アールはタイガーに責任感について話し、こう尋ねる。「何を学んだ？」このフィルムは、タイガーが数カ月間ゴルフを休業していたあと、ナイキが伝えた初のタイガーの姿で、その年のもっとも重要なトーナメントの直前に放送された。このCMは、メディア内でも、ファンのあいだでも両極端な反応を巻きおこした。新しい職務の第一日目にしては、少々刺激が強かったけれど、当時のわたしやチームとしては、浮き沈みの激しいアスリートをこのブランドはサポートするという姿勢を、はっきり示せたと考えている。

導くまえに耳を傾けよう

二〇一〇年、レブロン・ジェームズはクリーブランド・キャバリアーズを離れ、マイアミ・ヒートへ移籍し、クリス・ボッシュやドウェイン・ウェイドとチームメイトになる決断を下した。「決断《ディシジョン》」とのちに呼ばれるようになるこの移籍は、テレビ放送されたイベントであきらかにされた。このような移籍発表の仕方は初めてで、イベントは画期的と評価されるいっぽうで、批判もされた。その直後、わたしたちはビーバートンのナイキ・キャンパスで、レブロンと会い、そのシーズンのレブロン・ブランドのストーリーにいかにして命を与えるかを話しあった。レブロンは、信頼を置いているチームのメンバー、マーベリック・カーター、リッチ・ポール、ランディ・ミムズとともにやってきた。この面々はその当時もいまもレブロンと強い絆で結ばれている関係だ。その日、部屋のエネルギーは高まり、この瞬間の重要性にさらなる重みが加わった。そのシーズンのクリエイティブの方向性を共有するとき、わたしは全米の話題をリセットして、注目をバスケットボール自体へ戻そうと話した。コンセプトは、レブロンの超然とした才能と運動能力をコート上で示し、バスケットボールに深い情熱を抱くわたしたちが、なぜレブロンからこれほど多くのインスピレーションを得られるのかを示す、というものだった。わたしたちは、フィルムを制作するコンセプトとしていちばんいいのは、レブロンのバスケットボールへの愛情と、一世代にひとりいるかいないかというほどの才能に焦点を絞り、例の「決断」をめぐる論争や雑音にはあまり注意を向けないことだと考えていた。レブロンのコート上でのパフォーマンスに注意を集めれば、全米の話題を「決断」から引き離し、バスケットボール自体に戻せるだろうと考えたのだ。

ところが、このミーティングに来たレブロンには、別の目的があった。レブロンは、わたしたちのコンセプトをきっぱり拒絶した。誰もが硬い表情になった。レブロンは、批判の声を避けるのではなく、何か力強いもので答えを示したいと説明した。レブロンは部屋にいるひとりひとりの顔を見ながら、バスケットボールをプレーすることが、自分の仕事だと話した。だから、わたしたちも自分たちの仕事をしなければならなかった。レブロンの言葉の明快さと力強さに、みな、しばらく黙りこんだ。レブロンとの年一回の会議には、かならず出席しているフィル・ナイトが部屋にいるみんなに代わって話をした。そして、レブロンがそれを望んでいるなら、ナイキもそうしようと言った。フィルのポイントは明快だった。わたしたちは何からも逃げない。レブロンを批判する者と真正面から向きあおう。わたしたちはアスリートの声を拡大すると明言する。フィルは、これがナイキブランドの核の部分で、これこそが、わたしたちのやるべきことだと思い出させてくれた。

レブロンは、こうなるとわかっていたのではないかと思う。わたしたちはレブロンに、自分たちのチームを含めほかの人たちを説得してくれと頼まれたわけではない。けれども、アスリートが、わたしやクリエイティブチームに求めるものをはっきり言うなんて、めったにないことだった。大半の人は、わたしたちの専門的な経験に頼っていた。とはいえ、レブロンはレブロンであり、叩かれたら叩きかえす準備を整えていたのだ。

問題は（このあとだんだんわかってくるのだが）、レブロンという人間自身とナイキの両方に忠実でありつつ、レブロンのストーリーを、もっとも効果的に語る方法を見つけることだった。わたしたちはすぐにこの難局を乗り越えて、最初のトライで大当たりした、と言いたいところだが、ナイキとワイデン＋ケネディのクリエイティブチームほど優秀であっても、最初のトライでうまくいかないこともよくある。それがクリエイティブのプロセスというものだ。

しかし、わたしたちにはライアン・オルークとアルベルト・ポンテがいた。ふたりは、ワイデン＋ケネディのナイキ担当クリエイティブ・ディレクターで、互いの長所を引き立てあって数多くの作品を手掛けていたが、必要とあればお互いに（あるいはほかの誰に対しても）遠慮なく反論した。これはほかにはない、彼ら（そしてナイキ）の強みだった。このふたりはつねに、自分たちを含め周囲の人たちをクリエイティブな面で追いこむのだ。ライアンはスポーツが大好きで、スポーツにある楽しさやユーモアを見つけるのが得意だった。そして、アルベルトは人間に対する理解がずばぬけていて、それが国際的な広い視野とうまく混じりあい、作品に向かう姿勢に深みをもたらしていた。レブロンの件は、ふたりの前に立ちはだかる大きな課題となったけれども、この仕事を任せられるのは、ほかの誰でもなくこのふたりしかいなかった。

クリエイティブチームが考えた最初のコンセプトは、レブロンを嫌っている者の手によるレブロンの下手な風刺画を利用し、レブロンが裏でやっていると言われたとおりのことを、その戯画がやってみせるというものだった。その雰囲気とスタイルはひどく冗談じみていて、レブロンへの攻撃のばかばかしさを浮き彫りにしていた。けれども、これらのアイデアは批判への「反応」としてはイマイチというのが一致した見方だった。むしろ、その案では、批判をただ風刺しているにすぎない。ユーモアと皮肉は、このエピソード全体をつまらない平凡なものにしてしまうだけだった。ほかの案のうちのひとつは、レブロンが、もっと嫌ってくれと注文をつけるという案だった。それによって、レブロンの原動力や競争心に火がつくことを暗に示した。このアイデアがうまく生きるアスリートもいるだろう。「ヒール」役を受けいれるプレーヤーなら効果がある。けれどもレブロンには当てはまらなかった。

捨てられた案はしばしば、あなたの取り組みに焦点を合わせるのに役立つ。とにかく、どこがまずいのかを見つければいいのだ。この場合、突破口が開けたのは、わたしたちが意識的に避けていたものにようやく気づいたときだった。それは「決断」そのものだ。「決断」こそ、わたしたちが取り組むべき課題そのものだった。

どうすればいいのか？

これまでの案はすべて、「決断」の周りで踊っているだけで、それをまっすぐ扱うことを避けていた。ということは、それが鍵ではないだろうか。もしかすると、わたしたちが探していた答えは、レブロンをそのイスに戻して、批判に自ら答えてもらうことかもしれない。レブロン自身に、このアイデアに満足してもらえるかどうかを確認した。レブロンから満足していると確認が取れた。そこでわたしたちは、「決断」をＣＭの中心に据えたアイデアについてあれこれ話しあった。

それで、ライアンとアルベルトと、クリエイティブチームはようやく、《What Should I Do?》（どうすればいいのか？）にたどりついた。フィルムが始まると、レブロンが「決断」のイスにすわっている姿が示される。レブロンは、あの日着ていたのとまったく同じシャツを着ていて、これがあの出来事そのものへの答えであることが視聴者にたちまちに伝わる。しかし、これは批判に対する答えなのだろうか。少し間があって、視聴者は戸惑う。レブロンの頭が下がる。レブロンは謝罪するつもりなのだろうか。そのとき、レブロンが口を開く。

「どうすればいいのか」

「過ちを犯したと認めるべきなのだろうか」

「以前にやったことを、思い出してもらうべきだろうか」

ここで、視聴者は理解する。いや、レブロンは謝罪しているのではない。「あなたが望む人になるべきなのだろうか？」とレブロンはカメラに向かって問いかける。そこなのだ。レブロンは誰にも、何にも借りはないのだ。

これは、《What Should I Do?》にユーモアがないと言っているわけではない。ユーモアはつねにレブロンの一部であるし、コミュニケーションの手段でもある。かなり自虐的な一面があり、そこが共感を得やすい部分でもある。それに、ユーモアはいつだって苛酷な状況でいい仕事をしてくれる。問いかけのなかに「タトゥーを消すべきだろうか?」という場面がある。次のカットでは、イスにすわっているレブロンが、「Chosen 1」〔選ばれた者〕(《スポーツ・イラストレイテッド》が特集記事で彼をそう呼んだのにちなんでいる)[7]というタトゥーをタトゥーアーティストに消してもらっている様子が映しだされる。また別の場面では、カウボーイの恰好をしたレブロンが、「ヒール役を引き受けるべきだろうか?」と問いかける。主演だったドン・ジョンソンと《特捜刑事マイアミ・バイス》を再現したシーンもある。これらのユーモラスな場面が、次のような深刻な質問のなかに織り交ぜられている。「友人の話を聞くべきではないのだろうか?」と言って、つかのま沈黙し、こう続く。「彼らはわたしの友人だ」

滑稽な場面でも、深刻な場面でも、このフィルムは批評家をつまらない横柄な存在に見せている。皮肉なことに、ほんの短いシーンを除いて、レブロンの超絶な運動能力を見せないことで、このCMは、批評家の非難がスポーツとはまったく関係していないことを浮き彫りにしている。このフィルムは、ひとつひとつ、それらの批判が的外れで、くどくど同じことの繰り返しで、上から目線であると、その正体を暴いていく。また、それらの糾弾は陰険でもある。それがレブロンがこう問いかけたときあきらかになる——「わたしは消えるべきだろうか?」。この選手の言動で生計を立てているレブロンを批判してきた人びとの叫び声がいまにも聞こえてきそうだった

――「だめ、だめ。やめてくれ！」。

しかし、けっきょくのところ、《What Should I Do?》はレブロンに頼まれてわたしたちが協力して出した、レブロンの答えだった。まっすぐで、力強くて、そして純粋なレブロンそのもの。当時、ライアンはわたしにこう言った――「わたしたちのグループの混乱がアイデアのヒントになったんだ。つまり『わたしたちはどうすればいいのか』が、『(わたしは) どうすればいいのか』になったわけさ」。CMの締めくくりは、レブロンがバスケットゴールに向かって空中を飛ぶスローモーションの場面が流れ、リフレインがくりかえされる――「あなたの望む人になるべきなのだろうか？」。

バイラル動画としては、《What Should I Do?》は当時、ほぼ行きつくところまで行っていた。おもなスポーツ番組はどれも、このフィルムをニュースとして報じたし、このCMの標的になった批評家のうち少なくない数が反論してきた（アニメーション番組の《サウスパーク》でさえ、このコマーシャルを再現した）。このCMはかならずしも批評家たちを沈黙させはしなかったが、それを意図したわけでもなかった。これがレブロンの答えだったし、レブロンに対するわたしたちの答えでもあった。援護してくれ。反撃するから手を貸してくれ。この声を拡大してくれ！

よし、そうしよう。

境界を押しひろげる

コービー・ブライアントほど、偉大さがその人生の多くの側面に広がっていった人にはそうそう会えるものではない。コービーは、史上最高のバスケットボール選手のひとりとして、記憶されるだろう。けれども、何年もコービーとともにコートの外で仕事をしてきたわたしや多くの人びとにとって、コービーのすごいところは、好奇心や想像力、クリエイティビティの塊のようなところだ。コービーという星の周りをめぐる軌道に乗った者は誰でも、偉大さへ向けてコービーがたゆまず進む姿を、否が応でも目にすることになる。

コートでのコービーという人物は、ブラックマンバと呼ばれる容赦ない相手であり、心をかき乱すスリーポイント・シュートと圧倒的なディフェンスで、対戦チームとそのファンの夢を打ち砕いた。わたしはもちろん、身に染みて知っている。二〇〇〇年のウェスタンカンファレンス・ファイナルの第七戦で、コービーはわたしが応援しているポートランド・トレイルブレイザーズを叩きのめしたからだ（ああ、あのときの心の傷がいまだに疼《うず》く）。たしかに、コービーは完璧なプレーヤーで、スポーツの最高峰に到達したアスリートだ。それは、規律を守る厳しさと何を犠牲にしてでも勝とうとする精神力があるからだ。しかも、ブラックマンバというニックネームをつけたのはコービー自身なのだ。

それだけではない。コービーは、このきわめて危険なアフリカの毒ヘビをモデルにして、全体のキャラクターとその見せ方をも創造した。これは長年にわたってコービーが、ナイキとエージェンシーのクリエイティブチームに向けてあきらかにしてきたことだ。コービーはしばしばブラックマンバのことを三人称で語った。そして、自分の分身の考え方を次のような言葉で説明した。「ブラックマンバに友だちはいない。いるのはチームメイトだ」とか、「ブラックマンバは音楽を聴かない。気を散らすものだからだ」とか。さらに、敵にささやかな勝利さえも与えないのは、同情を覚えないようにするためだという、競争心を保つ秘訣も明かした。ゲームに情けは無用なのだ。

コービーと会話を重ねるうちに、この志《こころざし》の強さが、明確なテーマのひとつとなった。コービーはこのテーマを何度もくりかえし語り、次の言葉でそれを強調した――「プランBは考えないこと。プランBがあると、逃げ腰になるから」。その瞬間にすべてを賭けること。これこそ、NBAファン（コービーを応援する人もしない人も）が期待していることだ。大事なのは、クリエイティブチームは貴重なインサイトを、このアスリートから得ていたということだ。クリエイティブな刺激を受けてチームは推進力を増し、当時から、もっとも人気があり、もっともアイコニックなナイキのキャンペーンのひとつが生まれたのだ。

大半のファンは知らなかっただろうが、ブラックマンバというキャラクターにもかかわらず、コービーは、自分自身を笑えるすばらしい度量があった。自分自身の猛進する激しさを茶化すことができた。わたしがこれまで仕事をともにしてきた人びとのなかでも、コービーがとくにすぐれたクリエイティブコラボレーターのひとりだった理由のひとつが、それだった。自己認識があるからこそ、コービーは自分についてのストーリーを作ろうとしているわたしたちの取り組みに深くかかわれた。そして、コービーも深くかかわったあるコンセプトが形になりはじめた。この激しさを大げさにデフォルメして、ユーモラスにしたらどうだろうか。ほとんど誰も見たことがないような、もっと別の次元を示したらどうだろうか。

このような思いで、また、これまで求めたことのないほどのインサイトと真実を手にして、ナイキは二〇一二年一月、《コービー・システム：Success for the Successful》（成功者のための成功術）キャンペーンを開始した。これは革新的な新シグネチャ・シューズ、ナイキ・コービーIXの発売に合わせたキャンペーンだった。この一連のフィルムの核となるアイデアは、コービーが自己啓発の師《グル》で、その激しさは多くのオーディエンスの気持ちを奮い立たせるよりも、むしろ困惑させるという筋書きだった。タイトルにしている《Success for the Successful》は、この手のセミナーの話者が、印象深く聞こえるが、中身のある話はほとんどしないという考えからつけられた。コービーのセミナーには、コービーの言うマントラをいちばん必要としていない、すでにずばぬけた成功を手にしている人びとが集まっている。たとえば、セリーナ・ウィリアムズ、ジェリー・ライス、コメディアンのアジズ・アンサリ、そしてもちろんトニー・ロビンズなど。シリーズのひとつで、サー・リチャード・ブランソン〔ヴァージン・グループの創設者で会長〕がステージ上にいるコービーに、自分が成し遂げたすばらしいことについて話す場面がある。

ブランソン：「海底へ行ったことがある」
コービー：「わたしもだ」
ブランソン：「宇宙にも行った」
コービー：「同じく」
ブランソン：「どうやら、すでに〝成功した成功者〟として生きている気がするな」
コービー：「礼には及ばないよ」
（拍手）

最後の「礼には及ばないよ」は、ある種の文化的瞬間となった。ナイキには、ブランド・コミュニケーションを通じて、大衆文化に紹介してきた遺産級のキャッチフレーズがある。「There Is No Finish Line」（そこにゴールラインはない）に始まり、「Just Do It」（やるだけだ）、マーズ・ブラックモン〔スパイク・リー監督作《シーズ・ガッタ・ハヴ・イット》にリーが扮して登場するスニーカー・ヘッド。マイケル・ジョーダンとナイキのCMで何度も共演している〕の「Got to Be the Shoes」（シューズのおかげだろ）まで。そして今回、コービーのおかげで、そのリストに「You're welcome」（礼には及ばないよ）を加えることができる。

《コービー・システム》は、コービーにもまったく異なる次元をもたらした。このCMは彼の負けず嫌いという評判と、分身であるブラックマンバの両方を混ぜあわせたものだが、自虐的でもある。いくつかのフィルムのなかでは、バスケットボールのことは口にさえされない。したがって、《コービー・システム》キャンペーンがいかにしてナイキのブランドの宣伝になったのかと疑問に思った人もいただろう。もっと直接的な言い方をすれば、このキャンペーンがナイキというブランドの個性とどのように関係するのだろうか。まず、このシリーズでは、コービー自身の別の性格が表現された。このキャンペーンのまえは、コービーはたいてい、ブラックマンバというコート上の人格を通して見られていた。ジョーダンに対抗する負けん気の強いすさまじいライバルとして。ところがこのキャンペーンでは、オーディエンスはコービーの別の側面をいくつも目にする。とくに目立つのはユーモラスな側面だ。そう、コービーはコート上では、相手を打ちのめすが、激しさのなかにはユーモアも垣間見える。それを絶妙のタイミングで見せることもできるのだ。キャンペーンのフィルムには、コービーがバスケットボールの貴重な技術を教えるという、純粋に役に立つ場面もあった。いいかえると、コービーは自分の才能とバスケットボールへの愛情をほかの人、とくに若い世代と分かちあおうとしていた。コート上ではつねにブラックマンバだったが、コートを出れば、好奇心が旺盛で創造的なコラボレーションを歓迎する大きな度量の持ち主だった。

こうして、このキャンペーンはコービーのブランド・パーソナリティの境界を押しひろげ、さまざまな特徴が加えられ、徐々に完全な姿に仕上がっていった。同じように、ナイキも自身のブランドの境界を押しひろげることができた。それは、超人的なアスリートのひとりを、親しみやすく、より人間臭い光で照らすことで実現した。スポーツのマーケティングでは、アスリートを手の届かない大理石像のように理想化された存在に変えてしまうことが多い。このような見せかたでは、その像の奥にある人の存在が見えなくなり、しまいには、あなたやわたしのような消費者が、お気に入りのアスリートのことを考えるときに感じたいエモーショナルなつながりも失われてしまう。わたしたちは選手を像のように拝みたいのではない。選手たちから刺激を受けたいのだ。大理石の像にはそれはできない。けれども、人間にはそれができる。

特別クラスのまえの特別クラス

《コービー・システム》キャンペーンは、このセクションのブランドのボイスについての話でも取りあげる。それは、このキャンペーンが、メディアとコンテンツの配信戦略に対する画期的なアプローチを採用していたからだ。ナイキのブランド・コミュニケーションのリーダー、エンリコ・バレリと、ワイデン＋ケネディのコミュニケーション・プランニング部の長ダン・シェニアックは、テレビコマーシャルにとどまらない短篇コンテンツの世界全体の創造につながる戦略を開発した。メインCMにオーディエンスとして登場する成功者に対しても、それぞれをフィーチャーし、さらにコービーも登場する各三〇秒のショートフィルムを制作した。さらに、《コービー・システム》は、笑いの要素もあるが同じくらい真面目に、バスケットボールの知識や技術をキャンペーンのなかに盛りこんでいる。あるシステムのコンテンツを作り、そのシステムをコービーのシューズのデザインで表現するというのが狙いだ。一連のビデオレッスンを、特別クラスのように毎日配信し、その週は毎日ESPNチャンネルの番組《スポーツセンター》で宣伝された。コービーは、ビデオコンテンツのすべてにしっかり参加した。それぞれのビデオレッスンでは、オンラインでより深い体験ができると促している。オンラインでは、実際にプレーがうまくなるように、バスケットボールの実践に役立つコツを学んだり、レッスンを受けたりできる。また、わたしたちはチームをひとつ作り、バスケットボールシーズンのあいだじゅう、毎日ツイッターにデジタルのリアクティブコンテンツを投稿して、そのシステムを検証し、実際に稼働させた。バスケットボールのシーズンがすっかり終わったあと、子どもたちは自分たちでコンテンツを作り「コービー・システムを使ってるよ」と言って、キャンペーンを続けてくれた。

ユーチューブなどのプラットフォームを活用することで、わたしたちはブランドコンテンツを流すことができた。また、その当時のテレビコマーシャルでは達することのできないレベルで、消費者と結びつくこともできた。それは、業界の他社が追いつくまえの話だ（そして他社が追いつくころには、ユーチューブは企業に対するサービスの条件を変更してしまった）。《コービー

・システム》は、テレビCMのキャンペーンとしても成功したかもしれないが、影響を及ぼした範囲ははるかに小さかっただろう。このキャンペーンが（当時もいまも）抜きんでているのは、ナイキが新しいコンテンツ・プラットフォームによって開かれ、増えていくチャンスの扉を利用したおかげである。わたしたちは、（おもに低年齢層の）オーディエンスにリーチすることができた。この方法でなければ、オーディエンスの多くを逃していただろう。わたしたちは新しいデジタル領域を通じて、ボイスの届く範囲を拡大したのだ。

きみもトクベツ

ナイキは、自分たちのボイスをたびたび利用して、新しいオーディエンスをスポーツの世界に招きいれてきた。ナイキ自体が、何度もこう訴えてきた——スポーツはすべての人のためにあり、特別な少数の人たちのためのものじゃない。ナイキの歴史には、従来のアスリートの定義の向こう側にいる人びとにリーチするための取り組みを示す例がいくつもある。とくに二〇一二年の《Find Your Greatness》（きみもトクベツ）キャンペーンは、ほかにないほど効果的かつ決然と、それを実現した。

オリンピックはいつも、ナイキが大きなキャンペーンを開始するためのとっておきの場を提供してくれた。そしてそのキャンペーンによって、新たな（そしてしばしば年齢が若い）オーディエンスに向けて、ブランドの一部が語りなおされたり、定義しなおされたりした。二〇一二年のロンドンオリンピックも、まさにそのような場のひとつだった。わたしとチームは、ナイキのブランド・ミッション・ステートメントの次の一節に注目した――「身体ひとつあれば、誰でもアスリート」。けっきょくのところ、オリンピックは、人間の競技熱を称える以外に何を象徴しているのだろうか。オリンピックは、全人類がともにスポーツへの愛を分かちあい、それを楽しめるつかのまのひとときだ。オリンピックは人類最高のアスリートを紹介する場だが、わたしたちはこの機会を利用して、ナイキの大切な信条のひとつに光を当てたいと考えた。さらには、最高のアスリート以外のわたしたちにとって「偉大さ」とは何かを定義しなおす機会でもあると考えた。偉大さとは、つきつめれば相対的な言葉にすぎないのだから、わたしたちひとりひとりのアスリートとしての偉大さは、人間をひとりひとりちがうものにしているあらゆる要素と同じくらい多様だ。そういうわけで、《Find Your Greatness》キャンペーンは生まれた。これは、当時ナイキが手掛けたなかでも、世界じゅうでもっとも広範に行なわれたキャンペーンだった。

いろいろなロンドンという場所で

企画会議のとき、ワイデン＋ケネディのアルベルト・ポンテが、世界にはロンドンという名前の場所が少なくとも二九カ所あるという豆知識を披露した。ささいで平凡な雑学として片づけられそうなこの事実がヒントになり、正式なキャンペーンへと発展した。世界の偉大なアスリートたちが競いあう場所が、イギリスのロンドンならば、世界じゅうにあるほかのロンドンでは、アスリートは何をしているのだろうか。そのアスリートたちもきっと自分なりの方法で、偉大なことを成し遂げているはずだ。この気づきから、キャンペーンを開始するのにぴったりのクリエイティブなテーマを得た。キャンペーンの核となるアイデアは「偉大さはどこにでも、誰のなかにもある」だ。

CMは、オハイオ州ロンドンの町の給水塔から始まる。すばやいカットで、あらゆる年齢のアスリートが、さまざまなスポーツやアクティビティに励んでいる様子が映しだされる。ジャマイカのロンドン、インドのロンドン、ナイジェリアのロンドンなど。ナレーションは俳優のトム・ハーディ。始まりはこんなふうだ。

「壮大な祝典はない。開会宣言もなければ、まばゆい照明もない。けれども、偉大なアスリートたちがいる。なぜだか、わたしたちは、偉大という言葉は、選ばれた少数の人たち、スーパースターに使う言葉だと思うようになっていた。本当は、偉大という言葉は、わたしたちみんなのためにある。これは、期待のレベルを下げるということではない。これは、ひとり残らずわたしたちみんなの期待のレベルを上げるということなのだ。なぜなら、偉大さはひとつの特別な場所にあるわけでもないし、ひとりの特別な人に備わっているわけでもないのだから。偉大さは、それを見つけようとしている人びとみんなのなかにある」

フィルムの最後には、オリンピックの飛びこみ台に立つ小さな子どもの映像が現れ、その上にキャンペーンのロゴ《Find Your Greatness》が映しだされる。少年は頭をかき、腕をブラブラさせて、あきらかに飛びこむべきかどうか迷っている。その台から水面まではかなり距離がある。とそのとき、その子どもが飛びこむ。

高い飛びこみ台から初めて飛びこむ体験を頭に思い浮かべてほしい。多くの子どもと同じように、縁から下をのぞきこんだ瞬間、階段を這いおりたいと思うのではないだろうか。飛びこみたがらない子どもを、無理やり飛びこませることなど誰にもできない。このフィルムの少年もやらされたのではなかった。飛びこむ力を与えられたのだ。その少年はジャンプした。そのさきどうなるのか、はっきりとわからなかったけれども、インスピレーションの高まりを感じたのだろう。そのジャンプは少年にとって何か意味があった。だから、飛んだ。水から上がったとき、自分が変われるとわかっていて、そうしたのだ。ジャンプは終わりではない。それは、何かすばらしいことの始まりなのだ。

ジョガー

郊外の一本道。飛びから虫。夏。熱気。湿気。早朝か夕方。ひとりでジョギングしている人が遠くにみえる。ハーディのナレーションのあいだジョガーがだんだんとカメラに近づいてくる。

「偉大さ、それはわたしたちが作りだしたものにすぎない。いつのまにかわたしたちは、偉大さとはひとつの才能で、選ばれた少数の人たちのために使う言葉だと思うようになっていた。天才たちのため。スーパースターたちのため。そして、残りのわたしたちができることは、ただそばで見守ることだけ。そんなはずはない。偉大さは、希少な一本のDNAではない。めったにないものでもない。偉大さは呼吸と同じように、なんら特別なものではない。わたしたちにはみな、偉大さを手にする力がある。わたしたちみんなに」

そして、《Find Your Greatness》が合図のように浮かびあがって、ジョガーの最後のショットとなる。視聴者は途中で、ジョガーがかなりぽっちゃりした一二歳くらいの少年だと気づく。

偏った見方かもしれないが、このジョガーは巧みなストーリーテラーで、完璧な発音でくっきりはっきりと、《Find Your Greatness》キャンペーンの要点（偉大さを定義しなおすこと）を伝えている。そして同時にナイキのブランド・パーソナリティを押しひろげている。

もちろん、ジョガーであるネイサン・ソレルが鍵だった。ネイサンをいかに描写するかが決定的に重要だった。なぜならわたしたちは、深いエモーショナルな瞬間を生むか、デリカシーに欠けると非難されるか、両刃の剣《つるぎ》の先でバランスを取っているような状態だったからだ。衣装やアートディレクションから、ロケーションと音楽デザインまで、多くの微妙なクリエイティブ上の意思決定がなされた。まえの章でブランド・アイデンティティについて話したとおり、クリエイティブなプロセスの最後の一〇パーセントで、しばしば作品がヒットするかどうかが決まる。

余談だけれど、このフィルムが放送されてから八カ月後、ネイサンは《トゥデイショー》に出演し、フィルムに自分自身が励まされて、三二ポンド減量したと語った。その時を振りかえって、ネイサンは司会者に言った。「いまでも自分で自分に驚いています。あのフィルムの自分にも、いまここに登場している自分にも」

まちがいなく、偉大だ。

ブランドからの招待状

《Find Your Greatness》には、いろいろなことが詰まっている。なかでもとくに注目すべきは、スーパースターだけでなく、アスリートでもスポーツファンでもないと考えている人びとへの招待状としての役割だ。偉大な人を引きあげ、インスピレーションの象徴に変身させるということを、わたしたちは数多くやってきた。けれども、このキャンペーンＣＭで、視聴者が目にするのは、世界じゅうのロンドンへ引き寄せる映像だが、スーパースターはひとりも出てこない。視聴者が目にするのはただスポーツをしている人びとである。自転車に乗ったり、ラグビーや野球をしたりしている。あなたはあのころを覚えているだろうか。かつて……スポーツをよくしていたころのことを。

企業というのは自分たちの世界に、より多くの人びとを引きこめるようなクリエイティブな方法をつねに探しつづけなければならない。それには文化の脈動を感じ、トレンドやスタイル、それらを発信しているアーティストを意識する必要がある。そして、ここからぐんとむずかしくなるのだが、それらの文化的なマーカーが、スポーツと交わる領域を見つけなければならない。そうやってドアを開き、ブランドとして属している特定の分野（ここではスポーツ）にとくに興味があるわけでもない人びとを招きいれるのだ。もちろん、この手法では、過去にさかのぼって昔の流行を現在に持ちこみ、複数の世代を引きあわせることもある。あるいは文化の先取りをすれば、たいていは、若い消費者をブランドへ呼びこむ助けになる。過去の遺物を発掘し、ノスタルジーを刺激すれば、年齢の高い世代を呼びこめる。けれども、過去と最先端を混ぜあわせれば、複数の世代を引き寄せることができる。

ナイキがその両方を用いているもののひとつが音楽だ。昔の曲を現代的なコンテクストで使ったり、その時点でいちばんホットなＤＪにリミックスしてもらったり、ブレイク寸前のミュージシャンを起用したりなど、ナイキのコマーシャル（ワイデン＋ケネディと共同で制作している）

はつねに映像と音でストーリーを伝えてきた。二〇〇二年のワールドカップのフィルムでは、オランダ人DJ、JXLがリミックスしたエルヴィス・プレスリーの《おしゃべりはやめて》(Little Less Conversation) に乗せて、世界最高のサッカー選手たちによる《Secret Tournament》(秘密のトーナメント) が映しだされた。マイケル・マン監督が撮った二〇〇七年のナイキのCM《Leave Nothing》(すべて出しきれ) では、NFLの選手ショーン・メリマンがオフェンスを阻止し、スティーブン・ジャクソンがディフェンスをかいくぐる様子が映しだされる後ろで、映画《ラスト・オブ・モヒカン》のテーマ曲《プロマントリー》(Promontory) が流れる。重要なのを忘れていた。ほかにも数々あるが最後に紹介するのは、ミュージシャンのアンドレ3000がカバーしたビートルズの《オール・トゥゲザー・ナウ》が流れる、NBAファイナル・プレーオフのCMだ。このCMではレイカーズの次の優勝を目指すコービー・ブライアントのすばらしいゴールシーンが多数映しだされている。

これらのCMが、心の琴線に強く響いたのには理由《わけ》がある。音楽だ。音楽には、ほかのどのクリエイティブな媒体よりも、わたしたちを鼓舞し、記憶を呼びおこし、人びとをひとつにする力がある。

タイミングがすべて

二〇一五年、カブスはスケジュールの先を行っていた。どういうことかというと、このクラブはワールドシリーズを視野にいれており、カブスの社長セオ・エプスタイン（ボストン・レッドソックスに優勝をもたらした人物）は、二〇一七年か二〇一八年の一〇月から始まるワールドシリーズに出場できるようにチームを調整していた。ところが早くも、二〇一五年のレギュラーシーズンを球界三位の成績で終え、プレーオフのワイルドカードの座を獲得した。そして、ワイルドカードゲームでピッツバーグ・パイレーツを下し、ディビジョンシリーズに進出して、セントルイス・カージナルスと戦い、このチームも三勝一敗で打ち破った。そして、気づけばカブスは、二〇〇三年以来初めてナショナル・リーグの優勝決定シリーズに出場していた（このシリーズには一九四五年以来勝利したことがなかった）。カブスはあと四勝でワールドシリーズというところにいたのである。

ナイキは、この文字どおり一生に一度の瞬間を逃すわけにはいかなかった。カブスがワールドシリーズで勝てば、一九〇八年以来の優勝で、スポーツ史に残る快挙となる。そこでわたしたちは、さっと腰をあげ、現実に起こりそうな快挙（とはいえ、ひとつの可能性にすぎなかったが）を祝うためにひとつの物語をまとめた。CMの内容はごくシンプルなものだった。カブスのユニフォームを着た一〇代の少年が、どこか近所にあるような野球場のピッチャーマウンドに向かいながら、独り言を言っている。外野の向こうには空を背景にシカゴのビル群が見える。ウィリー・ネルソンの歌う《時のたつのは早いもの》（Funny How Time Slips Away）に合わせて、この少年はありえないことをしている。たったひとりで野球をしているのだ。幽霊バッターに球を投げ、バッターになってフェンス越えの打球を放つ。三塁へ盗塁しようとして……幽霊ピッチャーの牽制球でアウトになりそうになる。その子がレフト後方に一発放つと、わたしたちの耳に、ハリー・ケリーの声が聞こえてくる――「大きい、大きい！　場外か……カブスが勝った！　カブスの勝ちです」。少年がホームベースを踏んで、飛び跳ね、踊る場面で、文字がスクリーンに映しだされる。「さよなら、またいつか」

しかし、実現したのはその日ではなく……というかそのシーズンではなかった。ニューヨーク・メッツにカブスは四試合で打ち負かされ、わたしたちはCMを棚上げせざるをえなかった。たぶん永遠に。というのも、この機会を逃したカブスが、その後ワールドシリーズで優勝するだろうとは、誰も予想していなかったからだ。ところが幸いなことに、カブスは優勝した。それからほんの一年後に。シリーズ史上に残るすばらしい第七戦で、カブスはクリーブランド・インディアンス〔現在の名前はガーディアンズ〕を破り、シカゴに一〇八年ぶりの優勝をもたらしたのだ。そしてわたしたちの（予定より一年遅かったけれども）伝えるべきストーリーは準備万端だった。《Find Your Greatness》キャンペーンと同じく《Someday》（またいつか）はスーパースターの活躍を称賛するキャンペーンではない。これは、長いあいだ耐えてきたカブスファンへの一種のオマージュだ。とはいえ、それだけではない。このフィルムは、わたしたちアメリカ人にとって野球が何を意味するのかという核心にも触れている。わたしたちの多くは、心のなかにまだ子どもがいて、大好きなチームのユニフォームを着て、そのチームがすべてを手にする日を夢見ている。

ブランドが、いつボイスを使うかは、そのボイスで何をどのように語るのかと同じくらい重要だ。《Someday》は、まさに最高のタイミングでその瞬間を捉えた究極の一例である。とはいえ、わたしはこの例を使って、より重要なポイントを強調したい。絶妙のタイミングをつかむには、準備が必要だ。《Someday》の場合も、《What Should I Do?》と同様、わたしたちは自分ではコントロールできない出来事に対応した。これはたとえば、《コービー・システム》という、コービーとの会話のなかから生まれた、ブランドとして達成したいことを考えた純粋なクリエーションとは、まったく種類が異なるチャレンジだ。けれども、ある出来事に反応するときのおもな課題は、その出来事にどう反応したいかを見つけだすことだ。あなたの反応は、あなたのブランド、価値観、ビジョン、組織としての方向性について、何を語るのか。その出来事は、ブランドの特性とどこで交差するのだろうか。そして、その出来事の本当に重要な部分は何なのか。シカゴ・カブスというチームを称えるCMを世に出すのは簡単だったろう。何年にもわたるカブスチームの古い映像を使って、殿堂入りした選手を何人か映しだして。けれどもわたしたちはそうせずに、みんなのなかにいる子どもを称えた。いわゆる「呪い」や長年の失望に押しつぶされそうになっていない子どもを。この子どもは、カブスの優勝を一世紀と八年のあいだ願ってきた、すべての内なる子どもたちの代表なのだ。

準備にはもうひとつの側面がある。それは何かが起きてから、反応するのではないということだ。つまり、組織のなかで、準備を整えておかねばならないということだ。ある出来事や瞬間が起こったときに、すばやく対応してエモーショナルなストーリーを提供するための、プロセスや体制が整っているだろうか。その出来事に対応しているだけでなく、ブランドの個性を押しひろげるような方法で、それができるだろうか。第二章でナイキの組織再編について話したが、まさに、カブスのワールドシリーズのような出来事に対応したり予測したりできたのは、準備をしていたおかげだった。これは、すばやく方向転換できる、というような単純なことよりも、はるかにむずかしい課題である。ここで重要なのは組織の内部構造だ。ある瞬間がやって来るのを見抜く能力であり、すでに存在するほかの優先事項よりも、その突発的な出来事の重要度を上げられる能力だ。つねに「もしも〇〇だったら？」と問いつづけられる能力だ。この能力があれば、結果を待つのではなく、その瞬間が来るまえに勝つことができる。

忘れがたい存在になろう

ブランドのストーリーテラーとして、わたしたちがやっていることは、本当はなんなのだろうか。その場かぎりのものを作ろうとしていないだろうか。ただ商品やサービスを売ろうとしていないだろうか。この章のタイトルを「忘れがたい存在になろう」とした理由は、語る価値のあるストーリーは、忘れられるべきではないからだ。わたしたちはブランドの命の構築に携わって、一度にひとつずつストーリーを作っている。そこには思いやりも楽しさも込めたい。わたしたちの奥深くにあるものや、わたしたちが生きる世界のベールをはがすものにしたい。オーディエンスが何かを感じられるような方法で、つながれるストーリーにしたい。ようするに、思い出してもらえるストーリーにしたい。

わたしたちの仕事は、できあがったら終わりではない。この仕事はブランドのストーリーを何度も何度もくりかえし語ることである。それはちょうど、若い世代が昔の名作小説を見つけるようなものだ。名作は決して消えない。それを読む人がいるかぎり。だから、あなたもストーリーでブランドを確立すべきだ。それらのストーリーは、あなたがシーンから去ったあとも長いあいだ、オーディエンスとつながりつづける何かを残す。

「忘れがたい存在になろう」の原則

1. あなたの魂をさらけだそう

カーテンをあけて、ブランドの価値観をしっかり見せよう。オーディエンスにあなたの個性をさらけだせば、その人間臭さに反応してくれるだろう。

2. 境界を広げよう

ブランドのボイスはずっと同じではいけない。いくつもの特徴や、信条、情熱が混じりあい、つねに変化していくものだ。さまざまな特徴を表現することで、親近感が生まれ、それがブランドへの究極の招待状となる。

3. 導くまえに耳を傾けよう

自分自身を表現する方法はごまんとある。だがそのまえに、相手が何者かに耳をすませて、相手の環境を知り、使命を知り、その人が夢をかなえるために越えねばならない課題を見極めよう。

4. 特別な存在だと感じてもらおう

わたしたちが本領を発揮できるのは、人にどう思われているかを気にしているときではなく、ほかの人のことを考えているときだ。その人自身が特別な存在で、自分が偉大なことを達成できると感じてもらうにはどうすればいいかを考えているときだ。

5. 批判を正面から受け止めよう

自分のクリエイティビティのために戦おう。けれども、いつでも多様な視点は受けいれる余地を空けておくこと。ストーリーを忘れないでいてもらうには、それを創ったときに返された厳しい声や指摘を歓迎しなければならない。

6. 決定的な瞬間のまえに勝つ

決定的な瞬間が来るのを待っていてはいけない。最良の結果を予想し、いちばん重大な瞬間に備えてストーリーを創っておこう。

第六章　クールは追いかけるな

古典《クラシック》は永遠、としても、おれはいるよ、どこにでも。
あんたが行ったことのないとこ、おれがいたよりずっといいとこ。
――《クラシック（ベター・ザン・アイブ・エバー・ビーン）》

この曲が初めて、ライブでパフォーマンスされたのは、二〇〇六年一二月のニューヨーク市で、ゴッサム・ホールという会場だった。ラキム、カニエ・ウェスト、ナズ、KRS‐ワンというアーティストの面々が、招待された五〇〇人ほどの観客を前に、信じられないほど小さなステージで一緒に歌ったのだ。これはナイキが主催したスペシャルイベントだった。参加したラッパーたちはみな、単独でゴッサム・ホールの何倍もの広さの会場を埋められる人ばかりだが、一緒に集まってくれた。

それはナイキとともに、あるアイコンの記念日を祝うためだ。かつて銀行だったこの建物の天井はドーム状で、その下の部屋は楕円形になっている。その部屋はいま、ステージでもあり展示室でもある。

ゲストは大きな白いシューズボックスを抜けて入ってくると、明るく照らされた廊下を進む。廊下は楕円形の会場を囲む壁に沿っている。その壁には、ひとつのスニーカーの一七〇〇種類ものバージョンが並んでおり、ゲストをフロアへといざなっている。イベントは特別な客だけに限定されているが、MTVは、伝説的なアーティストたちのパフォーマンスを録画するためにその場に来ている。アーティストはみな、自身のソロ楽曲も披露し、その模様は数週間後に放送される予定だ。

これらのアーティストたちが一堂に会してパフォーマンスをしたことはいままでなかった（し、もう二度とないだろう）。オーディエンスたちもそれをわかっていた。これらのスニーカーがひとつの場所に集められ展示されたことも、それまでなかった（し、おそらく二度とないだろう）。そして、オーディエンスはそのこともきっと知っていた。それがこのイベントのポイントだったし、だからわたしたちは、このイベントを「1ナイトオンリー」と呼んだ。たった一晩のために、わたしたちは集まった。パトリック・ユーイングから、ラシード・ウォレス〔元プロバスケットボール選手〕、スパイク・リーまでが、この祝いの場に集まった。わたしたちみんなが愛し、尊敬し、機能性とスタイルの頂点と信じているものを祝うために。

これらすべてが、たったひとつのシューズのためだといったら、なんだか尋常じゃない気がするかもしれない。けれどもそれが、歴史的にずばぬけて重要なスニーカー、エアフォース1のパワーなのだ。

アイコンの創造

当時、ブランド・デザインのリーダーだったわたしは、オーディエンスに混じっていた。ナイキの代表として、また長年にわたるエアフォース1のファンとして。八〇年代の多くのティーンと同じく、わたしとスウッシュの関係は、自分が一流のバスケットボール選手になるという夢とともにあった。一九八四年、わたしはハイスクールで、新入生のバスケットボールチームに入ってプレーしていた。熱意はあったが、ジャンプシュートは平均以下だった。技術を磨くより、テレビで見るスーパースターの真似をするほうが好きだった。とくに当時フィラデルフィア・セブンティシクサーズのセンターを務めていたモーゼス・マローンにあこがれていた。その前年の一九八三年に、マローンは、セブンティシクサーズをNBAチャンピオンシップで優勝に導いた。マローンがそのシーズン中履いていたシューズはなんだろうか――赤と白のエアフォース1だ。

もちろん、自分も一足持たねばならないと思った。親に中古のエアフォース1ハイを何足か買ってもらうと、それらはたちまちお気に入りのシューズになった。履くたびに、紐を結んで引く儀式を行ない、エアのうえで浮くという自信と感覚を覚えた。こうしてわたしの一流選手への夢は、たとえそれが幻想でしかなかったとしても、大きく膨らんでいった。けれどもまもなく、エアフォース1を履いたからといって、ジャンプシュートがうまくなるわけではないと気づいた。それでも、わたしはこのシューズを愛した。これが、ブランドへのエモーショナルなつながりの始まりだった。

そして、それはわたしだけではなかった。わたしだけなんて、とんでもない。

ナイキが最初のエアフォース1を発売したのは、一九八二年だ。当時、ナイキの名前を世に知らしめていたのはランニングシューズで、そのデザインはバスケットボールシューズのそれとはまったく異なっていた。最初のエアフォース1をデザインしたのはブルース・キルゴア。エアフォース1のデザインを始めるにあたって、ブルースがヒントを得ようと注目したのはランニングシューズではなく、ナイキのハイキングブーツだった。ブルースいわく、ハイキングブーツはいろいろな動きに対応できる柔軟性と、サポート力を備えていたからだ。それに対し、ランニングシューズは、かかとから着地してつま先で蹴るという、ひとつの決まった動作のために設計されている。バスケットボール選手のコート上での動き、とくにピボットの動きには、サポート力と快適さ、そしてさまざまな動きに応える多様性を兼ね備えたシューズが必要だった。デザインのプロセス全体を通してブルースは、「パフォーマンスのためのデザイン」を行なった。これは、バスケットボール選手の*ため*に、バスケットボール選手だけのエアフォース1を作ることを意味している。選手たちが同意するかはともかく、このシューズには最初から本物の風格があった。ブルースは、バスケットボールに特化した画期的なデザインの特性をいくつか生みだした。たとえば、アウトソールパターンを円形の溝にして、プレーヤーが滑らずに自由にピボットできるようにした。もちろん、わたしが子どものころの記憶としてもっとも印象に残っているのは、ヒール内部に搭載されたエアバッグだ。この特徴を前面に押しだしたのが、エアフォース1の最初のキャッチコピー「シーズンが始まるころ、エアの箱売り、はじめます」だった。このキャッチコピーが印刷されたポスターには、コピーどおり、バスケットボールが乗せられた白いエアフォース1のシューズボックスだけが掲載されている。このポスターは、謎めいた不思議な雰囲気を醸しだしているが、明確な意図も伝わってくる。

もちろん、プリンがおいしいかどうかは、食べてみなけりゃわからない、ということわざもある。エアフォース1は、ナイキ初のバスケットボールシューズではなかった（一九七二年にブレーザーというバッシュを発売している）。しかし、バスケットボール市場でのナイキの存在感はまだ大きくなかった。一九八二年のNBAシーズン開幕時、ナイキはここで大きく成長しようと考えた。六人のNBA選手を選んで、このシューズを宣伝してもらうことにしたのだ。その六人とは、シクサーズのマローンとボビー・ジョーンズ、ロサンゼルス・レイカーズのマイケル・クーパーとジャマール・ウィルクス、地元ポートランド・トレイルブレイザーズのカルヴィン・ナットとマイカル・トンプソンだ。この六人のプレーヤーは（のちに「オリジナルシックス」と呼ばれるようになる）、ナイキがエアフォース1の宣伝のために制作したポスターのなかで、不朽の名声を与えられた。このポスターで、六人のプレーヤーは真っ白なフライトスーツに身を包んで、滑走路に立っている。背景には赤く染まった空とジェット機がみえる。そしてポスターの下部に「AIR FORCE 1」という文字が入っている。このポスターとそこに収まっているプレーヤーたちがあまりにも象徴的だったため、数十年後に日本の玩具メーカー、メディコム・トイがそれぞれの選手を模って、ポーズを変えられるアクション・フィギュアをセットで制作した。

ポスターがエアフォース1の注目度を高めたのはまちがいないが、このシューズを履いてコートで活躍する六人の選手の姿、とくにマローンの姿に勝る宣伝はない。マローンは一年後にシクサーズを優勝にまで導いた。通常のマーケティング戦略では、この段階で、優勝したばかりのマローンがエアフォース1を履いているテレビコマーシャルを展開するところだ。けれども、ナイキはそうしなかった。実をいうと、ナイキは四〇年の歴史のなかで、エアフォース1のコマーシャルを一度も制作していない。その必要がなかったからだ。そしてこれはナイキが、群を抜いてすぐれたシューズで、バスケットボール市場にようやく参入したというひとつのストーリーとして終わるはずだった。一九八四年に、このシューズは生産中止となり、ナイキは次のコートスニーカーであるダンクのデザインに移行した。当時、エアフォース1の需要は高かったとはいえ、これが標準的なビジネスプロセスだった。エアフォース1は、すでに歴史になってしまった。

しかし、歴史は意外な方向に展開した。エアフォース1の需要があまりに高かったため、卸売業者までがナイキに再販を求めるようになった。この時点で、エアフォース1はすでに大評判になっていたが、その希少性も人気に一役買っていたのは、疑いようがない。とくに若者のあいだでは、このシューズはある種のステータスを獲得しており、それに匹敵するのはコンバースのチャックテイラーくらいしかなかった。

ただしこのとき、エアフォース1を履いている若者の多くは、フィラデルフィアからニューヨークまでの州間道路九五号線沿いの都市に住んでいた。コートからストリートへ活躍の場を移したエアフォース1は、もはやパフォーマンスのためだけのシューズではなかった。そのシューズはアイコンだった。こだわりと文化を伝えるシンボルだった。一九八六年、ナイキはまだ強かった市場の需要に根負けし、後継のエアフォース2の発売を発表した〔エアフォース1も再販された〕。

現在、エアフォース1は一七〇〇種類のバージョンがあり、色と素材のバリエーション以外は基本的に変更されることなく、生産されつづけている。現在に至るまで一度も、テレビCMが作られたことがないプロダクトとしては、悪くない成果だ。

レガシーを尊重する

エアフォース1を創造したオリジナルチームは、エアフォース1のアイコンとしての立場や、このシューズが未来のスポーツとスタイル文化に及ぼす文化的な影響は想像もしていなかっただろう。何世代ものアスリートやスニーカー愛好家が、このシューズを高く尊重し、深く愛してきた。それはなぜなのだろうか。エアフォース1が多くの人にとってこれほどまでに特別な存在なのはなぜなのか。四〇年もの時をへても、このシューズがほかとは一線を画す、永続的な文化的重要性を保っている理由は、なんだろうか。

たとえまれにしか起こらないとしても、ブランドには文化的アイコンを生む力がある。とはいえ、何がアイコンになるのかを決めるのは、ブランドではなく、消費者だ。多くの場合、ブランドは消費者が何をアイコンとみなすのかを予測できない。それでも、プロダクトとストーリーをデザインすることはできる。それは、こだわりぬいた洞察から始まり、プロダクトが果たす役割をはっきりと伝えるものである。もし、イノベーションが、雑多なもののなかから頭ひとつ出て、消費者とより深く結びつくことだとすれば、そこから始めるべきだ。エアフォース1は、消費者であるアスリートのニーズを星の導きとして、そのニーズに応えるためにこだわってデザインされたプロダクトの一例だ。その後に登場したほかのバスケットボールシューズより際立って人気があるのは、そのユニークなフォルムが機能から生まれたというのがおもな理由である。エアフォース1というブランドに深みが生まれたのは、ナイキの力だけによるものではないが、アイコンを守ってきたのは、まちがいなくナイキの力だ。わたしたちは、このシューズと、このシューズを愛してくれる人びとの両方を尊重することで、それを守りつづけた。

エアフォース1の歴史をもう少し深く掘り下げると、最初からこのシューズを、パフォーマンスを重視して作られたプレーヤーのためのシューズと位置づけたことが、いかに重要であったかがわかるはずだ。この位置づけが、ストーリーテリングとアスリートを通じて確立され、市場に、コート上に、そして消費者の心のなかに定着した。エアフォース1は、のちのナイキのバスケットボールシューズがそうなっていったのとはちがって、特定のアスリートと結びついていない。むしろ、ナイキが六人のアスリートを起用した理由のひとつは、それぞれに独自のプレースタイルがあり、異なるポジションでプレーしていたことから、エアフォース1がすべてのバスケットボールプレーヤーのためのものということを強調できるからだった。まずは、ビッグネームのスターという飾りを借りずに、シューズそのものが機能しなければならなかった。そして、このシューズはたしかに機能した。このシューズを初期に試した人びとは、返却をしばしば拒んだ。その本物としての位置づけが強固なものになったのは、マローンをはじめとするプロの選手たちが、このシューズを自分たちのものとして受けいれたからだった。選手らはエアフォース1を履くだけでなく、履いて試合に勝利した。消費者はこれに気づき、コート上で発揮される力がいまや証明されている革新的なプロダクトに引き寄せられた。この新しいプロダクトがプロ選手に認められたのは、企業のスポンサーシップをあからさまに示されたからではなく、コート上で役に立ったからだった。

長年にわたって、ナイキはこの風格ある本物が自らを物語るままにしてきた。このシューズは、販促資材の集中連打もなければ、それを履いた選手によるテレビCMもなかった。わたしが思うに、これによって、シューズと消費者とのあいだに自然とエモーショナルな結びつきが生まれたのではないだろうか。余計な手出しをしないことで、ナイキはエアフォース1に本物の風格を加え、それによって、ストリートに受けいれられた。

こうしてわたしたちはエアフォース1の誕生二五周年を記念するための、「1ナイトオンリー」というビッグイベントを開催することになった。これと同時に、このシューズの新しいエディションも新たに発売される予定だった。わたしたちの課題と、そして当時ブランドデザインの責任者であったわたしの役割は、ひじょうに明快だった。それは、これまで築かれたレガシーを損なうことなく、エアフォース1のアイコンとしてのステータスをいかにして称えるか、だった。当時、わたしのチームのクリエイティブ・ディレクターだったマイケル・シェイは、エアフォース1のストーリーテリングに携わった。シェイは、この大切な瞬間を振り返って、うまいたとえを示してくれた。「初めから、エアフォース1は、ジーンズの古典であるリーバイス501みたいになるだろうと思ってたよ。世代を超えて、くりかえし取りいれられるアイコンになるだろうとね」

しかし、エアフォース1を称えるというアイデアはまさしく、多くの人びとにとって大きな意味を持つシューズの派手な宣伝をこれまで控えてきた、ナイキの禁断の領域を侵害することでもあった。一九八二年にエアフォース1がデビューして以来、とくに若者文化は様変わりし、消費者はあからさまな宣伝に耳を貸さなくなった。若い消費者に関するかぎり、少なければ少ないほど効果が高くなる。あらゆるものにべたべたロゴをつければ、確実にエモーショナルな結びつきが弱まった。もし、わたしたちがエアフォース1の記念イベントをどう進めるかについて、計画的でも慎重でもなければ、わたしたちが称えたかったものを逆に損なってしまう可能性があった。エアフォース1のレガシーを守ろうとせず、尊重もしないチームになど、誰も入りたがらない。

ヒーローはプロダクト

ヒップホップのアーティストが到着するまえ、MTVがイベントを撮影するためにやってくるまえ、巨大な白いエアフォース1のシューズボックスがイベントの入り口として据えられるまえ、そこにはシューズがあった。何をするか決めるにしろ、シューズに注目を集めねばならなかった——クラシックな白一色のエアフォース1に。わたしたちの最初の計画は、過去最大のエアフォース1コレクションをひとところに集めることだった。そしてほかのすべては、この展示品を中心に軌道に乗りはじめるだろうと考えていた。太陽の周りの惑星のように。エアフォース1のさまざまなバージョンをできるだけ多く集めるのに、まずあたるべきは、社内のデパートメント・オブ・ナイキアーカイブ（別名DNA）だった。しかし、さすがのDNAでも一七〇〇種類をすべて保管してはいなかった。そこで、わたしたちは捜索の範囲を世界じゅうの熱心なスニーカーコレクターに広げ、エアフォース1のコレクションを貸してもらえないかと尋ねた。それは、母親にあなたの赤ん坊を貸してくれと頼むようなものだった。コレクターは、たとえナイキであっても、自分たちの貴重なコレクションをあちこち移動させる企業体をどこであれ警戒していた。そこで、貸し出しを一晩に限定することで問題を解決した。多くの人が同意してくれたので、わたしたちはコレクションを揃えて、記念イベントの目玉にすることができた。

　その後、記念行事のほかのおもな要素も整い、場所も決まった。ゴッサム・ホールはもともと、一九八一年に閉鎖された旧グリニッジ貯蓄銀行だった建物の一室である。この建物の外観は、一九二〇年代から一九三〇年代に流行したクラシカルな建築で、建物の三面にコリント式の円柱が並び、ローマ風のドームがある。中央の銀行営業室は楕円形で、ドームは頭上高く荘厳にそびえ、出納係の窓口は旧式の金庫を守っている。完璧だ。エアフォース1がきわめて価値が高いものというイメージを守ることの重要性を表現するのに、銀行ほどふさわしいシンボルはない。この空間は隅々まで、エアフォース1の価値と、なぜそのレガシーを守らなければならないか、というストーリーを伝えるためにいい仕事をしてくれた。値段が高いから価値があるのではなく、ひじょうに多くの人が愛着を持っているから価値がある。思い出、瞬間、未来――それらはエアフォース1の一足一足を輝かせるジュエリーだ。だからこそ、この中央の楕円の会場周辺に白く輝く陳列棚を作り、会場の目玉であり各ゲストにとってもいちばんの楽しみである、一七〇〇種ものエアフォース1のバリエーションを展示したのだ。

　もちろん、陳列棚だけが、シューズを愛でられる場所ではない。さまざまなゲストが履いているシューズも眺めることができる。実際に、多くの人がこの祝いの場に、自分が持っているエアフォース1を履いてきていた。それが、このイベントの大きな魅力のひとつになるだろうと、わたしたちにはわかっていた。エアフォース1のファンはお互いに相手のとっておきの一足を褒めそやすものだ。そこでわたしたちは、正面ドアのところでいったん立ち止まる場を作ることにした。そこにはポラロイドカメラを持ったフォトグラファーがいて、（レッドではなく）白いカーペットを踏んで店内にはいってくる人びとをみな、撮影するようにした。ゲストは、六フィートの円形ステージに立つ。それはエアフォース1のソールに刻まれた画期的なピボットポイントを模していた。これは、一九八二年にブルースがかなりの時間をかけてデザインした部分で、ゲストにとっては、必要かつ感慨深いプロダクトの特徴である。写真は膝から下のスナップで顔は写さず、ゲストではなく、足の先にあるエアフォース1が主役であることを強調する。重要なのはシューズだ。そのあと、ゲストには自分のポラロイドにサインをしてもらう。そしてそのポラロイド写真は近くの壁に貼りつけられる。こうして、これまで一堂に会したことがないほどのすばらしいエアフォース1のサイン入りポラロイド写真のギャラリーができあがった。イベント終了後は、それらを本のようにパッケージして、ゲスト全員に配った。いまでもSNSのプロフィール写真として、そのうちのいくつかを目にすることがある。

企画を進めているあいだ、つねに頭の隅に留めておかねばならなかったのは、イベントの目的だった。アーティストやセレブリティ、プロスポーツ選手を絡めて何かを企画するときは、それらの著名な人びとを中心にしてしまいがちだ。場合によっては、それが意味をなす。けれども、エアフォース1の場合は、それをしてしまうとアイコンの効果が薄れてしまう。初期のころの重要な会議で、なぜ人びとが「1ナイトオンリー」に来てくれると思うのか、という問いかけが出たことがあった。なぜ、これをクールと思うのか。この問いは、別の言い方をすれば、なぜ消費者が注目するはずなのか、である。これに対し、誰かが「あのヒップホップのアイコンたち四人が一緒にひとつのステージに立つなんて、いままでどこであれ見たことがないから」と答えた。ぶっちゃけ、この答えにわたしでさえも納得した。これらのアーティストを聴いて育ったわたしにとっても、考えうるかぎりもっともアーティストとの距離が近い場所で、あの四人がライブパフォーマンスを行なうのだから。けれども、見方を変えれば、アーティストたちはなぜ集まるのだろうか。ただライブをするためなのか。さきほど答えた人がさらにこうも言った。「シューズのコレクションがあるからだ」それで、一挙に謎が解けた。マーズ・ブラックモンもかつてこう言っていたではないか――「シューズのおかげだろ」。

再臨

「1ナイトオンリー」は、エアフォース1のアニバーサリーを祝うナイキの取り組みのひとつにすぎなかった。二〇〇七年には、バスケットボール界の新たなスーパースターたちが勢ぞろいしている新しいエアフォース1のポスターを発表した。当時、エアフォース1アニバーサリーのアートディレクションを担当していたレイ・バッツはわたしにこう語った――「率直に言って、《オリジナルシックス》のエアフォース1のポスターは、アイコンそのもので、その美学から逸脱するのは問題外だった。わたしたちのゴールは、オリジナルのポスターに現代的なひねりを少々加えて、そのうえでオリジナルの良さを壊さないことだった」。このポスターは、エアフォース1の宣伝広告というより――新旧どちらのポスターもそうだが――むしろ、ナイキをバスケットボール界に初めて引き上げてくれたポスターとシューズへの回帰のようなものだった。

レイと彼のチームには六人の選手ではなく、次の一〇人のスターがいた。ショーン・マリオン、ラシード・ウォレス、スティーブ・ナッシュ、アマレ・スタウダマイアー、レブロン・ジェームズ、コービー・ブライアント、クリス・ポール、ポール・ピアース、ジャーメイン・オニール、そしてトニー・パーカーだ。オリジナルポスターと同じく、選手たちは全身を白で揃え、滑走路に立ち、その後ろから燦然《さんぜん》と輝く太陽が山脈と空港ターミナルを照らしている。美学はそのままでオリジナルポスターに敬意を表し、全体がより明るくなり、地平線と滑走路、そして選手たちのコントラストがより鮮明にデザインされている。これは回帰でもあったが、ナイキバスケットボールを未来へといざなう一歩でもあった。

エアフォース1の二五周年のアニバーサリーは、わたしたちにとって文化的なアイコンを称える機会となった。「1ナイトオンリー」から、「再臨」ポスター、そしてこのシューズ自体の新たなエディションまで、わたしたちはオリジナルのインパクトを意識しながら、まったく新しい世代のプレーヤーや消費者に、このシューズを紹介した。これをするには、正しい方法もあればまちがった方法もある。もし、このシューズが偉大になったその理由の核心からそれてしまえば、この遺産を損なってしまう可能性があった。このシューズはもはやコミュニティのものだ。さまざまな意味で、エアフォース1はもうナイキだけのものではない。もし、このシューズとその遺産をナイキが独占しているものとして扱えば、消費者の心が離れてしまうだろう。消費者はマーケティング以外の何かによって、このプロダクトに愛着を持つようになったのだ。レイは、「わたしたちは、ひとつの象徴的なフォルムとして、エアフォース1をポルシェ911になぞらえている。そのフォルムは、時を経てもなお、オリジナルの表現に忠実でありつつ、正真正銘の重大な進化を思慮深く実現している」と述べた。ナイキはエアフォース1を「ストリート」シューズにするつもりで作ったのではなかった。そうしたのは消費者だ。わたしたちは、自分たちの領域を超えた手の届かないところで消費者がわたしたちのプロダクトを使って行なったことを、自分たちの手柄にすべきではない。わたしたちはせいぜい邪魔をせず、ことが起こるままにしておかねばならない。

わたしたちはブランドチームとして、エアフォース1が人気を得た要素を認識することはできた。それは、シューズが持つ本物の風格と、シューズを自分たちのものと思ってもらえるよう消費者に働きかけたナイキの戦略だ。そして、その要素を何十年も育んできた。また何より、レイが言ったように、「わたしたちはけっして、誰とダンスをしに来たのかを見失わない」のである。何をするにせよ、焦点はシューズとシューズを愛する人びとでなければならない。

アートとカルチャーの融合

むかしむかし、まあだいたい二〇〇六年ごろ、全米で大ヒットしていた連続ドラマのひとつが、HBOの《アントラージュ★オレたちのハリウッド》だった。この番組は、ひとりの俳優とその友人たちが、危険なセレブたちや口やかましいエージェントなどがいるハリウッドの世界を生きる姿を描いていた。そのエピソードのひとつで、俳優のヴィンスが、このドラマにレギュラーとして登場するスニーカー・ヘッドの友人タートルに、レーザー彫刻が施されたエアフォース1をプレゼントする場面がある。そのローカットスニーカーには、ゴールドの縁取りが施され、つま先の革部分にタートルの名前が刻まれている。その豪華で派手な技とスタイルに、タートルは心を奪われる。ドラマを見て、あの靴は番組のために特別に作られたものかもしれないと思った視聴者もいるだろう。本当のところ、ナイキは時間とリソースを費やして、靴というよりアートにみえる、繊細な彫刻が施されたあのスニーカーを作ったのだろうか？　答えは、イエス。ナイキは喜んでこれを制作した。じつは、このレーザー彫刻は、わたしの友人であるマーク・スミスの手によるものだった。マークはナイキのイノベーションキッチンでクリエイティブ・ディレクターを務めていた。

何年もまえから、自分のスニーカーに絵を描く人はいた。それは、大量生産されているとはいえ、その製品に深い愛着を感じ、それに個性を与える方法だった。都市の風景を使ってグラフィティ・アーティストが絵を描くように、靴に加えられた個人の手作業は、ある種の芸術作品と言える。本来芸術品ではないものを、他者にとってはそうでなくとも、少なくとも所有者自身にとっては、意味のあるものに変える作業である。いわば、個別化されたアイコンを作っているのだ。「カンヴァスとしてのシューズ」というひらめきから、レーザー彫刻を施したシューズが生まれた。だが、そのストーリーはそれよりはるかに深い。

二〇〇〇年代初頭、マークはたまたまイノベーションキッチンで、ほかのチームメイトが革素材をスライスするためにレーザーカットの実験をしているのを目にした。そこで彼は、レーザーを革の切断に使うのではなく、レーザーで彫刻を施すアイデアを思いついた。そして、自分のためだけに、いくつかデザインを作って実験を開始した。モチーフとして、マオリ文化で見つかった古代の戦士の仮面をヒントにした。しばらくして、友人のアーティストらに声をかけて作品を見せたところ、友人たちも、自分たちのインスピレーションに従ってレーザーで何ができるか実験したいと言いだした。その結果、このレーザーを使った実験は、サーフアートやストリートグラフィティ、ケルトのシンボルなどからヒントを得たデザインになった。マークとその仲間のアーティストらは、何かの上に物語を刻むという古くからある方法を再発見したかのようだった。本来の物語とは、そういうものだったのかもしれない。マークのようにただ、新たなアートの形態を使って、自分のクリエイティブな情熱を惜しげもなく注ぎながら、クールで新しいテクニックを試すようなものだったのかもしれない。

　そしてエナジー・センターが登場する。この物語におけるわたしの役割だ。二〇〇三年、わたしたちは、個別対応《ハイタッチ》マーケティングの新しい形として「イノベーション・ギャラリー」を作った。ハイタッチ・マーケティングによって、影響力が大きい都市に存在するクリエイティブなコミュニティとつながり、これまでにないアートとスポーツの交わるポイントの探求が可能になる。それは、都市の表面下に入りこみ、アーティストやＤＪ、スタイリストやフォトグラファー、デザイナーなどクリエイターのネットワークと交流するための方法だ。「エナジー・センター」のひとつが、ベニスビーチのオーシャンフロントウォーク五二三番地にある伝説的なブルーハウスだ。一九〇一年に建てられたこの家は、ドアーズのジム・モリソンをはじめ、さまざまな著名人が集う場所だった。もうひとつは、ニューヨークのソーホーのエリザベス・ストリートにあった。これらは、ＬＡやニューヨークの大きなギャラリーの規模とは比べものにならないほど小さな空間だった。けれども、わたしたちの目的には、ぴったり合っていた。

　とはいえ、これらの場所を単なるアートギャラリーとみなすのは間違いだ。むしろそこはまさしくアイデアがやって来る場所である。白い壁も、立ち入り禁止のロープで囲われた絵画も、「触れないでください」という注意書きもない。これらの環境は実際に触れて、没入するようにデザインされた、五感を刺激する空間だ。ナイキの店舗では、プロダクトが陳列されている。そこで消費者はプロダクトに触れ、さまざまなカテゴリーのなかから新たな何かを発見できるようになっているが、イノベーションやイノベーションのきっかけになったアスリートたちのストーリーについては、あまり伝えられていなかった。エナジー・センターはこの問題の解決策だ。これによって、ストーリーテリングにもっと深く特化して取り組むためのスペースと自由が与えられたのだ。わたしたちはこれらのセンターを使って、特定のテーマに集中できるようになった。それはたとえば、ギャラリーでひとりのアーティストやスタイルをテーマにした展覧会を開くようなものだ。それだけではない。展覧会という枠を広げれば、ワークショップやイベント、小さなコンサートなど、ストーリーテリングを通じたナイキ・イノベーションのひとつひとつに全集中できる。一〇〇〇平方フィートという広さでいかにいろいろなことができることか。

わたしたちがセンターで開催した展覧会の一部をここで紹介しよう。

《Reconstruct》（再構築）：たとえば、テントや家具、衣服など、ナイキのプロダクトを再生・再利用し、まったく新しい形にすることをテーマにした展覧会。持続可能なイノベーションが多くのブランドで注目されるずっとまえから、わたしたちはこのテーマで会話をしたいと考えていた。

《The Genealogy of Speed》（スピードの系譜）：スピードに焦点を絞った、長年にわたるナイキの画期的なスニーカーの紹介。片側の壁には溝がつけられており、ジェット機に空気が取りいれられる様子を再現した。もういっぽうの壁には革新的なスニーカーを展示した。それらをみるだけで、より速く動けるフットウェアの創造を追求してきたナイキの進化と歴史が理解できるようになっていた。イベントプログラムのキャッチフレーズは次のようなものだった。「時間、モーション、メタファー、音が織りなすスピードをめぐる一五の厳選ストーリー」

ウォーカー・アート・センターでの自分の経験から、エナジー・センターのデザインとキュレーションに際して、チームを引っ張っていく準備は充分整っていると自分では思っていた。わたしは、新しいアート表現を通じて、ナイキブランドの特徴を共有するというアイデアに触発された。これを実現するために、建築家やライター、アートディレクター、フィルムプロデューサーなどを集めたチームで、没入できる空間を創りあげた。その空間は、動的に伝わるストーリーに満ちていて、訪れた人びとがナイキのイノベーションの魔法にもっと近づけるようになっていた。

クリエイティブな立場から見て、エナジー・センターの強みのひとつは、採算に縛られないところだった。ここでの第一の目的は、商品を売ることではなかった。オーディエンスの特定の層に対し、なんらかの役目を果たすことが大事な目的だった。この層とは、ナイキのイノベーションから生まれた芸術的な表現に刺激を受け、そのイノベーションが、スポーツ以外の世界でどう役立っているかを知ってわくわくしてくれる人びとだ。

このスペースは、そのような人びとに、フィールドやコートを離れたナイキの世界を探求してもらう場所だった。たしかに、これはやや難解でとっつきにくく、大量消費されるもののための場所ではない。だからこそ、小規模なスペースが理想だった。しかもたった二カ所。両海岸にひとつずつで、幅広いクリエイティブなコミュニティに貢献している。

この場所で、芸術を表現するためのカンヴァスとしてシューズが使われた――というかもっとはっきりいえば、マークが考案したレーザー彫刻の手法がシューズに使われた。当初、マークのアイデアでは、シューズを媒体として、革のカンヴァスにタトゥーをいれてストーリーを伝えるつもりだった。ギャラリーがアーティストを招いて、クリエイティブな方法でアーティストの作品を展示するように、わたしたちもエナジー・センターの一角をマークに提供し、ストーリーを伝えてもらおうと考えていた。マークが彫刻したシューズのコレクションを展示し、さまざまな文化のビジュアル・ランゲージをそれぞれのシューズで表現するというアイデアだった。

マークは展示された一部のシューズのシュータン部分に、炎の一部を切り取ったようなデザインをレーザーで描き、太陽の火のパワーを表現した。また、コルテッツやエアフォース1のかかとに、スマイルマークをはじめいくつか、個人的なタッチをつけくわえた。マークは次のように述べた――「ぼくはただ、この楽しい新技術を通して、世界ににっこり笑顔を向けているだけなのさ」。

これに対するコミュニティからの反応は、とほうもなく大きかった。人びとは、レーザー加工のプロセスそのものに心を奪われた。この彫刻を施したシューズに一般大衆は魅了された。そのため限定販売することになった。そのうちのひとつが、《アントラージュ★オレたちのハリウッド》に登場したのだ。レーザー加工を使えば、特定のシューズで特定のアスリートのストーリーを伝えられる。わたしたちはそこに気がついた。マークは世界じゅうをめぐるツアーに出かけ、さまざまなオーディエンスに自分の手法を語り、それを実演してみせた。最終的にこの手法は、マイケル・ジョーダン自身がすっかり夢中になって、エアジョーダンXXに採用された。マークは、ミッドフットストラップ〔靴紐の上に巻かれるストラップ〕をデザインし、ジョーダンのキャリアにおける重要な瞬間を表す図柄のコラージュをレーザー加工で描いた。たとえば、ジョーダンが充分な報酬を得られるようになったときに購入したスポーツカーや、工具の扱いがうまかったジョーダンの父にちなんで「Pops」と書かれた工具箱などがレーザーで描かれている。この図柄によって、スニーカーを手にした人は、コートの内外でジョーダンという人物を形づくったものに、ぐんと近づけた。

多くの人にとって、エアジョーダンXXは「レーザー加工」を施したシューズの頂点になるだろう。けれども、わたしにとっての頂点は別にある。マークは日中の通常業務以外でも、さまざまなアスリートやセレブリティのために、喜んでシューズにレーザー加工を施していた。二〇一五年、バラク・オバマ大統領がナイキのキャンパスを訪れたとき、マークとチームのほかのメンバーは、第四四代大統領に、「44」という数字をレーザー彫刻したカスタムのエアフォース1を贈った。

レーザー彫刻の手法は、マークがただ好奇心に駆られて、想像力に導かれるまま始めたことだったが、結果として文化的な共感を得るものになった。それはナイキがエナジー・センターで作品を展示するなど、「プロセス以前のプロセス」を後押ししたことも一助になっている。このレーザー加工の画期的な技術は、最終的にテレビ番組にも登場した。ニューヨークやロサンゼルスのアーティストたちのコミュニティに受けいれられ、史上最高《GOAT》の選手マイケル・ジョーダンのバスケットシューズに採用され、ついには、アメリカ大統領にプレゼントされるまでになった。これは、より深く、より個人的な体験のためのカンヴァスになることによって、ひとつのプロダクトが文化的なアイコンになったというストーリーだ。

民主化されたデザイン

あるとき、ロンドンのサヴィル・ロウにある典型的なテーラーショップにブランド・デザインチームを連れていったことがある。チームのみんなに、このあたりの店を世界的に有名にした四つの要素、つまり、サービス、クラフト、パーソナライズ、スタイルを体験してもらおうと考えたのだ。これらの店では、何世紀にもわたって受け継がれてきたしきたりが、ごく小さなディテールにまで行き届いている。テーラーに採寸してもらうときに受けるサービスとして、一着のスーツを通して、あなたの身体と個性を存分に表現するために、カット、フィット感、素材、糸、ボタンなど、あらゆる要素が考慮されるさまを目の当たりにできる。サヴィル・ロウでスーツを買うとき、あなたは単にその布切れにお金を払っているのではない。かつては王族だけが享受できたレベルのサービスにお金を払っているのだ。その日、わたしはスーツを買わなかったが（どれほど買いたかったことか）、何かをカスタムで作ることに関するかぎり、高いレベルのサービスは、プロダクトそのものと同じくらい重要だと再確認した。

わたしたちは、何世紀もかけて自分たちの伝統を築いたわけではない。だから、最高の老舗に行って、そこからインスピレーションを得ようと決めた。第二章で述べたとおり、好奇心は創作の取り組みには不可欠な要素だ。つねに「自分の殻を破る」方法を探して、自分では想像もつかないような方法からインスピレーションを得る必要がある。わたしとチームがそこで答えを得るべき問いは、ロンドンのテーラーでの経験をナイキで再現できないだろうか、だった（ただし、作るのはスーツではなくシューズだが）。

当時、スニーカーのカスタマイズは、業界内でもナイキでも、目新しいものではなかった。一九九九年、ナイキは自社サイトで、「NikeiD」というサービスを開始した。これを使って顧客は、さまざまな素材や色のなかから好みのものを選んで、自分のスタイルのスニーカーを作ることができた。このサービスは人気を博したため、さらにカスタマイズのオプションが増え、シューズのバックヒールに自分の名前やニックネーム、好きなモットーなどがいれられるようになった。とはいえ、長年のあいだにわかってきたことだが、消費者が選べるデザインの幅は少なければ少ないほどいい。消費者が決定しなければいけないことを限定すると、幸せ度が高まるのだ。おそらく、ごく一部の人たちにとってNikeiDは、好きなだけデザインできる真っ白なカンヴァスにすぎないかもしれないが、大半の人は、もっと限定された選択肢と手引きと安心感を求めている。

これらの初期の取り組みのなかで、NikeiDのブランド・デザインチームを率いていたとき、わたしはブランディング、ストーリーテリング、そしてユーザー体験に焦点を絞って仕事をしていた。けれども、そのサービスの規模と人気が高まるにつれ、クリエイティブなサービスから生まれる機会は、単なるデジタル・プラットフォームに収まらないほど、はるかに大きいことに気づいた。そこでわたしたちは、物理的な環境で直接味わえる最高のカスタマイズ体験とはどんなふうにみえて、どんなふうに感じるものかを研究しはじめた。ロンドンの仕立て屋だけでなく、最高のレストランもリサーチした。それらの店では、質やサービス、そして見過ごされがちな空間という、とほうもなくむずかしい組み合わせを絶妙のバランスで共存させている。最高のレストランには、上質なサービスと料理だけでなく、その店のセンスがある。建物、インテリアデザイン、雰囲気、音楽、照明……そのすべてが完璧な舞台装置となって、お客様に食事やサービス、仲間とのひとときを楽しんでもらえるのだ。わたしたちはさまざまな街に出かけ、フォーシーズンズやザ・リッツ・カールトンなどの立派なホテルで活躍しているリーダーたちと交流し、サービスへの取り組みや、スタッフを専門職として認定する方法などを学んだ。さらに、世界最高のパッケージデザインもリサーチした（けっきょくのところ、レストランのように提供したものがその場で消費されるわけではなく、わたしたちのプロダクトは箱にいれて手渡されるので）。アップルやティファニー、東京の有名セレクトショップなどでは、スタッフによるプロダクトの箱詰めと消費者による開梱にはどちらも儀式的な要素がある。こうした経験を終えたあと、わたしたちはベストプラクティスを採用し、それ以外は捨てた。

二〇〇五年、デジタル NikeiD の経験と、旅で学んだことを実践に役立てるときが来た。最初のスタジオは、ニューヨークのエリザベス・ストリートでエナジー・センターとして使っていたスペースだった。ここでは、ナイキのほかの多くのイノベーションでも行なってきたように、コンセプトをライブで試作し、テストした。そのコンセプトとは、その種で初の、パーソナルで、触れあいのある、完全予約制の NikeiD エクスペリエンスを提供することだった。ロンドンの仕立て屋のテーラーのように、デザイン・コンサルタントが顧客とともに、スニーカーを細部にいたるまでカスタマイズするのだ。スーツのロンドンモデルは世界のあらゆる場所で再現されてきたが、スニーカーでそれをやろうとは誰も考えたことがなかった。きっと評判になると思ってはいたが、まさか、限定六週間のポップアップショップが、カスタマイズ・スタジオとして世界じゅうに広がるとは夢にも思っていなかった。プロトタイプの原点に忠実に、わたしたちはエリザベス・ストリートの経験から多くのことを学び、その教訓をさらなる取り組みに生かした。NikeiDの各店舗は、パーソナライズという共通の特徴を備えながら、店舗自体はそれぞれ独自の個性を醸しだすようにした。

たとえば、二〇〇七年には、ナイキタウン・ロンドンの中心に二階建てのスニーカー・カスタマイズ体験施設をオープンした。全面ガラス張りで正方形の水槽のような構造になっているのは、この旗艦店に入ってきた買い物客に、「カスタマイズ・ラボ」が発するエネルギーとわくわく感を自身で感じてもらうためだった。ガラス張りの壁には展示用のケースが組みこまれていて、何百ものユニークなデザインのナイキのスニーカーが、芸術的なフットウェアとしてディスプレイされている。

ソーホーでは、マーサー・ストリート二一番地にあるビスポークNikeiDスタジオが注目を浴びた。これは、どこまでカスタマイズできるか、すばらしい体験のために世の中の人びとはどれだけの額を喜んで支払うかを示す究極の例である。この店は、ここでしか得られないナイキのサービスを扱う小さな高級ブティックとして二〇〇八年に開店した。店の奥にあるビスポークスタジオでは、プライベートで一対一のデザインセッションを行ない、まったくオリジナルなシューズを作ることができる。価格帯は八〇〇ドルに届くこともあり、消費者はデザイン・コンサルタントとともに、ベース、オーバーレイ、アクセント、裏打ち、縫い目、アウトソールの色、靴紐、デュブレ〔靴紐に通すアクセサリ〕など、シューズの三一のパーツをカスタマイズすることができるようになっていた。さらに、八二種類（エアフォース1が発売された年にちなむ）のプレミアムでアイコニックな素材と色から好みを選べるようになった。つまり、革だけでも数多くのさまざまな種類があった。これは、デジタルウェブサイトサービスが提供していた単独の取り組みではなく、デザインのエキスパートが対面で、旅路のあらゆる行程に付き添い、手を貸してくれる完全なカスタマイズ体験だった。

下案から始まり、プロトタイプに移行した試みが、世界じゅうのナイキの旗艦店の核になった。エリザベス・ストリートでのカスタム体験を開始してからわずか数年で、主要都市のナイキが所有するあらゆる空間に、NikeiDスタジオがお目見えしたのだ。スニーカー一足の価格帯は決して低くなかったため、このプロセスを「民主化」と呼ぶのは変な気がするかもしれない。けれども、この言葉は、誰でも、どこでも、このユニークなデザインを経験する機会が得られるというアイデアを表しているのではない。わたしが指しているのは、デザイン自体の民主化で、この方法でNikeiDスタジオは消費者に、自分自身のスニーカーのデザイナーになれるチャンスを示した。消費者が自分だけのスニーカーのために選べるカスタマイズのひとつひとつが、ナイキが物語ってきた歴史の瞬間を呼びもどすのだ。そして、さまざまなものからある要素を選ぶことで、伝統のどこに愛着を感じているかを消費者は示せる。たとえば、ニューヨークのソーホー地区にあるビスポークスタジオでは、自分なりにカスタマイズしたエアフォース1に象などのサファリのプリント柄を選ぶことができた。なぜ、そのようなプリント柄なのだろうか。一九八七年、ティンカー・ハットフィールドが、自然をモチーフにしたこのデザインふたつを使って、ナイキ・エアサファリというランニングシューズとナイキ・エアアサルトというバスケットボールシューズを制作したからだ。いまや、伝統と、おそらく消費者の思い出からも力を与えられたこれらのプリント柄が、誰でも使えるようになった。これこそ、デザインの民主化の意義である。消費者をブランドの物語に引きこみ、これまでみたことのないバージョンを生みだすことで、文化として受け継がれてきたものの一部になってもらえるようになったのだ。

スニーカーブックのゴッドファーザー

「このページの先に描かれているのは、本当はシューズではなく、そのシューズが導いてきた人生、そのシューズがあった場所、これまで明かされなかったストーリー、そのシューズを履いてきた人びと、シューズの名前になったスーパースターたち、それらのシューズから生まれた流行、そのシューズが打ち砕いた心、それらが運んでくる未来かもしれない」

こう書かれているのは、ロバート・〝スクープ〟・ジャクソンが著した『*Sole Provider: 30 Years of Nike Basketball*』（ソロプロバイダー：ナイキバスケットボールの三〇年）の序章だ。わたしがナイキブランド・デザインの責任者になったとき、最初の大きなプロジェクトのひとつが、この本の制作だった。これはある意味、これまでの慣習に逆らっていた。マーケティング予算を使ってフィルムを作ったり、イベントを企画する代わりに、本作りに焦点を絞ったのだから。それはなぜだろう。なぜ、わたしたちは、それぞれのシューズのストーリーを通じて、バスケットボール界を進んだナイキの旅を追いかけるために、本を作ろうと考えたのだろうか。

その問いに答えるには、べつの問いかけが必要だ。そもそも、なぜわたしたちは歴史を記録するのだろうか。それは、わたしたちの過去のストーリー、わたしたちがどこから来たのかというストーリー、ある時代や、ある出来事、ある人生の一大事を形づくっている瞬間瞬間が重要だからだ。ナイキのバスケットボールに関する本を作ろうと決めたのは、ナイキのこの特定の領域の歴史を振りかえってみたとき、それらの瞬間瞬間やストーリーは、わたしたちだけでなく、何百万もの人びとに大きな影響を及ぼしていて、その人びとにとっても重要な意味を持つと気づいたからだ。『*Sole Provider*』のアートディレクションを担当したレイ・バッツが、当時ジャーナリストだったスクープに白羽の矢を立て、執筆協力者になってもらったのにも理由があった。それは、スクープが、このような本が成功する唯一の方法は、単に人気シューズの魅力的な画像で埋めつくされたマーケティング用の作品にしないことだと深く理解していたからだ。その本は、スニーカーが伝えられるストーリーについての本でなければならなかった。歴史についての本でなければならなかった。

『*Sole Provider*』について考えはじめたとき、当初は、三〇年にわたるプロダクトやキャンペーンを通じて行なわれた、ナイキバスケットボールのマーケティング活動の歴史を示すストーリーをまとめるつもりだった。スニーカー・ヘッドのために書かれているが、それだけではない。ナイキの豊かなレガシー(そのレガシーには、とほうもない責任が伴う)のリマインダーとして、また未来のマーケティング活動に取り組むときの指針として、この本は書かれた。アーカイブを物色して、二〇年前のあるシューズについて、わたしたちがどんなことをしたのか思い出すかわりに、それらをすべて一冊の本に封じこめた。したがって、『*Sole Provider*』は、歴史書、文化に関する本、アイコンに関する本、ガイドブックをひとまとめにして、美しいビジュアルで飾られた一冊になっている。

物語は当然ながら、一九七二年にナイキがブレーザーをひっさげて、バスケットボール界に参入したところから始まる。ジョージ・〝アイスマン〟・ガーヴィンが、白いベンチにすわって、水色のトラックスーツを着て、両掌にひとつずつ白いバスケットボールを持ち、青いスウッシュが入っている真っ白なブレーザーを履いている。エアフォース1のインパクトといまだ続くレガシーを取りあげたボリュームのあるセクションもある。そこでは、一九八二年から二五年後に飛び、ラシード・ウォレスと、彼が及ぼした影響によって、エアフォース1がストリートシューズとしてではなく（ウォレスはそうする必要がなかった）、コートでの必需品としてよみがえったころのことが紹介されている。〝シード〟〔ウォレスのニックネーム〕が伝統的なスタイルのエアフォース1を履いている写真の上に、スクープは次のように書いている。「レトロなものが再流行《レトロ》するまえから、ラシード・ウォレスはヴィンテージを履きこなしていた。汚れていようが、きれいだろうが、古かろうが、高級革だろうが、エナメル革だろうが、ウォレスはそういうことは気にせず、今日にいたるまで、敬意を表しつづけている」

そしてもちろん読者は、エアジョーダンの歴史を追いながら、たとえば、次のような事実を知る――ジョーダンXIのヒントになったのはなんと……靴下だった。「この完全に靴紐のないデザインによって、カスタムフィットする究極に快適な履き心地が生まれた。カスタムメイドのハイテクファスナーによって、安定感が生まれ、足をしっかり固定することができる。これは、マイケル・ジョーダンによってエナメル革の使用が提案されて様変わりした。ジョーダンは、タキシードに合わせられるような洗練されたバスケットシューズが販売されたらクールじゃないかと考えたのだ」

ナイキのパッケージに触れられている項目もある。「シューズの箱《ユミドール》」と題されたセクションでは、工場から店舗へ、店舗から消費者へ一足のシューズを運ぶためのシンプルなケースから、情熱的なスニーカー・ヘッドがナイキのシューズを大事にコレクションするための宝箱みたいなケースまで、ナイキのシューズボックスの歴史をたどっている。「しかし、もっともよく訊かれる質問は、これらのスニーカー・ヘッドたちがなぜそうするのかではなく、『どうやって、あれほど多くのシューズをあれほど真新しく、清潔に、長く保管しておけるのか?』である。そこでシューズボックスの登場だ」

『*Sole Provider*』では全部で六五〇足のシューズを取りあげているが、レイ・バッツはとくに一二のシューズに光を当て、注目を集めたいと考えた。それらは、「フットウェア産業を定義し、形づくり、導く手助けになった」シューズだった。エアフォース1やエアジョーダンなどのシューズは、文化的な影響力と人気が何十年にわたって続いている。それらのシューズは独自のストーリーがあり、ナイキの(そして消費者の)歴史を構成するキルトのなかに織りこまれている。「これらのプロダクトなしでは、スニーカーの産業や文化は今日のような規模にはならなかっただろうと、わたしたちは感じている」とレイは語った。あらゆるシューズに、それぞれの場所がある。そのいっぽうで、レイの一二足は、とくに道標《みちしるべ》となって産業と文化の両方の進化を明快に示している。また、この一二足は、産業と文化がほぼシームレスに混じりあう合流点でもある。

この『*Sole Provider*』で、わたしたちが道案内として心がけたのは、過去だけでなく未来の感覚も伝えることだった。たとえば、『*Sole Provider*』の表紙には、シューズボックスに収められたシューズを上から撮影したみたいに、ヴィンテージの白いナイキ・ブレーザーの片方とヴィンス・カーターが履いていた黒いナイキ・ショックス——過去と未来——が片方ずつ組みあわされている。『*Sole Provider*』では、建築家の設計図のようなシューズのデザインの概略図や、新しい画像と古い画像のコントラストが読者に提示されている。このようにして過去と現在をシームレスにつなげたのは、ストーリーはまだまだ続き、読者——スクープの言葉でいえばスニーカー・ヘッド——はそのストーリーの一部だと考えたからだ。偉大なものは、さらに偉大なものへ進化する。

『*Sole Provider*』は、カルチャーとスポーツの交差する場で、人びとに出会うというナイキの歴史を示した。その領域で、アイコンが出現し文化が変わっていく。この本は、消費者がナイキと共有し、ともに築いてきたナイキの歴史を称えるものだった。わたしたちは、情熱とストーリーを分かちあえる本を作りたかった。そして、ナイキとその製品を愛する人たちとともに、このストーリーを書いたのだ。わたしたちには、ひとつの場所でそのストーリーを伝えられるパワーがあった。それは、ナイキとともに歩んできた人たちのためのストーリーでもあり、旅の途中でわたしたちが集めた人たちのためのストーリーでもあった。レイとスクープは、この一冊に、三〇年にわたるストーリーテリングの系譜を集約した。それは歴史書であるだけでなく、次世代のナイキのクリエイターらが未来をデザインするとき、過去に目を向けるための手引きにもなる。またこれは、こだわりのあるスニーカー・ヘッドはもちろん、古いナイキのスニーカーをずっと愛用してくれている消費者にとっては、文化の一片を形づくるうえで消費者が果たしてきた役割を年代順に記録した本にもなった。あらゆるブランドにいえることだが、ブランドが語るストーリーはある時点で、そのブランドの手から離れる。生き生きと語られたストーリーは、民話やおとぎ話のように、文化という分かちがたい大釜のなかで混じりあい、伝承され、共有され、語りつがれるなかで変容し、語られはじめたときよりもいくぶん偉大さを増し、遺産になる。あなたのストーリーを語り、その歴史をシェアしよう。それをオーディエンスのもとに返そう。

エアマックス・デイ

箱型の建物は、数マイル四方に灯台のように光を放っていた。ライトアップされ、壁そのものが生きているみたいに、ころころ色が変わる。ビルの側面を流れるような映像の焦点がだんだん合っていく。これはもちろん、ひとつの建物で、そこに列を作っている人びとは、この建物のなかに入ってそのすばらしさを体験しようとしている。けれども同時に、これはシューズボックスでもある。はっきり言えば、これはナイキSNKRSボックスという一軒の家ほどの大きさの建物で、ユニークなインタラクティブ体験を提供している。この日、その建物のなかでは、謎めいたエアマックス0シューズの展示が行なわれていた。これは、一九八〇年代半ばに伝説のデザイナー、ティンカー・ハットフィールドによって制作されたプロトタイプでありながら、当時は生産するには先進的すぎるとみなされたシューズだ。このときのスケッチは、一九八七年まで棚上げされていたが、ティンカーがこのスケッチに立ち返り、これをエアマックス1のヒントにした。

建物を訪れた人びとは、エアマックスシリーズの発祥の地に足を踏みいれたかのように、いままでみたこともないエアマックス0の完全な絵を目にする。そしてそこを訪れた客は、ティンカー本人に出会うチャンスがあるし、エアマックスを買って、自分専用にカスタマイズしたりできる。あるいは、このアイコニックなシューズに対する情熱を客同士で共有することもできる。ナイキSNKRSボックスは、ほぼいかなる場合でも、ナイキのさまざまなフットウェアを称えるために利用できるが、その日は、外観がエアマックス1の箱にみえるように仕立てられていた。それが二〇一五年三月二六日であることを考えると、当然といえば当然のことだった。というのは、その日はエアマックスの日として知られているからだ。

ナイキは、一足のシューズのためだけに記念日を作ったのだろうか。そう、そうしたのだ。なぜだろうか。いまからそれについて話そう。

一九八七年三月二六日、ナイキはとびきり斬新なデザインを特徴とする「エアマックス1」を発売した。このイノベーションでもっとも注目すべきは、「エアバッグウィンドウ」だ。これはシューズのエアとバネのテクノロジーを強調するための特徴で、ティンカーいわく、ヒントになったのは、「中のものを外にした」パリのポンピドゥー・センターだ。当時のナイキチームは、この画期的なシューズで何を成し遂げようとしたのか。それは、ビートルズの《レボリューション》に合わせてエアマックスが登場する最初のコマーシャルが作られたことを考えると、想像がつくだろう。三五年たったいまでも、エアマックスは歴史に残る、超がつくほど象徴的なスニーカーのひとつだし、ナイキのプロダクトシリーズの主力でありつづけている。そう考えれば、クリエイティブチームはかなりいい選曲をしたといえる。

二〇一四年、ナイキは二七年まえに初めて発売されたエアマックスの原型に敬意を払った新しいバージョンを発売した。新しいシューズのシュータン部分には、エアマックスが誕生した日「3.26」がプリントされていた。しかし、わたしたちが据えた目標は、このスニーカーが創られた日を記念した新バージョンのリリースだけではなく、もう少し高いところにあった。同僚のジーノ・フィサノッティは、次のように語った。「わたしたちの課題は、スニーカー好きのコミュニティが集まってくるひととき、そんな一日を創ることだった。ファッションブランドがファッション・ウィークにやっているみたいに」

エアフォース1と同じく、エアマックスもナイキの所有物という枠を超えて成長し、消費者に自分たちのものとして受けいれられている。わたしたちはそれを充分承知していた。だから、エアフォース1の二五周年記念のときと同じように、このシューズを文化的なアイコンにしてくれた人びとに「ありがとう」と言える機会になるよう、このシューズを中心にした瞬間を作ろうと考えた。ファッションブランドにとってのパリのファッション・ウィークみたいに、この期間をとらえるというアイデアが社内に広がりはじめた。この時点では、一日限定というアイデアはまだ検討されていなかった。

けれどもその後、ジーノは、ナイキDNAチームのディレクター、リック・シャノンと会った。そしてリックに、エアマックスを初めて発売したときのプレスリリースの原本を見せられた。日付は一九八七年三月二六日。一週間よりもっと強力な「時間」があるのを知っているだろうか。それは一日だ。わたしたちは、まる一週間かけて何かを祝うということはないけれど、一日だけ派手に祝うことはよくある。たとえば、大みそか。バレンタインデー。誕生日。母の日。父の日。

ああ、わかってる。バレンタインデーとか、母の日とか、父の日の大切さと規模は、花屋とグリーティングカード業者が作りあげたものだっていうんだろう。それでも、なんとすばらしいアイデアだろうか。これまで述べてきたアイデアの多くと同様に、エアマックス・デイも、「もし、ナイキが世界じゅうに知られる祝日を作ったらどうだろう?」という問いかけから始まって、そのアイデアが徐々に形を取りはじめたのだ。ほかの祝日みたいに、このスニーカーを文化的なアイコンにしてくれたコミュニティに、わたしたちが活力を注入し、祝う理由を与えたらどうだろうか、と。

このコンセプトは、このうえない活性剤となり、その日に向けて新しいバージョンのリリースの準備が整えられた。また、その日自体が、驚くべきプラットフォームの役目も果たし、とくにソーシャルメディアを通じて消費者との結びつきを生むことになる。こうして高められた興奮と、特別な瞬間へ向かう勢いは、これまで経験したことのない方法で、消費者を巻きこんでいった。エアマックスを取り巻くコミュニティはすでに存在していた。わたしたちは一から作りだす必要はなかった。それでもわたしたちは、エアマックスを中心に集まれるよう消費者に何かきっかけを与える必要があった。すでに熱狂的なファンはいた。エアマックス・デイは、その熱狂に道筋を与え、特定の目的へと向かわせるひとつの方法だった。

なにより良かったのは、この日が特定の場所と結びついていなかったことだ。わたしたちが選んだ都市で場所を設定はするが、その日そのものはデジタルで存在し、消費者は、画像や動画、思い出を共有してエアマックスへの愛を表す。ナイキはプラットフォームを提供したかもしれないが、とどのつまり、エアマックス・デイは消費者を中心に据えたアイデアで、原動力はコミュニティだった。

二〇一四年に行なわれた最初のエアマックス・デイは、それ以降にナイキが行なったことと比較すると、やや古風に思える。わたしたちはエアマックス1の新バージョンを発表したけれども、それはシュータン部分の「3.26」のようないくつかの修正とデザインの特徴を除いて、元祖のほぼ正確なレプリカだった。ナイキはニューヨーク、LA、上海でイベントを開催し、インスタグラムに写真を投稿した。シューズボックスに囲まれた一足のエアマックス1を後ろから捉えた、かなりシンプルな画像だったが、この写真はあっというまにナイキ史上もっとも多く「いいね！」された写真となった。ナイキはこの新しい祝日を盛りあげ、祝おうと、コミュニティに呼びかけ……コミュニティはそうしたのだ。

そう、ナイキは祝日を作った。

ナイキ、そのパートナー、そして一般のコミュニティがエアマックス・デイのために作りあげた具体的な瞬間やイベントは、あまりに多すぎて、ここですべてを挙げることはできない。けれども、そのなかでとくに忘れがたいイベントをここで簡単にまとめてみよう。そうすれば、この祝日がいかにして、一足のスニーカーの誕生を祝うためのシンプルな一日から、世界的な現象へと拡大したのかが、よくわかるだろう。


東京のランドスケープ・ガーデン：二〇一七年は、エアマックス三〇周年アニバーサリーとして、その道で評判の日本のインテリアデザイン会社ワンダーウォールが、東京の国立博物館で白のエアマックスだけで造った「庭園」を披露した。《エアマックスの系譜》という名前のこの庭園では、日本の枯山水庭園に欠かせない石の代わりに、長年にわたるエアマックスのすべてのバージョンが使われ、庭園の代表的なパターンである渦巻模様が作られた。

シューズを宇宙へ——シュー・イントゥ・スペース：同じく二〇一七年に、ナイキのデジタル・エージェンシー・パートナーのスペース150が、新たなシューズ、ヴェイパーマックスのひとつを気象観測気球に取りつけ、宇宙へ送った。本当に宇宙に送りだしたのだ。上昇していく様子が気球からゴープロカメラで記録され、視聴者はヴェイパーマックスが地上から一一万七五五〇フィートまで上昇し、気球自体が破裂したあと、パラシュートで降りてくる様子を見ることができた。スペース150のクリエイティブ・ディレクターであるネッド・ランパートは、この奇想天外なアイデアを企画した理由を次のように説明した。

「わたしたちはナイキから大きな刺激を受けています。テクノロジーや文化へのアプローチ方法や、限界を超えようとする懸命な姿勢に感銘しています。わたしたちはこのイベントが、スポーツと文化の完璧な交差点となり、世界最軽量のシューズのストーリーを伝えられると感じたのです[8]」

マスターズ・オブ・エア：二〇一六年、ナイキは《Masters of Air》（エアの達人）というフィルムを制作した。ここでは、世界じゅうのエアマックスのコレクター九人を紹介している。このフィルムでは、アムステルダム、北京、パリ、ロンドン、プラハ、東京、ラスベガス、メキシコシティ、ベルリンという世界各地に住まうコレクターそれぞれのストーリーが語られる。たとえば、「アイスボックス」と呼ばれているベルリンのコレクターは、エアマックスを二〇〇〇足所有している。これは全四〇〇〇足のコレクションの半数を占めている。

ナイキSNKRSボックス：前述のとおり、二〇一五年にLAで開催されたエアマックス・デイのイベントで目玉となったのは、家サイズのデジタル・シューズボックスだった。この建物は、外側を最新のLEDスクリーン技術でシームレスに覆われ、壁にフィルムや映像が投影され、まるで生きて呼吸しているみたいにみえた。また、ほかのエアマックス・デイでもSNKRSボックスを設置し、ゲストは事前予約制で指定された時間にボックスのなかに入れるようになっていた。なかに入ると、新旧バージョンのシューズを購入できるだけでなく、アスリートやエアマックスのデザイナーにも会えた。二〇一六年には、《Masters of Air》に登場したコレクターと話をする機会が設けられた。

二〇一四年に初めて祝って以来、エアマックス・デイは八年間続いている。ブランドをベースにした「瞬間」がまれにしかないなかで、文化の一部になっている。わたしが思うに、そのわけは、ブランドと文化を同じ土俵に並べるという信条がエアマックス・デイの核にあるからだろう。第一に、そしておそらくもっとも重要なこととして、エアマックス・デイはコミュニティを祝祭の中心に据えている。ナイキの役割は、対面であれ、デジタルチャネルであれ、誰もが簡単にほかの人と情熱を共有できるようにすることだ。バレンタインデーや母の日、父の日のように、このイベントによって消費者はすでに愛着のあるものを祝う理由を得たのだ。

しかし、このコミュニティ中心型のアプローチには、それを促すもうひとつの要素がある。エアマックス・デイはファンに働きかけて、自分なりの方法で情熱を表現するよう促す。ナイキは人びとが称賛や感謝を表すためのツールときっかけを消費者に与えておいて、一歩退く。また、エアマックス・デイのもうひとつの核となる方針として、人びとに実際の投票権を与えてきた。毎年、ファンが投票者となり、エアマックスの次のバージョンの方向性が決められるのだ。つまり、コミュニティは、ナイキの創造のプロセスに一枚嚙めるわけだ。そして最後にもうひとつ。ナイキは、メルボルンからロサンゼルスまで世界じゅうの街で、インタラクティブな体験を生みだし、消費者への感謝を示している。エアマックスは、昔もいまもずっと、単なるシューズの枠を超えていた。それは、最初の印刷広告で示されたとおり、「ナイキエアはただのシューズではない」のだ。重要なのは、エアマックスというスニーカーが象徴しているものである。この祝祭の日は、コミュニティとクリエイティビティと自己表現を称える日なのだ。

ナイキがエアマックス・デイを下手に祝う方法はいくらでもあったし、称えようとしているまさにその対象を台無しにしてしまう可能性も多々あった。けれども、プロダクトとコミュニティをつねに中心に考えることで、ナイキは人びとにエアマックス・デイを自分たちのものにする権利を差しだした。けっきょくのところ、エアマックス・デイが晴れやかな祝祭の日になったのは、もともとみんなが大好きだったものと人とを、ナイキがつないだからだ。エアマックス・デイはコミュニティに属する人びとが、プロダクトへの愛を通じて、お互いを称えあう日なのだ。

もっと広い視野で、ナイキのマーケティングの歴史全体を眺めてみると、エアマックス・デイは、これまで学んできたことのなかでもいちばんいいものが、一日に一度にまとめてみられる日だ。わたしからすると、エアマックス・デイは、ナイキのブランドマーケティングとして究極の取り組みだし、ブランドがもっとも純粋に、もっとも理想とする形で輝ける瞬間だ。わたしたちは、生涯に一度の体験になるよう、えり抜きのナイキ、ナイキの人びと、ナイキのデザイン、ナイキのストーリー、ナイキのスニーカーを、その体験に詰めこんできた。エアマックス・デイそれ自体がひとつのシューズボックスみたいに、わたしたちはそこにすべての情熱を詰めこんだ。

クールは追いかけるな

企業というのはたいてい、独自の文化的なアイコンを生みだしたがるものだ。どのブランドも、自分たちのリーバイス501、自分たちのフォード・マスタング、自分たちのエアフォース1が欲しい。それは、プロダクトが到達しうる頂点のひとつなのだ。とはいえ、最初からそれをゴールにすると、たぶん失敗する。クールとはいったいなんだろうか。それが本物の風格や、個性や、強い自意識や目的意識でないとしたら？　たしかに「クール」なトレンドはある。けれども、誰もトレンドを追ってアイコンを創ってはいない。トレンドを発信することで、アイコンを生みだすのだ。トレンドを追いかければ、おそらく自分ではない何かになろうとするようになる。いっぽう消費者は、まがい物を見極めるエキスパートなのだ。何がアイコンになるのかをブランドが決められないとすれば、誰が決めるのだろうか――消費者だ。

もし、幸運にも文化的なアイコン、つまりクールの象徴を自分たちが手にしていると気づいたのなら、それを大事に守らねばならない。エアフォース1には長年のあいだに多くのエディションが生まれた。けれども基本的には同じシューズで、同じ目的を果たしている。モーゼス・マローンをNBAチャンピオンシップに導き、また、わたしにいつかプロのバスケットボール選手になれると信じさせてくれた、初代エアフォース1と同じ（まあ、わたしの夢はともかく、もういっぽうはちゃんと実現された）。

しかし多くの企業が、独自のエアフォース1を持っていない。多くの企業が、文化的な会話の中心になったり、その一部でありつづけたりするのは、むずかしいと感じている。そのため、一部のブランドは、最新のトレンドやインフルエンサー、ソーシャルメディア・プラットフォームを追い求める。ほかのみんながやっていることに飛びついて、その結果、本物になりきれず、エモーショナルな力が弱まっているブランドがあまりに多すぎる。クールを追いかけても、たいていの場合、それをとらえることはできない。文化的なアイコンは、ブランドがそのアイデンティティや目的に忠実でありつづけているうちに形になってくるものだ。ぜひそうしてみよう。そうすれば、クールのほうが追いかけてくるようになる。

「クールは追いかけるな」の原則

1. 信頼を文化のトレンドにしよう

あなたのブランドの遺産を活用しよう。ブランド本来の使命があったからこそ、あなたのブランドはここまでやってきた。だから、消費者にそもそも愛された理由を思い出そう。信頼は生産できない。だからいま保っている信頼をしっかり守るべきだ。最新のトレンドが消え去ったあとでも、信頼はずっと続く。

2. 文化の交差点で遊ぼう

自分のレーンに留まってはいけない。ほかの文化的な流れに溶けこんで、あなたのブランド価値を共有しよう。車線をまたいで、アートや音楽や、その向こうの世界と交わることで、新しい消費者をあなたのブランドに呼びこみ、ついには文化に大きな影響を及ぼせるようになる。

3. コミュニティとともに創造しよう

ブランドは自分自身でアイコンを生みだすのではない。ブランドの成功は、あなただけでなく消費者のおかげだ。だから、消費者にお礼をしよう。消費者にツールや機会や、カンヴァスを提供して、個人的な関係を築こう。消費者はツールや機会を利用して、ブランドへの愛着を世界に向けてシェアしてくれる。

第七章　ムーブメントを起こそう

「やあ、身動きが取れないみなさん。立ち往生しているねえ。お決まりのルーティンに縛られているねえ。動けなくて、これを見せられているんだな。今日はＬＡの人びとを、渋滞に巻きこまれてじっとしていないで、走ろうって誘いにきたんだ。さあ、始めよう」

ここまで言うと、コメディアンのケヴィン・ハートは、ナイキの紐を結んで、トラックの荷台に飛び乗った。といっても、その荷台はガラスの箱みたいになっていて、トレッドミルがその中央に置かれている。ケヴィンがジョギングを始めると、トラックはロサンゼルスの街を通りすぎ、ラッシュで渋滞中のフリーウェイに入った。トラックの荷台で走っているケヴィンは、マイクを使って車の運転手や歩行者に呼びかける（というより、野次を飛ばしているといったほうが近いかも）。

「みなさんは、渋滞に巻きこまれて何もできない」とケヴィンは運転手たちに言う。「おれはトレーニングしている」この言葉は仕事に向かっている人びとには、ちょっと辛辣《しんらつ》に聞こえるかもしれない。けれども、ケヴィン・ハートという人物はそういう人。ガラスの箱のトレッドミルで走っているのは、誰あろう、ケヴィン・ハートなのだから。「外から見えるおれってクールかな。おれが思っているくらいに」とケヴィンは尋ねる……誰にともなく。

フリーウェイは、いつものように渋滞していて、クラクションを鳴らしながらドライバーたちが通りすぎる。ケヴィンは走りながらドライバーたちに手を振って言う。「クラクションを鳴らすのは、おれを愛しているからか、それともおれが渋滞を起こしているからか、どっちだ?」ぶっちゃけ、前者と後者半々といったところだろう。

ここまで読んで、まだなんのことかわかっていないあなたは、これはただの風変わりな「パフォーマンス」だと思っているかもしれない。ケヴィンが、新しい映画やコメディ番組のプロモーションをしているだけだろうと。でも、ちがうのだ。ケヴィンは、自分で言っていたとおりのことをやっているだけだった。人びとを動かそうとしているのだ。立ちあがれ。立ちあがって走ろう、と。

そうはいっても……ケヴィン・ハートが? そう、ケヴィン・ハートが、だ。コメディアンで俳優であるこの男は、フィットネス、とくにランニングが大好きで、それに対する情熱は誰にも劣らない。でも、その話はまたあとにしよう。ケヴィンの「パフォーマンス」――呼びたければそう呼べばいい――は、ナイキの《Go LA 10K》キャンペーンのプロモーションで、画期的な新しいフットウェア、ナイキ・リアクトが二〇一八年四月に発売されるのに合わせて行なわれた。

トラックはフリーウェイを進み、ケヴィンも走りつづける。それを目にした運転手たちの表情は、愉快そうな顔から困惑した顔までさまざまだ。大半の人は、携帯電話を取りだして、これまで見たことがなく、今後も二度と見ることがないであろう光景を撮影している。歩道にいたストリートファッションの男はトラックが通りすぎるのを見ていたが、ケヴィンが呼びかけると一目散に走りだした。「進め」というメッセージを受けとったのだ。

ケヴィンがつぶやく。「これで充分、今日一日分の運動ができたな」

触媒

ケヴィンとナイキのかかわりは、このLAでのジョギングだけにとどまらない。ケヴィンは、二〇一七年に発売されたアップルウォッチ・ナイキ＋のキャンペーンにもかかわっていた。ナイキは、スポーツ業界だけでなくクリエイティブなタレントとも手を組んできたという輝かしい歴史がある。そうすることによって、複数の文化にまたがってわくわくを生みだし、従来とはちがったオーディエンスに、キャンペーンに共鳴してもらうのだ。その最初の取り組みのひとつが、スパイク・リーが演じるマーズ・ブラックモンだった。マイケル・ジョーダンの横に立ったブラックモンは、「それってシューズのおかげだろ」と言った。一九九三年のキャンペーンでは、デニス・ホッパーが登場し、バッファロー・ビルズのディフェンス、ブルース・スミスの巨大なシューズを手に取り、匂いを嗅ぐというかなりエキセントリックな審判を演じた。これは、ただの有名人による特別出演ではない。これらの文化的なアイコンは、ナイキが語ろうとするストーリーに独自の風味を加えてくれる。だから選ばれたのだ。

ではそもそも、ナイキとケヴィン・ハートがなぜ、一緒にキャンペーンをすることになったのか、というところからはじめよう。

二〇一五年、わたしたちはフィットネス、とくにランニングについて本音で語れるだけでなく、文字どおりムーブメントを起こすための行動《ムーブメント》を起こせる人を探しはじめた。そして見つけたのが、ケヴィン・ハートだった。ケヴィンのことをスタンダップコメディや映画でしか知らない人は、この人選を奇妙に思っただろう。ケヴィンは昔もいまもプロのアスリートだったことはない。けれども、そこがポイントでもあった。ナイキは有名なアスリートに引き寄せられる人びとだけでなく、別の分野の有名人に関心がある人びとにも、アプローチしたいと考えていた。ランナーはすでに走っている。わたしたちがこのときターゲットにしたのは、ソファにすわっている人たちだった。これらの人びとも、ケヴィンのような人物なら、無視してはいられないだろう。ケヴィンの人を引きこむような人柄と陽気な話しっぷりに、オーディエンスが関心を示し、笑い、そして願わくは、走りだしてもらえたら、とわたしたちは考えた。このムーブメントを実現するためには、影響力があって、ランニングに本気で取り組んでいて、ランニングを好んでいる人物とパートナーシップを組む必要があった。

ではなぜわたしたちは、ケヴィンが適任だと考えたのだろうか。それを証明するストーリーを（数あるなかから）ひとつ紹介しよう。二〇一五年六月、ボストンでパフォーマンスをする前夜、ケヴィンはこうツイートした。「ボストンのみんな、午前中に起きてランニングしないか。マサチューセッツ州ブライトンのチェスナットヒル・アヴェニュー367の交差点のそばで会おう。レイリー・レクリエーション・センターの隣だ」翌日、ケヴィン・ハートと一緒に走ろうと、指定された場所に集まったのは、三〇〇人のボストン市民だった。ケヴィンはこれを起点として、その地方巡業中に、似たようなイベントを定期的に行なうようになった。五カ月のあいだに合計一三の街でイベントを行なった。フィラデルフィアだけでも、六五〇〇人の人びととともに「兄弟愛の街」という愛称で知られるこの街を走り、映画《ロッキー》の主人公ロッキー・バルボアの有名なジョギングシーンを再現するかのように、最後はフィラデルフィア美術館前の大階段のいちばん上でゴールを迎えた。ダラスでは、参加したグループのなかに体重が増えすぎた男がいるのを見つけ、いったんゴールしたあと、またジョギングで引き返してその男と一緒にゴールした。[9] これはもう、ワオでしょ。

最初のボストンでのジョギングについて、ケヴィンはこう語った。「正直なところ、自然発生的な決断だった。フィットネスに対する人びとのモチベーションをあげるのに、これはクールな方法じゃないかって思ったわけさ」

とはいえ、もう少し掘りさげてみると、ケヴィンはずっとまえから走っていたわけではなかった。数年まえにようやく、フィットネスに真剣に取り組もうと決意し、走りはじめた。けれども、かならずしも得意ではなかった。ケヴィンは、定期的に外へ出ることが習慣になるように奮闘し、ようやくある日突然、かちりとスイッチが入った。習慣が中毒へと変わり、改宗した熱心な信者みたいに、ケヴィンは自分の大きなプラットフォーム（当時でツイッターのフォロワーが二〇〇〇万人以上いた）を使って、フィットネスとランニングへの愛をほかの人と分かちあい、できればその人びと自身も、ランニングの習慣を身につけてほしいと考えたのだ。

というわけで、さきほどの問いに戻る。なぜわたしたちは、ケヴィン・ハートを、ムーブメントのための行動を起こすアンバサダーに選んだのだろうか。それは、ケヴィンがすでに行動を起こしていたからだ。

ミーティングのまえの出会い《ミーティング》

ケヴィンがナイキ・キャンパスにやってきたのは、チームと対面するためだった。ミーティングのまえに、わたしがイノベーション・ビルのロビーでセキュリティチェックを受けていたとき、ケヴィンはわたしのすぐ後ろにいた。チームのほかのメンバーがチェックインを済ませるのを待っているあいだ、わたしはケヴィンに自己紹介をした。これが初めての出会いだというのに、いきなり階段の吹き抜けでふたりだけだった。ケヴィンは少しも動じることなく、世界を動かしたいという野望を語りはじめた。これは芝居なんかじゃないと、わたしはすぐに気づいた。ケヴィンは根っからのコメディアンだが、その瞬間のケヴィンは、フィットネスとランニングへの情熱を、数秒前に出会ったばかりの男に、ただひたすら打ち明けた。ケヴィンの思いに耳を傾けはじめてまもなく、ケヴィンには具体的な計画があるのだと気づいた。何をしたいのか、はっきりわかっているらしかった。これは、よくあることではない。言っておくが、まだ正式な提携契約は結んでいなかった。通常は、わたしのようなブランドのマーケターやクリエイティブチームが、タレントにアイデアを提案するものだ。でも、このときはちがった。ケヴィンは自ら進んで、未開拓のコミュニティに、フィットネスと健康的なライフスタイルを提供する計画をせっせと立てていた。

わたしはもともと、ケヴィンという人物を、エンターテイナーとしてだけでなく人として尊敬していたが、ケヴィンのビジョンを聞いて、尊敬の念がますます高まった。さらに、ケヴィンに生まれながらのコメディアンぶりを発揮され、わたしは腹をかかえて笑わないようこらえた。笑い転げるのはふさわしくない。なんといっても、数分後にプレゼンテーションをしなければならないのはケヴィンではなく、わたしのほうなのだから。

ようやくナイキのほかのメンバーも会議室に集まり、わたしは何とか冷静さを取り戻して、ケヴィンへのピッチを開始した。まず、ナイキブランドの概要として、わたしたちの目的、ミッション、価値観から説明をはじめた。それらはいつものお決まりの説明だが、わたしたちがすべての関係の基盤としているのはアスリートのためのスポーツとイノベーションである、とはっきり示す機会でもある。そのあと、アパレル・イノベーション担当のジャネット・ニコル、シニア・マーケティング・ディレクターのダーラ・ヴォーンのプレゼンテーションが続いた。各プレゼンターがナイキ・マーケティングとイノベーションの魅力を生き生きと語っているとき、ケヴィンが驚いた表情を浮かべているのに気づいた。プレゼンテーションが終わったあと、彼はナイキのエンターテインメント・マーケティングの責任者パム・マコンネルのほうに身を乗りだし、ブランドのピッチミーティングで、発表者が全員黒人だったのは初めてだと言った。

わたしたちはみな、周りを見渡して、ケヴィンの言うとおりだと気づいた。その会議でプレゼンテーションを行なった全員が黒人だった。これは、意図したことではなかった。ケヴィンとの企画に関係のある部署のリーダーがみな、たまたま黒人だっただけだ。それでも、多様性とリプレゼンテーションが実行されているという面で、それが事実であったこと、そしてケヴィンがすぐそれに気づいたことは、わたしにとって、ひとつの大切な瞬間だった。ふとした出来事だったし、はっきりいって、この会議の目的でもなかった。とはいえ、けっして忘れることのできない出来事である。

ミーティングが終わると、ランチを食べにミア・ハム・ビルに向かった。わたしたちはケヴィンにサプライズゲストを用意していた。食事が終わったとき現れたのは、フィル・ナイトだった。ケヴィンの顔がぱっと輝いた。フィルはケヴィンが成し遂げた数々の成功を褒めたたえ、ケヴィンもフィルに「インスピレーションを与えてくれる」とあふれんばかりの賛辞を送った。挨拶が終わると、ケヴィンはちょっとした即興の芝居をしはじめ、その日のその時間までに、ナイキ・スポーツ・リサーチ・ラボ内にあるアスリート・パフォーマンスの記録をすべて塗りかえたと言いだした。そのリストには、世界記録保持者やスポーツ界のチャンピオンが含まれているので、まったくの法螺《ほら》話なのに、ケヴィンが大まじめに熱っぽく語るので、わたしたちは大笑いした。これもささやかな出来事だが、ナイキとパートナーシップを組むことに、ケヴィン・ハートがわたしたちと同じくらいわくわくしていることを示す一幕だった。

そう、わたしたちは完璧なアンバサダーを選び、これから彼と忘れがたい（そして愉快な）パートナーシップを始めようとしているのだと思った。もうひとつ、わたしが言いたいことを示すのに、もってこいのストーリーがある。

二〇一六年一月、ケヴィンは《ザ・トゥナイト・ショー・スターリング・ジミー・ファロン》にゲスト出演した。ケヴィンは、赤いナイキのパフォーマンスTシャツとナイキ・ハッスルハートというクロストレーニング用のシューズを身につけて登場した。ジミーがケヴィンに新しいスニーカーについて尋ねると、ケヴィンはケヴィンであるがゆえに、どれほど愛しているかを口で表現するだけでは終われず、「よく見えないだろう」とオーディエンスに向かって話しかけ、トゥナイト・ショーの伝説的なあのデスクの上にジャンプしたのだ。そして、シューズの素材に縫いこまれたインスピレーションあふれる引用句をまくしたてた。「健やかさ《ヘルス》は豊かさ《ウェルス》だ」とか、「研磨をやめるな」とか。さらにケヴィンは言った。これは単なるシューズではなく、「アスリートと、自分のなかのアスリートに気づいていない人とのあいだの隙間を埋める」ためにデザインされたものだと。

ナイキとしてわたしたちがどう感じたか、説明するまでもないだろう。ナイキがムーブメントのための行動を開始するのに、申し分のない味方を選んだということが、これでわかってもらえただろうか。もう、お腹いっぱいだって？

ケヴィン・ハートはまさに、わたしたちが必要としていた人物だった。

走りつづける男

黒い画面に黄色い文字が表示される――「一〇月、ケヴィン・ハートはアップルウォッチ・ナイキ＋を手にいれた」。そして、フィルムはケヴィンのカットになる。車のなかで、カメラ付き携帯電話を使いながら、黒い箱を掲げている。「これから最初のアップルウォッチ・ナイキ＋のすべてをみんなに見せるよ。いやあ、ほんとに、走るのがずっと楽になったんだ」

ケヴィンは新しいプロダクトのことをしゃべりつづけるが、視聴者は新しいガジェットについて詳しい話は何も聞かされない。ケヴィンの話は機能の説明ではなく、搭載されているデジタルイノベーションの話でもない。ただこう言っているだけだ。「走るのがずっと楽になったんだ」

画面は真っ黒になり、また文章が現れる——「翌日、彼は姿を消した。数カ月後、撮影隊は自宅から七〇〇マイル離れた場所で彼を発見した」。

次に登場するケヴィンは、髭もじゃの顔で砂漠を走っている。ケヴィンは何カ月も走りつづけており、遊牧民のように野宿している。「あのさ、走るのが昔は辛かったんだ」と言うケヴィンの声が聞こえる。「でも、状況が一変したんだ。目が覚めたとき、頭のなかで小さな声が聞こえはじめてから。毎日、その声にこう訊かれるんだ。今日も走るか？ って」

視聴者はやがて、ケヴィンの言う「小さな声」は、じつはアップルウォッチ・ナイキ＋が、毎朝目覚まし時計みたいにバイブレーションでケヴィンを起こし、小さなスクリーンに同じ質問を映しだしているのだと理解する。「今日は走る？」

「それで、おれが何をしはじめたかわかるかい？」とケヴィンは尋ねる。「その問いかけに応えはじめたのさ」シーンが変わり、早朝にテントから出てきたケヴィンが映る。ケヴィンは両手を広げ、朝日に向かって、こう叫ぶ。「イエス！」

「だから、いま」ケヴィンは語る。ケヴィンが走っている傍らにはオオカミがいる（いちゃダメってことは、ないだろう？）。「だから、いま、おれは走る。走るんだ」

ナイキのフィルム《The Man Who Kept Running》（走りつづける男）は、アップルウォッチ・ナイキ＋の発売に合わせて二〇一七年に初登場した。このデバイスは、商品名になっている二社、アップルとナイキから発売された。フィットネスとモバイル・イノベーションの大きな飛躍だった。といっても、この二ブランドのコラボレーションは、これが初めてではない。二〇〇六年、両社は共同で、ランニング・トラッカー「ナイキ＋」を発表した。これはナイキのスニーカーに装着してアイポッドに接続するタイプだった。一二年後、わたしたちはまた一緒になった。とはいえ、デジタルハードウェアの状況は大きく変化していたし、わたしはもはや、新製品発売のためのブランド・アイデンティティとエクスペリエンス・デザインの責任者ではなくなっていた。CMOとして、マーケティング活動のあらゆる分野のチームを複数率いる責任を担っていた。

新しいイノベーションを世の人びとに紹介するときのゴールはいつも、そのイノベーションがいかに重要で役に立つかを直感的にわかりやすく伝えることだ。ナイキには、長いあいだ、消費者とフットウェアのイノベーションのあいだにエモーショナルなつながりを築いてきたという遺産がある。たとえばナイキ・エアがポップカルチャーとして保っているアイコニックな地位は、エアバッグによる性能強化という本来の特徴をはるかに超えている。このアップルとのコラボレーション時の課題は、フットウェアだけでなく、デジタル・プロダクトにも、同じようにエモーショナルなつながりを生むことだった。目に見えるイノベーションの有用性は、かなり直感的に理解しやすい傾向がある（ランニングシューズは軽ければ軽いほど、速く走れるなど）。けれどもデジタル・イノベーションの有用性は、たいていそこまでわかりやすくない。とくにデザインによって、これまでとはちがった、まったく新しいことが可能になる場合はなおさら、有用性がわかりづらくなる。

問題をさらに複雑にしているのは、デジタル・イノベーションには複数の特徴が含まれがちで、それぞれに独自の有用性があるという点だ。そこで、わたしたちは、ガイドラインにするために、デジタル・サービスのストーリーテリングという方面で達人のアップルとグーグルに目を向けた。皮肉なことに、これらのデジタル・ブランドはいずれも、ナイキのマーケティング・プレーブックを参考に、ストーリーテリングの匠に達した。模倣が最高の賛辞だとしたら、今度はナイキが模倣して賛辞をお返しする番だ。グーグルとアップルがみごとなのは、自社の製品やサービスの発売に合わせて、具体的な技術の特徴を説明するのではなく、そのイノベーションによって、消費者ができるようになるすばらしいことに焦点を当てていた点だ。

新しいアップルウォッチ・ナイキ＋の有用性を伝えるにあたって、わたしたちは、このプロダクトのわくわくするような機能にばかり注目しそうになる誘惑と戦わねばならなかった。その代わりに、ストーリーの土台になるのは、このデバイスによって可能になる特別な体験だ。消費者はなぜ、このプロダクトを買いたくなるのか。一言で言えばモチベーションだ。それが大事なのだ。あれこれ複雑な機能があるのは、アップルウォッチ・ナイキ＋を身につけたランナーに、ランニングをもっと楽しんでもらい、ランニングが習慣になるようなモチベーションを提供するためだ。どうにか地道に走っているランナーの誰もが、何よりも必要としているものはなんだろうか。それはモチベーションだ。この部分を消費者にしっかり理解してもらうことが、わたしたちのクリエイティブ上の課題だった。

ランニングには、アクティビティとして独特のむずかしさがある。競争がモチベーションになる一般のスポーツとちがって、ランニングのモチベーションはたいてい、自分自身の記録の追求だ。路上にいるのはひとり。前へ進めと背中を押すのは、自分自身の内側にあるモチベーションしかない。だから、意外なことではないが、多くの人がほかのアクティビティを選んだり、ランニングを習慣にできずにあきらめたりする。つまり、モチベーションを維持しつづけるのがむずかしい。では、どうすればランニングの魅力を確実に高められるのだろうか。アップルウォッチ

・ナイキ+が、ランナーやこれからランナーになる人たちに、ランニングを続けるのに必要なモチベーションを与えられると示すには、どうすればいいのだろうか。

その疑問へのわたしたちの答えが、ワイデン+ケネディと共同で制作した《Vanishing》（失踪）という一連のショートフィルムになった。ステイシー・ウォールが監督を務めたこれらのフィルムは、《The Man Who Kept Running》を含め、すべてユタ州モアブで撮影された。ステイシーは長年にわたって、ナイキのいくつかのコマーシャルの脚本を書き、監督している。そして、ナイキブランドとわたしたちのストーリーテリングのボイスとその基準をよく理解している。ステイシーは、ケヴィンに演技の多くをアドリブでさせた。そこがステイシーの大きな功績だ。ケヴィンのようなパフォーマーには、台詞を書いた脚本を渡すのではなく、話の筋を伝えて、あとは邪魔をしない。それが肝心だ。

わたしたちと一緒に仕事をしている優秀なディレクターともなれば、ケヴィンに自由にさせて、ケヴィンとしかできないやり方で、ランニングの真実を視聴者に示せば、成功がついてくる。そして、わたしが「真実」と言っているのは、ケヴィンがナイキのアンバサダーとしてだけでなく、かつては走るのが辛かったけれども、モチベーションを見つけたランナーとして話をしている部分を指している。そのうえ、ケヴィンは、そうやって得たモチベーションを用いて、ほかの人にモチベーションを与えている人物でもある。

この一連のフィルムでケヴィン・ハートは、アップルウォッチ・ナイキ+を受けとったあと、走るモチベーションを得た自分自身という役を演じている。数カ月してフィルムクルーが砂漠の荒野で発見したケヴィンは、動物と会話し、暑さや孤独と戦っているという設定だ。撮影が進むにつれ、ケヴィンは取りつかれたように走るランナーにやすやすと変身していった。ケヴィンはテイクからテイクへ、徐々に興奮のレベルを上げていった。すっかり気がちがったようになっているレベルから少し興奮しているレベルまで、自由自在に演じわけられるのだ。撮影現場では誰もが、業界トップクラスのプロの技を目の当たりにするというご褒美を得た。また、予想がつくことだけれども、ケヴィン自身もこのプロジェクトにユニークなアイデアを出してくれた。視聴者は、ケヴィンの遊牧民のような髭を付け髭だと思ったかもしれない。ブブー、ハズレ。あれはケヴィンが伸ばした本物の髭なのだ。あの髭は完全に、ケヴィンのアイデアだった。

このシリーズの各フィルムは、アップルウォッチ・ナイキ+がモチベーションを高めるという特徴に光を当てている。たとえば走るペースや距離、進み具合（プログレス）を追跡する機能や、友人と競争できる機能など。このとき大事なのは、エンジニアとしてではなく（エンジニアが悪いというわけじゃないが）、この新しいガジェットを手にいれたばかりの友人みたいに、これらの機能を伝えることだった。だから、《The Man Who Kept Running》でみられるように、視聴者はデバイスがどのように機能するのか、なんのヒントも得られず、ただそれをつけたらどうなるのかを見ているしかない。フィルム冒頭のケヴィンの言葉「走るのがずっと楽になったんだ」は、これからランニングをしようとしている人全員が聞きたい言葉だろう。

これは何をするものなんだろう？

走るのがずっと楽になるんだ。

それは、買いだ！

ムーブメントを起こすための行動《ムーブメント》

ケヴィンとナイキのパートナーシップは、アップルウォッチ・ナイキ＋だけに留まらず、拡大していった。わたしたちは、リスナーのモチベーションを高めるために、ケヴィンの声で音声ガイド付きのランニング・シリーズを制作した。想像してみよう。目を覚まそうとするときや自己ベストを設定しようとしているときに、耳元にケヴィンの声が聞こえて、あなたは笑いながら心拍数を上げていく。そして、この章の冒頭で述べた二〇一八年に行なわれたキャンペーン《Choose Go》（さあ、いっしょに走りだそう）は、新しいナイキのフットウェアであるリアクトのイノベーションと連動していた。《Choose Go》は、これまででもっとも広くグローバルに発売したプロダクトのキャンペーンだ。トラックの荷台で走るケヴィンを眺めるのは面白かったが、二分ちかく続く《Choose Go》のCMフィルムの前では、かすんでみえる。このフィルムでは、ケヴィンだけでなくシモーヌ・バイルズやオデル・ベッカム・ジュニア、さらにはビル・ナイ・ザ・サイエンスガイ〔同名の子ども向け教育番組の司会者。科学者でコメディアンでもある〕も登場する。

このフィルムのコンセプトは、地球が自転を止めてしまったというもので、ニュース番組のひとつでは「ストポカリプス」〔自転の停止を示す「ストップ」と世の終末を意味する「アポカリプス」を組みあわせている〕という造語が生みだされていた。地球をふたたび自転させるには（そんなことできるのか？）、みんながランニングを開始する必要がある。アメリカから中国まで、世界じゅうの人びとが家から飛びだして、この全人類的なランニングに参加する。一群になって走っている大勢の人の集団が、ある時点で、ひとりで逆方向に走っているケヴィンに出会う。ケヴィンは立ち止まり、「本当にそっちでいいのか？」と言いながら向きを変えて、一群のあとを追う。「この驚くべき取り組みは、地球が動きだすかどうかの最後のチャンスとみられます」とニュース番組のキャスターが言う。計画の効果が出はじめ、地球はふたたび自転しはじめたが……ニュースキャスターが速報を知らせる——「みなさんが走っているのは逆方向、逆です！」。集団はいっしゅん立ち止まり、一八〇度向きを変えて、ふたたび走りだす。

ラストショットでは、走りすぎていく群衆を目にして、ケヴィンがやるせない様子でこう言う。

「ほらやっぱり！　やっぱおれが正しかったんだ！」

ケヴィンとナイキのパートナーシップは、いくつかの面で画期的だった。まず、ケヴィンとナイキはそれぞれ、あらゆるタイプのアスリートにモチベーションを与えたいという共通した情熱があり、それをパートナーシップのベースにしていること。かつて、ケヴィンはランニングをしはじめたとき、ほかの人と一緒に走りたいと考えた。ケヴィンはアンバサダーとして、人びとを立ちあがらせ、耳を傾けさせる触媒だ。もうひとつは、ケヴィンとナイキをつなぐのがアップルウォッチ・ナイキ＋だったこと。このツールは、ナイキとケヴィンのどちらもが「人びとの手助けをする」という自分たちのビジョンを達成する助けになった。そして、最後のひとつは、自身の個人的なストーリーと、ソーシャルメディアを通じた取り組みによって、ケヴィン自身のボイスが信頼に足ると示されたことだ。ケヴィンは、モチベーションを与える名人だった。それはケヴィン自身が、どういうときにモチベーションが必要かを、知っていたからにほかならない。ケヴィンは、生活を変えたいとき、人びとが何を聞くべきかを知っていた。必要なのは、一度走るためのモチベーションだけではなく、ランニングをライフスタイルのひとつにするためのモチベーションだ。それこそが、この類まれな才能とひたむきさを持つ人物と、ナイキとのパートナーシップの奥にあった目的だった。それは、ほかの人びとの意欲を刺激して、ケヴィンの活動に引きこむことだった。ケヴィンのボイスを使ってムーブメントのための行動を引きおこし、アップルウォッチ・ナイキ＋がそのムーブメントを推進する。それらのピースがみなぴたりと収まったとき、どうすれば企業が、プロダクトの販促活動以上のことをできるのかがわかる。ブランドがいかにして、プロダクトを使って人間の潜在能力を圧倒的なスケールで解きはなてるかがわかる。

この章の後半は、イノベーションが誘発したほかのムーブメントのなかで、わたしが参加したものをいくつか紹介する。

ヒューマンレース：すべての人間のためのランニング

アップルウォッチ・ナイキ＋のキャンペーンは、ムーブメントを生みだすことが重要だった。その九年まえ、アップルウォッチがついていないナイキ＋は、文字どおりの意味でのムーブメントを起こすために使われた。想像してみてほしい。全世界の人びと（あるいは可能なかぎり多くの人間）が同じ日の同じ時間に、同じレースで一緒に競争するイベントを。二〇〇七年にビーバートンで行なわれたのは、まさにそのレースだった。それよりほんの数年まえなら、これは不可能だった。このような規模のものは、最高の技術をもってしても実現はできなかっただろう。たとえナイキが、世界じゅうの人が同じ日に「レース」をするイベントを開催したとしても、みんなでひとつのレースに参加しているという感覚には、誰ひとりなれなかっただろう。また、たとえばメルボルンのランナーとマドリードのランナーとがつながれる、なんてこともなかっただろう。けれども、その年は、その技術が利用できるようになっていた。もちろん、忍耐力と計画と、多大な努力が必要だった。それでも、もし……？

これが、のちにナイキ＋ヒューマンレースと呼ばれるものの始まりだった。一〇キロランニングのイベントが、複数の大陸にまたがって、LA、ニューヨーク、ロンドン、マドリード、パリ、イスタンブール、メルボルン、上海、サンパウロ、バンクーバーなど二五の都市で開催された。しかも、開催は北京オリンピックから一週間後の二〇〇八年八月三一日だった。参加都市では、レース終了後に当時のトップアーティストによるコンサートもあり、モービー、カニエ・ウェスト、ベン・ハーパー、フォール・アウト・ボーイ、ケリー・ローランドなどが出演した。

すべてを一変させたのが、ナイキ＋だった。ほぼ一〇年後に、その子孫であるアップルウォッチ・ナイキ＋が生まれるのだが、ナイキ＋は、これまでにない世界最大のレースイベントを開催するという、ナイキのビジョンを実現するためのツールだった。

ムーブメントの始まり

二〇〇〇年代の前半にナイキは、自社製のＭＰ３プレーヤーを発売した――ちなみに、これは市場で最高のＭＰ３プレーヤーだった。また、経験豊富なランナーが自分のランニングのログを残せる、ひじょうに画期的なオンラインのランニングサイトもあった。唯一の問題は、どちらも、少なくとも大衆にはあまり人気が出なかった点だ。これらはアマチュアよりもベテランのランナー向けのサービスだったため、流行には至らなかった。ただ、わたしたちは、一般的なランナーがたいてい、手首や腕にアイポッド・ナノをつけ、足元にはナイキのランニングシューズを履いていることに気づいた。

また、一般のランナーや、これからランニングを始めようとしている人びとは、テクノロジーのカッコよさには気を留めないことにも気づいた。驚くほどの機能が満載されているため高額なナイキのMP3プレーヤーを買おうとはせず、アイチューンズがあるし、簡単だからという理由でアップルのアイポッドを買おうとする。ランニングそのものについて、よく聞かれる不満は次のようなものだった。ランニングは退屈で、孤独で、開始するのがおっくうで、続けるのは本当にむずかしい。ナイキが消費者とつながれるプロダクトをデザインするなら、これらの消費者がいる場所――消費者にいてほしい場所ではなく――で消費者と会う必要がある。

そこでナイキはMP3プレーヤーとオンラインログで経験を積んでから、アップルに提案を持ちかけた。こうして二〇〇六年、アップルとナイキのパートナーシップにより、スポーツと音楽の世界がひとつになった。最初のナイキ＋は、シューズにセンサーを取りつけ、アイポッドをインターフェイスとして使い、走った距離と速度を記録するものだった。そのあと、消費者は自分のプレイリストをランニングルートに統合し、特定の距離で特定の曲を再生できるようになった。もちろん、ナイキ＋の真の突破口は、ジョギングはしているが記録を取る時間がなく、自動的に走ったデータが記録できることでモチベーションを上げたい人をターゲットにしたことだ。リアルタイムで走りの進捗がわかり、走っているあいだじゅうお気に入りのパワーソングで気持ちを引きたてることもできる。

この開発ストーリーで興味深い一面は、当然かもしれないが、このプロダクトへのアプローチに対して、当初は一部で反対意見が出たことだった。ランニングを習慣にしている人がこのプロダクトの顧客になるかどうかはっきりしないというのが、おもな反対理由だった。これらのランナーにとって、モチベーションは問題ではなかった。しかも、音楽を聴きながら走ると呼吸の音が聞こえないし、日誌に走った記録をつけるのは神聖な行為に近かった。ナイキ＋は本気で走っているランナーのためのものではない、と反対派は主張した。これに対して、肯定派は答えた——そのとおり。

現在の、デジタルでつながったソーシャルメディアの世界では、それほど昔でもない過去に、これらがまだ真新しかったころがあったことさえ、もうなかなか思い出せない。わたしたちがナイキ＋を作りはじめたのはそのころで、"app"といえばアプリケーションより、まだ前菜（appetizer）を思い浮かべる人が多かった。取り組みの参考になりそうなものがほとんどなくて、従うべきベストプラクティスもあまりなかった。わたしたちは、自分たちで自身の道を切り開かねばならなかった。使えるものといえば、オンラインの世界に姿を現したばかりの、コミュニティサイトやデジタルツールだけ。もちろん現在は、規制が作られたし、消費者から一定の支持も得られるが、当時は何もなかった。そもそも消費者の反応さえもなかなか得られなかった。多くの人にとって、インターネットはまだ、ラップトップコンピューターを開いたらやっと見られるもので、あらゆるデバイスに組みこまれて、いつでもそばにあるツールではなかった。この段階で個人情報の取得に対して、消費者はどのような反応を示しただろうか。ハイテクにすっかり慣れ親しんでいる消費者は別にして、一般の人びとにとってナイキ＋は、数ある新たなデジタルツールとともに、初めて体験するデジタルツールになった。いっぽう、デジタル技術業界のひじょうに多くの人びとは、ナイキ＋ランニングによってランニングへと導かれた。当時生まれつつあったソーシャルネットワークや初期のコミュニティサイトに存在したような行動が取られ、それがスポーツやフィットネスの世界に応用された。ようするに、完全なウェアラブルのムーブメントをわたしたちは開始できた。

このような、いちかばちかというような状況で、わたしはブランディング、パッケージング、アートディレクション、そしてローンチとキャンペーンのための環境を生みだすチームを引っ張っていく責任を担っていた。ナイキのハードルはつねに高いが、このときはアップル（このブランドもハードルの高さで有名だ）との提携で、スティーブ・ジョブズが自らブランドの表現に全面的に関与していることを考慮すると、失敗は許されなかった。アップルのビジュアル・コミュニケーションの責任者、浅井弘樹とは、デザインチームのブランド間共有セッションを何度か繰り返すうちに親しくなった。彼から、ジョブズの驚くほど細やかなデザインへのこだわりについて、いくつもの逸話を聞かされた。たとえば、見出しの文字間隔、ロゴの位置、プロダクトの写真の構図まで。ブランディングの天才なのだから意外でもなんでもないが、ジョブズはどれほどささやかなディテールでもおろそかにしなかった。わたしは、ジョン・ノーマンから正確さについての教えは受けたつもりでいた。ジョンから教わったのは、一五年ちかくまえにナイキでインターンをしていたときだ。けれどもこれは、まったく次元のちがうこだわりぶりだった。

わたしとチームは、この新しいコンセプトのために、ブランド・アイデンティティの構築から始める必要があった。当初から、このデジタルツールがブランドにもたらす付加的な要素を、スウッシュの横にシンプルなプラス記号を置くことで表現したいと考えていた。「Plus（プラス）」という単語を使うなど、いくつかの選択肢も検討した。この案を却下したあと、プラス記号に焦点を絞り、大きさ、ロゴとの近さ、高さ、ディテールなどをいろいろ試した。少なくとも一〇〇種類以上の選択肢を出した。最終的に選ばれたのは、やや丸みのあるプラス記号だった（ほとんど気づかないほどだけれど、縁が曲線になっている）。当時は知らなかったが、これは、この日以降いまも続いている、デジタル・ブランディングのトレンドの走りだった。いまでは、ブランド名にプラス記号を加えて、ディズニーからウォルマートまで、デジタル会員制サービスを表現するのがトレンドになっている。そう、あれを最初に始めたのはわたしたちだ。また、このとき一度きりだが、スウッシュを微調整した。プロジェクトの重要性から、この特別な例外が生まれた。わたしたちは、真新しい何かを築いていた。それもたしかにナイキなのだがナイキ感を強化したとでもいえるだろうか。スウッシュに負担をかけず、かといってそのインパクトは弱めずに、その部分をどう表せばいいのか。その答えがプラス記号だった。

もうひとつの課題として、ふたつのブランドのコラボレーションを伝えるイメージをデザインしつつ、本来なら相容れなかったふたつのプロダクトがひとつの完全なプロダクトとして融合していることを、わたしたちは表現しなければならなかった。取り組みの結果が、社内で《バタフライ》と名づけたものだ。画像では、ナイキの黒いランニングシューズがふたつ、靴底を合わせるようにして直立している。その中央にシルバーのアイポッド・ナノがあり、イヤホンのコードが曲がりくねってシューズに巻きついていて、まるで相容れないふたつのプロダクトをひとつにしようとしているみたいにみえる。このふたつのプロダクトは互いに、そしてアスリートとも、ひとつのエコシステムみたいにシームレスに交流しあっている。軽くて、キネティックで、クリーン。

また、わたしたちは、人が身につけているこのプロダクトを表現して、アスリートのイメージも制作しなければならなかった。これが思ったよりむずかしかった。取りあげているのは、シューズのなかに入っているアイスホッケーのパックみたいなセンサーと、アイポッド・ナノで、それらに焦点を合わせると、アスリートの存在が消えてしまいそうだったからだ。この問題に対する解決策は、プロダクトそのものは見せずに、そのプロダクトを使っているアスリートにフォーカスすることだった。これを実現するために、走っているアスリートの画像と、そのアスリートが目にするアイポッドの画面に表示されるデジタル指数（ペースや距離など）を重ねた。こうして、アスリートとプロダクトという、ふたつの優先的な要素をひとつの画像に収めた。これは完璧な方法だった。これもまた、先例のようなものになって、現在では、ペロトン、ストラバ、ソウルサイクルなどのブランドが、同じ手法でアスリートのパーソナルフィットネスデータを画像にオーバーラップさせて視覚的に表現している。これもやはり、ナイキが初だった。

過激なクリエイティブコラボレーション

発売イベントの前夜、チームメンバーの多くがニューヨークのチェルシー・ピアーズでランニングをしていた。発売直前の不安感を和らげるため、と言えたらいいのだが、そうではない。時間が迫るなか、すべてのナイキ＋のデモプロダクトが欠点ひとつなく、宣伝どおりに動作することをしっかり確認しなければならなかったのだ。革命的なテクノロジーをお披露目しようとしているのだから、その結果は、わたしたちが美しく飾り立てた売り文句どおりでなければならない。約一〇〇人のジャーナリストがこのプロダクトのデモの現場に参加する。ひとつでもふたつでも一五個でも、動作しなければ、翌日の新聞やニュースの見出しは、その話で持ちきりになる。

けっきょくのところ、ナイキ＋ランニングを記者に言葉を尽くして説明したところで、わかってもらうのはむずかしい。だから、デモ・ステーションを設置し、各メディアの関係者一人ひとりが個別に体験できるようにした。というのも、これを説明する言葉がまだ世の中に存在しなかったからだ。あらゆる面でこのプロダクトは新しかった。靴のなかや靴下の内側に仕込むセンサーもそのひとつだ。そして、このセンサーとアイポッドとを同期させる必要があった。友だちを追加したり、チャレンジ項目をプログラムしたりできるし、モチベーションがぐんと高まるパワーソングを流すこともできた。これはみな新しい技術で、メディア関係者を信者にするには、うまく機能させてみせるのが唯一の方法だった。その日、記者と話をする者はみな、相手に未来を届け、インスパイアしなければならなかった。

それは、二〇〇六年五月二四日のことだった。五月のニューヨークはまだ寒くなることがあった。その日はどうだったかって？　これがまた、ひどく寒かった。チェルシー・ピアーズの施設はすべて屋内だったとはいえ暖房はなく、わたしたちのチームはその天候はおろか、ランニングに適した服装でさえなかった。でも、そんなの関係ない。午前二時半、チームのほとんどが仕事の恰好のまま、チェルシー・ピアーズの周辺を何周も走った。一周走るたびに、アイポッドのボタンを押して、パフォーマンスを確認し、さらにボタンを長押ししてパワーソングを再生した。デモ用のプロダクトはすべて完璧に動作していた。アップルとナイキの両チームにとって、魔法が起こった瞬間だった。これまでに存在したことのないテクノロジーを、一緒に生みだしたのだ。これこそまさに、心をときめかせる真のコラボレーションだ。多くの人の目に涙が浮かんでいた。

とはいえ、わたしたちはまだ迷いこんだ森から出たわけではない。デモ用のプロダクトは、ありがたいことに動作したが、幕が上がるまでに乗りこえねばならない障害が、ほかにもあった。チェルシー・ピアーズでの発売イベントは、スーパーボウルの準備なみに大仕事だった。メディアやアナリストに向けたタイトな計画の範囲内で、さまざまなニーズに対応するための空間を作る必要があった。ステージとプレゼンテーションエリア、報道関係者がナイキ＋を体験するためのプロダクトとインタラクティブのゾーン、そして最後にスポーツウェアやランニングシューズの小売業者がナイキの販売担当者と会い、注文を予約できる大きなエリアがあった。メインステージがあるエリアは、大きな円形劇場のような空間で、各ブランドのＣＥＯが姿を見せ、（ジョブズの有名なプロダクトローンチに似た）対話を交わし、共同でナイキ＋のコンセプトをプレゼンテーションすることになっていた。

このプロジェクトでマーケティング・ディレクターを務めたリッキー・エングルバーグはこのように語っている――「プレスイベントのリハーサルを見ていて、一九九二年のドリームチームの練習も、こんな感じだったのではないかと想像しました。スクリプトがうまく機能するかどうかについて、スティーブ・ジョブズがフィードバックしているのを聞いたり、イベントに招待したすぐれたアスリートたちが、このイノベーションを初めて試しているときの反応を見たりするのは、まさに生涯に一度きりの経験でした」。

またそこには、かの有名なジョブズの細部へのこだわりもみられた。アップルのこのリーダーは、ユーザー体験の共同ブランディングに関してもはっきりした方針があり、スウッシュがあるところには、すぐ隣に同じサイズで同じようにアップルのロゴもなければならないと明言していた。わたしはチームに、この方針にはしっかり従うよう指示した。ただひとつだけ問題があった。ナイキ+を装着して走れるようメディアを招く場所にあるおびただしい数のデスクには、スウッシュのブランドマークしかついていなかったのだ。リハーサルの当日、ジョブズからこれを指摘され、このブランディングのディテールをイベント開始まえに修正してほしいと言われた。例外はない。じつをいうと、各テーブルには合計三台のアイマックが置かれ、すべてにアップルのロゴが入っていたが、それはまた別の話だった。わたしはチームを招集し、アップルとスウッシュの組み合わせに表示を変更しなければならないこと、そしてそれを発売イベントの開始時間までに行なわねばならないことを伝えた。チームのメンバーは四八時間かけて、カットしたビニールで四〇個のアップル・スウッシュのロゴを作り、本番前夜にテーブルを塗りなおした。そんなわけで、デモ用のプロダクトをテストするラップランナーがいるいっぽう、別のチームはメディアデスクを修正していた。けれども、やっただけの甲斐はあった。アップルのロゴマークとスウッシュが並んでいる光景は圧巻で、そのビジュアルのパワーがすべてのゲストに届いた。とくにメディア関係者に、これからもたらされようとしているのは、両ブランドの最高傑作だということが伝わった。

いざ幕が上がると、徹夜したみんなのおかげで、ローンチイベントはゾクゾクするほどの成功を収めた。チェルシー・ピアーズで披露した、七万五〇〇〇平方フィートを満たすブランドパワーは、望みどおりの効果を発揮した。メディアの評価も予想以上に良かった。わたしのチームのアートディレクターだったスコット・デントン＝カーデューは、このイベントに向けて連日徹夜で働いていた。ローンチイベントが始まると、スコットはようやく準備の役割を終えて、完璧なイングリッシュ・ブレックファストとウィスキー、そしてギネスビールを数パイントという、究極の朝食を食べに行った。そして、一週間分の睡眠をむさぼった。

アイポッドと組んだナイキ＋は、それぞれの業界のイノベーションの巨人二社による過激なクリエイティブコラボレーションの成果だった。これは、ウェアラブル・ムーブメントの火つけ役になっただけでなく、複数のデバイス同士がシームレスにつながる時代の先駆けでもあった。消費者は初めて、個人的な健康状態やフィットネスの数値（歩数や距離、消費カロリーなど）を、医療従事者やトレーナーの助けを借りずに確認できるようになった。やがてアイポッドは、発売からわずか一年でアイフォーンに代わり、消費者とデータのシームレスな統合はさらに改良された。二〇一二年には、七〇〇〇万人のユーザーがナイキ＋のコミュニティに参加していた。

二〇〇八年、ナイキ＋の成功によって、人類史上最大のレース、その名も《ヒューマンレース》を開催できるほどのテクノロジーが存在することを、わたしたちは確信した。正式なレースイベントに参加している都市では、ランナーはナイキのサイトを使って登録し、世界じゅうの人びとを相手に、自分のパフォーマンスを追跡して、評価ができた。さらには――ここが重要なのだが――レースに参加している都市以外の場所にいるランナーでさえも、ナイキ＋（現在はアプリケーション）を使えば、スポンサーになっている都市のレースであれ、自分の住む地域のレースであれ、レースに参加して、ほかの参加者とともに自分のパフォーマンスを記録できるようになっていた。

二四時間が過ぎるころには、一〇〇万人のランナーが合わせて八〇万二二四二マイル（地球三二周分）もの距離を走破していた。ナイキとして、わたしたちがとくに誇らしかったのは、これほど多くのランナーたちが、おもなイベントを開催した都市から参加してくれたことだ。わたしたちは、マーケティング活動に力を注いで、都市部の人びとに外へ出てトラックを走るようになってもらうという野望があった。それが実現できたのだ。わたし自身は、レース後にデジタルスコアボードを見て、俳優のマシュー・マコノヒーに負けたことを知り、必要以上にがっくり落ちこんだ記憶がある。ヒューマンレースの成功を受けて、二〇一五年、わたしたちは八月二七日を《Fastest Day Ever》（史上最速の日）にするというビジョンを掲げ、世界じゅうの人びとに、この日、自分自身の最速記録で一マイルを走るチャレンジをしようと呼びかけた。そして、ナイキ＋のデータとグーグル・ストリートビューを利用することで、わたしたちは世界じゅうのランナーに、各自のランニングルートをパーソナライズした動画を提供することができた。これらをすべて成し遂げられたのは、プロダクトをデザインするためのビジョンのおかげだった。そのビジョンによって、ターゲットをエリートランナーではなく、シューズの紐を締めるのに少し余計にモチベーションを上げる必要のある、ランニングを始めかけた人に絞った。このテクノロジーは、ランニングを中心とするムーブメントを組み立てるツールだ。これによって、ランナーは個人データをリアルタイムで容易に取得できるだけでなく、世界じゅうのほかのランナーたちともたやすくつながれる。ランニングは個人の競技かもしれないが、ムーブメントに参加すれば、もうひとりぼっちではない。

メイク・イット・カウント――測定しよう

二〇一二年のユーチューブの動画に、ユーザーのフラッフィー・ペンギンズさんからこんなコメントが寄せられた。「これは傑作か、それともスポンサーの資金を盗んだ輩のビデオか」フラッフィー・ペンギンズさん、どちらも正解っていうのもアリじゃなかろうか。

問題のフィルムは《Make It Count》と名づけられた。この作品は、誰かの手がナイキ+フューエルバンドを箱から出すシーンで始まる。製品自体は楕円形の溝に収まっていて、その楕円の中心には「Life is a sport. Make it count」(人生はスポーツだ。それをカウントしよう)という言葉がある。その手がフューエルバンドを取りだし、持ちあげる。そのあと画面が変わって、どこかの街の特徴のないドアからひとりの男が走りでてくる。つまり、男は走っている。男は歩道を駆け抜け、画面からはずれる。画面は真っ黒になり、次のような文字が現れる。

「ナイキから、#makeitcount とはどういう意味かを示す映画を作ってほしいと依頼された」という文から始まって、スター・ウォーズ風にさらに文章がスクロールされていく。「映画を作るかわりに、ぼくは予算を全部使って友人のマックスと旅をしてまわった。金が尽きるまで旅を続けた。一〇日かかった」

このフィルムの残りの四分間は(言葉では少々わかりにくいかもしれないが)、映画監督のケイシー・ナイスタットがマックスと一緒に世界じゅうを旅している様子が映しだされている。ふたりはニューヨークを出発し、パリに飛ぶ。パリからカイロへ。そして……ええと、旅路を解読するには、ちょっとトリッキーな映像になっていくが、ロンドン、ヨハネスブルグ、ザンビア、ナイロビ、ローマ、ドーハ（ケイシーがカメラに向かって「ドーハに戻る」と言っている）、バンコク、そしておそらくほかにもいくつかの都市が登場する。このフィルムを通してずっと、ケイシーはフレームの端から端まで、オフィスのドアを飛びだしてからずっと、あらゆる場所で走っている。ケイシーはつねに走りつづけ、けっして止まらず、ずっと移動している。また、無秩序にいろいろな場所で後方宙返りをしたり、おそろしく高いところから水に飛びこんだり、逆立ちしたりもする。そのうちお金が尽き、ケイシーがオフィスのドアに向かって（反対方向から）走って戻ってくる場面で終わる。

ケイシーの旅が続いているあいだ、画面には引用句が現れる。それらにはすべて共通のテーマがある。

〝大胆に冒険しなければ、一生何も起こらない〟 ――ヘレン・ケラー

〝切符を買ったら、さあ乗ろう〟 ――ハンター・S・トンプソン

〝人生は一度きりだけど、ちゃんと生きたのなら一度で充分〟 ――メイ・ウエスト

〝とにかく、まずやってみよ〟 ――フランクリン・D・ルーズベルト

〝未来のことなど心配したことはない。すぐにやってくるのだから〟——アルバート・アインシュタイン

〝過ちを犯さない者は、何かをやり遂げもしない〟——ジャコモ・カサノバ

〝毎日ひとつ、恐れていることをおやりなさい〟——エレノア・ルーズベルト

〝すべてのルールに従ってちゃ、どこにもたどりつけないわ〟——マリリン・モンロー

〝行動は優先順位を表す〟——ガンジー

このフィルムの面白いところは、視聴者が見ているものが、実録だというところだ。ケイシーはお金とブリーフケースを渡され、そして……旅に出た。誰も予想していなかったことを行ない、金を費やし、プロジェクトを終わらせて帰ってきた。それは、フューエルバンドをつけて無計画に世界じゅうを飛びまわるというプロジェクトだ。そして、完成品としてフィルムをわたしたちに渡して、こう言った。「はいこれ。いっちょあがり」

まあ、それがほぼ事実だ。あとでひとつ微調整したのは、ケイシーがフィルムのなかにちりばめた引用句の部分だった。ケイシーはあとひとつ必要だったので、ナイキに助言を求めた。ナイ

キが出した条件はこれだけ――引用句はパブリックドメインであることと、一〇〇年以上まえのものならおそらく安全だろうということ。それでケイシーはエイブラハム・リンカーンを思い浮かべ、こんな言葉を見つけた――〝人生は歳の数ではなく、あなたの歳の数のなかに人生がある〟。完璧じゃないか。

というわけで、手にいれるべきものを手にいれた。ケイシー・ナイスタットにしかできないきらりと光るものがあるし、ナイキにしか語れないストーリーだ。このフィルムは、人生はスポーツであり、それを大切にしようと示しているところが印象的だ。当時、この作品はナイキのユーチューブ動画のなかで、もっともよく視聴された作品となり、従来の広告メディアモデルでは広告料を支払うのに対し、バズって収益を得た作品となった。ナイキ史上、一本のフィルムとしては、もっとも大きなROI（投資収益率）を記録した作品のひとつといえるだろう。

そしてこれは、ナイキの新しいイノベーション、フューエルバンドを世界に紹介するのにもってこいの方法だった。

ムーブメントの始め方

二〇一二年、ナイキは革新的なナイキ+フューエルバンドを発売した。これは手首に装着して携帯電話と接続する、まったく新しいアクティビティ・トラッカーで、装着者は複数のスポーツにおける身体活動、毎日の歩数、燃焼したエネルギー量を追跡できる。エクササイズやフィットネスがいまや複数のプラットフォームで共有されるようになったという意味では、それまででもっとも民主的なスポーツ・アクティビティ・センサーだった。二〇〇六年にアップルと共同でナイキ＋ランニングを発表したころ、フェイスブックはまだソーシャルメディア・プラットフォームの主流になっておらず、ツイッターもまだ登場していなくて、インスタグラムが登場するずっとまえだった。このときわたしたちは、デジタルで残されたランニング記録の共有は、ランナーが友人やランナー仲間から承認を得るのにもってこいの方法だと気づいた。そしてランナーたちはふいに、ランニングをしてもナイキ＋で記録しないかぎり、何か物足りない気がするようになった。

このプロダクトには、消費者にフィットネスの時間を有意義なものに感じさせるパワーがある。これがヒントになって、ナイキのウェアラブルテクノロジーの次の段階が想像できるようになった。当時CMOだったダヴィデ・グラッソは、チームに向かって、これを短い言葉でずばりと言いあらわした──「さあ、革命を起こそう」。ダヴィデが言いたかったのはこういうことだ。消費者のフィットネスデータに対する見方が永遠に変わるようなプロダクトを、市場は待ち構えているようにみえる。世の中はすでに、初心者ランナーでさえ、自分のフィットネスデータが即座にわかる時代になっていた。五年まえなら医師しか知らなかったような、身体活動や健康状態が一般の人でもより深く理解できるようになっていた。

ムーブメントを起こそうというこの呼びかけは、ナイキ内の人間から共感を得た。ダヴィデはチームに実態の調査を依頼した。政治、社会、文化など、ほかの革命から学び、それらの革命を成功に導いた共通の筋書きや戦術を探した。わたしたちは、これらの歴史的なムーブメントからいかにしてインスピレーションを得て、ナイキ＋シューエルバンドによる革命を起こすためのマーケティングプランを作ればいいのだろうか。

まずは、行動を呼びかける必要がある。行動を喚起し、消費者の気持ちを高めるだけでなく、共通の目的に向かってモチベーションを高めるスローガンが必要だとわたしたちは認識していた。当初は、《Make Everything Count》（すべてをカウントしよう）でいこうと考えた。これは、フューエルバンドが追跡するさまざまな数値をうまく表現していた。けれども、ややくどかった。最終的に、《Make It Count》（それをカウントしよう）に落ち着いたが、その理由はふたつある。ひとつは、語感が公約めいていて、まさに行動への呼びかけらしく聞こえるところ（「それを有意義なものにしよう」などの意味にも取れる）。もうひとつは、《Just Do It》との関連性だった。「It」――「Everything」ではなく――はすでにナイキのＤＮＡに組みこまれていた。だから、《Make It Count》がキャンペーンのタイトルとなった。

革命について調べているうちに、起業家のデレク・シヴァーズがムーブメントをどうやって起こすかについて語ったＴＥＤトークを見つけた。これが、わたしたちのプランの方向性をビジュアルにするのにおおいに役立った。トークのなかでデレクは、野外音楽フェスティバルの多くの人びとがすわっているところで、大きく身体を動かして踊っているひとりの男の映像を示す。デレクはその映像を流しながら、この最初の人物はただのひとりのおバカだと説明する。最初の男は実際はまだ何も始めておらず、人びとはただ、少し変な奴だと思う。けれども、そのあと誰かがその男の踊りに加わる。それは、最初の男がここで踊ってもかまわない、という空気を作ったからだ。最初に踊っていた男は新しい男を無視せず、新参者を熱く迎えいれて一緒に踊りはじめる。かつてのひとりの変わり者に初めてフォロワーができた。しかも、そのフォロワーによって、ほかの人の目に映る、ひとりの変わり者が正当な存在に変わり、さらに踊りに加わりやすくなる。なんてったって、音楽フェスティバルに来てるんだし。そこに来たのはむしろ踊るためじゃないか。みんな本当は踊りたいのだ。さらに踊りに加わる人びとが増え、その場面の全体の流れが変わる。もはや踊っていないほうが変わり者になる。やがて、群がった人びとがみな踊りだす。デレクはまとめとして、ムーブメントを起こすには、ひとりの変わり者だけではなく、最初のフォロワーが必要だと述べた。この言葉は、わたしたちがフューエルバンドのマーケティング・ビジョンを定義するヒントになった。

リクルート、ラリー、ロア

マーケティング・リーダーのデヴィッド・シュライバーは、この計画をリクルート、ラリー、ロアという段階に分けた。リクルートとは、なにか注目すべきことを行なう最初の勇敢な人を数多く見つける必要性を意味している。それだけでなく、その人びとはすぐれたリーダーで、仲間になった人を誰でも歓迎できる人でなければならない。そこで、フューエルバンドを使った体験をそれぞれ自分のオーディエンスに共有してもらえそうなアンバサダー候補を、スポーツ、映画、音楽、ダンス、ゲームなど、さまざまな分野からリストアップした。

「ラリー」は、行動への呼びかけを具体的な何かに変えることだ。いいかえれば、その裏にアクションがあってこそ、ラリーが広まり、《Make It Count》が効果を発揮する。この場合、わたしたちは単にフューエルバンドを買ってほしいだけでなく、毎日フューエルアクティビティスコアをシェアしてもらいたかった。シェアという行為こそが、仲間との（あるいは消費者によっては、ライバルとの）競争心を引きだす。そして競争心には、それ自体に勢いを生む魔法がある。勝負や競争、コンテストやレースが自然発生的に生まれ、その動きが広がれば、テクノロジーには興味がないが、コンテストやレースには参加したいという人たちを引き寄せると、わたしたちにはわかっていた。また、わたしたちのソーシャルメディア・チャネルやハッシュタグを通じて、さらに小売の空間でも、フューエルスコアをスクリーンでハイライト表示させて、このシェアのレベルを拡大できることもわかっていた。たとえば、NFLのクォーターバック、アンドリュー・ラックがハードなトレーニングをこなしているのを追跡したり、自分もついていけるかどうかを試したりできる。

「ロア」はじつをいうと、デレクのトークからヒントを得たわけではなく、デヴィッドが、称賛するという意味をこの言葉に当てた。充分な数の消費者がフューエルバンドを使うようになれば、それらのユーザーのために特別なイベントを開催できる。そうすれば、ユーザーたちがお互いを称えあえるだろうと考えたのだ。

　わたしたちが最初にリクルートしたうちのひとりがケイシーだった。ケイシーは《Make It Count》を制作するまえに、正式発売まえの匂わせのようなものとして「ティーザー《じらし》・フィルム」を作ってくれた。このフィルムは、あえて謎めいたものにして、一般の人たちの日常生活での動きを映しだし、「スポーツ」はどこでも、いかなる場所でもできるという考えを植えつけた。この最初のフィルムは、ナイキ＋を示唆する落書きがされたニューヨークのタクシーの後部ショットで終わった。ここから噂が流れはじめ（わたしたちの思惑どおり）、ナイキが新しいウェアラブル端末を発売するのではないかとささやかれるようになった。このフィルムでは、行動への呼びかけであるフレーズ、「Make It Count」もシェアされた。これは、二〇一二年の元日に#happynewyearについで、二番目に多くツイートされたハッシュタグになった。また、わたしたちは一三〇人のナイキのアスリートに、アスリートとしての決意や目標をツイートするよう依頼した。その年はオリンピックイヤーだったので、それについてのツイートはいろいろあった。さらに多くの人が参加し、気づいたらムーブメントが起きていた。もちろん、ケイシーは公式発表の一環として制作したあの傑作フィルムで、永続的な貢献を果たしてくれた。あのフィルムのなかに《Make It Count》の理念を取りこみ、フューエルバンドが有望で有効であることを、あますところなく表現してくれた。

しかし、ケイシーのフィルムはこのキャンペーンの公式な「コマーシャル」ではなかった。ソーシャルメディアでのシェアを通じて拡散されるバイラル効果を狙って、ユーチューブ用に制作された作品だ。コマーシャルフィルムでは、ケイシーが作品のなかで探索してきた概念に、わたしたちもこだわった。それはキャンペーンの取り組みのなかで築いてきたものでもある。その概念とは、スポーツはルールや競技で定義されるのではなく、ムーブメントによって定義されるというものだ。このフィルムの起源は、社内で制作したムードフィルムにある。ムードフィルムでは、動いているからカウントされる、動いていないからカウントされないという活動を、さまざまなビデオの断片で表現している。その断片は有名な映画やテレビ番組、ユーチューブ動画、スポーツ中継などから切り取られている。このような全体的な一貫性を保ちながら、元のフィルム自体の雰囲気も維持する――これは、かなり困難であることがわかった。これはおそらく、一九八七年にビートルズの《レボリューション》の使用権を得たとき以来の、法的および著作権という視点からして、制作がもっともむずかしいフィルムだった。わたしたちが断片として使用した映画は、《インディ・ジョーンズ》や《オズの魔法使》、《アマデウス》などで、モンティ・パイソンのコントも登場する。それぞれのシーンは、登場人物の動きを重視して選ばれた。アニメーションのポパイとブルース・リー、映画《ビッグ・リボウスキ》のシーンが数秒のあいだに次々登場する（ちなみに、《ビッグ・リボウスキ》のデュードは動きがないほうの例として登場）。丸一分のCMのなかに、オリジナルで撮影したシーンはひとつもない。すべて映画、テレビ番組、ユーチューブ、スポーツイベントなどからの引用で、それらすべてが組みあわさって、動きに関する動画のコラージュが作りだされている。フィルムの終わりには「Life Is Sport. Make It Count」というコピーが現れ、そのあとフューエルバンドの映像が流れ、ピンクのカツラをかぶったトム・ハルス演じるアマデウス・モーツァルトが指揮棒を振って、最後に華麗な締めを披露する。

チームは、これらの象徴的なシーンやキャラクターが登場する映像の使用権を得るために、休みなしで働いた。それでも、もう時間切れぎりぎりになっても、一九七九年の映画《ウォリアーズ》でサイラスを演じたロジャー・ヒルの行方をつかむことができなかった。「きみたちは数をカウントできるだろうか？」というヒルの有名な台詞でこのフィルムは始まるし、このシーンがカウントするというアイデアの発端となった。だから、これを削除するわけにはいかない。時間が刻々と迫るなか、ようやくヒルが見つかり、図書館で働いているヒルから無事に了承を得ることができた。

その後、ジミー・ファロンがホストを務めた大規模なメディアイベントでこのフィルムを上映し、フューエルバンドを正式にローンチできた（イベントの開始まで一時間を切ったあとに、わたしはなんとアイフォーンで最終編集を確認した）。イベントが進行していくなか、たった数分で最初の数千個がオンラインで完売した。やがてすべてのバンドが売れ、数週間たってやっと市場に追加投入できた——消費者は手にいれるだけで一大事だ。こうしてムーブメントが築かれつつあった。

ロア

リクルートし、ラリーして、さてお次はロアの時間だ。わたしたちは、最大限にインパクトのあるロアの瞬間として、いちばんいいタイミングは、テキサス州オースティンで開催されるサウス・バイ・サウスウエスト（ＳＸＳＷ）カンファレンスだと考えた。ＳＸＳＷは、テクノロジーのお披露目の場であると同時に音楽フェスティバルでもある。さらにテキサスのこの町は、ランニングの大規模なコミュニティが活発に活動している。このイベントで、わたしたちの取り組みに欠かせなかったのが、未来型の野外スポーツコートだ。これは、フューエルバンドという体験型のストーリーによって拡張される、すばらしい音楽パフォーマンスとスポーツがひとつになった空間だった。

スポーツコートの中央には、全長約一〇〇フィートの電子掲示板がある。この掲示板は歩道と同じ高さに建てられており、「フューエルストリーム」という一種の順位表が表示される。その順位表には、フューエルバンドを装着しているカンファレンスの参加者が加わった、開催中のあらゆるコンテストやコンペの順位が表示された。またこの掲示板には、次のスニーカーローンチがいつかなど、今後のナイキのイベントの予定も表示された。

　この電子掲示板がカンファレンスのなかでも注目を浴びていたのは、人の動きに反応するからだった。掲示板の前で何も動きがなければ、ボードは赤色になる。ところがその前で誰かが動いた瞬間に、その人のシルエットが赤からオレンジ、黄色、緑色へと、その人の動きに合わせて色を変えながら動くようになっていた。色は、動きの速さによって変化する。たとえば、歩いている人のシルエットはオレンジ色で表示され、全力疾走している人のシルエットは緑色に点滅する。この仕組みを理解した来場者が、自分の動きでボードの色を操るのを見るのはひじょうに愉快だったし、それはまさにムーブメントのための行動《ムーブメント》を表していた。昼夜を問わず、多くの人がこのゲームに夢中になった。

　とはいえ、いちばんの見せ場は屋内の音楽会場だった。ここでもムーブメントへの感度は良好だった。会場内のすべての壁の色が観客の動きに合わせて、赤から緑へと多彩に変化するようになっていた。ステージでは、ガール・トーク、メジャー・レイザー、スレイ・ベルズのパフォーマンスがあり、彼らのパフォーマンスでオーディエンスが盛りあがると、会場がクリスマスツリーのようにライトアップされた。このムーブメントの渦は、会場の外からも見ることができた。わたしたちは、照明システムを音楽会場のすぐ外側にある、市内でもっとも高いビル「フロストタワー」に向けて設計していた。会場内の観客が身体を動かすと壁の色が変わり、外側の照明もそれに合わせて色を変え、フロストタワーにも光のショーが投影された。赤、黄、オレンジ、緑に点滅するタワーは、それ自体が踊っているみたいにみえた。この光のショーは何マイルも離れた場所からもみえた。

「ロア」の最後の要素は、それほど画期的ではなかったが、フューエルバンドで生みだしたムーブメントを祝うという点では、負けず劣らず効果的なものだった。わたしたちは、ナイキのアパレルチームに、ナイキが採用しているフーツラという書体で「I'M WITH THE BAND」（バンドとともに）というロゴを胸にいれたTシャツの製作を依頼しておいた。このTシャツのアイデアひとつでイベント体験全体の原動力が得られた。この語呂合わせは、フューエルバンドを持っていれば、「バンド」メンバーが得られるものすべてにアクセスできるという意味で、もちろん、SXSWの音楽的要素のバンドとフューエルバンドをもじっていた。「バンド」メンバーは、特製の食べ物、バックステージ・パス、クールな景品、セレブやアスリートとの交流などの特権が得られ、なにより、すべての列に並ばずに済んだ。フューエルバンドを持っていれば、SXSWでナイキが提供するものすべてにVIP待遇でアクセスできたし、Tシャツを着た参加者は、映画上映、音楽パフォーマンス、アート展示を観覧できた。各会場には「WITH THE BAND」と書かれた看板があり、裏口から巨大な屋外の出演者控室のなかに入れるようになっていた。

SXSWは三月一八日に終了した。わたしたちはデジタルの壁の写真を最後に撮った。そこには「GOAL」と表示されたフューエルバンドが映っている。イベントは大成功で、あるレビュアーはこうツイートした。「ナイキがSXSWを制した。テック系企業でもなく、音楽バンドでもない、ナイキが」

目的を差しだそう

よいブランドは記憶に残る瞬間を生み、極上のブランドはムーブメントを生む。けれども、どんなムーブメントも、野心的なビジョンを持って始めるべきだ。自分たちが何を達成したいのか。ブランドのムーブメントは製品と結びついているのだから、別の言葉でいえば、その製品でいったい何を達成したいのか、というビジョンだ。何を「する」のかではなく、何を「達成する」のか。その製品は何を促進できるのか。消費者の生活をどんなふうに良くすることができるのか。この問いの答えを見つけよう。そうすれば、ムーブメントのビジョンを描けるようになる。

マーケティング担当者は、その製品がどういうものかに集中するあまり、製品の目的を見失ってしまいがちだ。その製品には最新のテクノロジーが、最高の素材が、最高のエンジンが、最高のインターフェイスが備わっているのかもしれない。けれども、もっとずっと基本的なことを知りたい人には、いま挙げた特徴は何も響かない。その人が知りたいのは、製品が自分をどのように助けてくれるのか、だ。そして、その人を助けることによって、多くの人びとも助けられるようになる。けれども、そこで終わりではない。そのひとりの客があなたの製品のファンに変身するのを、見守っているだけではいけない。そのファンに手を貸して、ほかの人にもファンになってもらおう。活動的に、目的意識を持って、製品を中心にした土台を築こう。ひとりから大勢へ。ひとりの変わり者――あるいはアンバサダー――からフェスティバル全体の踊る群衆へ。しぶしぶ走っていたひとりのランナーから、フィラデルフィア美術館の階段を誇らしく駆けのぼる街じゅうの人びとへ。ムーブメントは導かれたコミュニティだ。人びとが、自分たちはもちろん、周りにいるみんなの役に立つすばらしいものに属していると思えるとき、そのムーブメントは活気づく。そのコミュニティでは、前進しているという気持ちをシェアしあえるし、ともに可能性を解きはなてるし、ムーブメントを続ける原動力が得られる。

製品の可能性を発見しよう。それが、消費者自身の可能性の発見につながる。

「ムーブメントを起こそう」の原則

1．大胆な未来

ムーブメントとは、変化だ。目標は達成可能であるべきだが、同時に大胆さも必要だ。大胆なほうが、臆病でいるよりはるかに人びとを活気づける。大胆な目標はドリーマーを立ちあがらせ、懐疑論者を嘲笑させるはず。あなたが求めるのはドリーマーだ。懐疑論者はソファにすわらせておけばいい。

2．行動の触媒

ムーブメントには、インスピレーションの源となるカリスマ的なリーダーが必要だ。同時に、リーダーには親近感も必要で、行動を促す触媒の役割もある。ブランドとして、リーダーは消費者を活気づける必要があるけれども、それと同じくらい重要なことに、リーダーのなかに消費者自身と似た部分がなければならない。

3. エンパワーメントのツール

成功するムーブメントは、エンパワーメントのツールと結びついている。そのツールを使えば、人びとは大胆な目標を達成できる。ブランドは、技術的にすぐれていれば、消費者はついてくると考えがちだ。しかし、消費者が興味を抱くのは、製品にどんな機能があるかよりも、その製品を使って何ができるかだ。

4. ムーブメントに必要な時間

時間や場所を使って、人びとに、有意義で成長しつつある何かに属していると認識してもらおう。始めたときはひとりで、孤立し、夢をシェアしてもそれを実現する手立てがなくて、行きづまっていたかもしれない。けれどもいまは、もっと大きくて、重要で、自分たちをいい状態にしてくれるものに属していると感じてもらうのだ。

第八章　距離を縮めよう

二〇一六年七月一三日、ＥＳＰＹ賞〔米スポーツ専門テレビ局ＥＳＰＮが設けているその年にもっとも活躍したアスリートに贈られる賞〕の授賞式のオープニングに、ＮＢＡのスター、カーメロ・アンソニー、クリス・ポール、ドウェイン・ウェイド、レブロン・ジェームズが登場し、この授賞式の歴史上もっとも忘れがたい瞬間を生みだした。

クリス・ポールはこう語った。「数世代まえのレジェンドたち、たとえば、ジェシー・オーウェンス〔元陸上選手〕、ジャッキー・ロビンソン〔元プロ野球選手〕、モハメド・アリ〔ボクシング元世界ヘビー級王者〕、ジョン・カーロスとトミー・スミス〔ふたりとも元陸上選手〕、カリーム・アブドゥル＝ジャバー〔元プロバスケットボール選手〕、ジム・ブラウン〔元アメリカンフットボール選手で俳優〕、ビリー・ジーン・キング〔元女子プロテニス選手〕、アーサー・アッシュ〔元プロテニス選手〕、その他かぞえきれないほどの人びとが、アスリートはどうあるべきか、そのモデルを示してくれました。だから、わたしたちは、彼らの足跡をたどろうと決意したのです」

四人のアスリートが、ロサンゼルスのマイクロソフト・シアターのこのステージに立ったきっかけは、黒人に対する不当な扱いだった。そのまえの週、アルトン・スターリングとフィランド・キャスティルが別々の事件で警察官に射殺され、全米で抗議デモが巻きおこっていた。少なくとも、それが直近の問題だったが、ほかにも多くの問題があった。さかのぼれば……そう、何世紀にもわたる根深い悲劇があった。その問題をアメリカ社会はこれまでも解決できずにいた。

カーメロ・アンソニーは次のように語った。「アメリカの制度は崩壊しています。これは新たな問題ではありません。暴力は目新しい問題ではないし、人種間の分断もまちがいなく目新しい話ではありません。ですが、変化への切迫した思いはまちがいなく、かつてないほど高まっています」

ひとりずつ順番に、それぞれのアスリートが、当時起こっていた危機的な状況のなかで自分たちが果たすべき役割を語り、このステージに立っているのは、ほかの人びとにも切迫感を抱いてもらい、自ら立ちあがってもらうためだと訴えた。

「今夜、わたしたちはGOATと呼ばれたモハメド・アリを追悼します」とレブロン・ジェームズは言った。「しかし、彼の残した遺産をしっかり生かすためにも、この機会をいただいて、すべてのプロスポーツ選手に向けて行動を起こそうと呼びかけたいと思います。わたしたち自身が学び、これらの問題を追及し、率直に意見を述べ、わたしたちの影響力を使って、すべての暴力を拒絶しようではありませんか。さらに重要なのは、自分たちのコミュニティに戻り、時間やリソースを使って、コミュニティの再建を助け、強化を助け、コミュニティが変わる助けになることです。わたしたちはみな、もっと貢献していかねばなりません」

たしかにそのとおり。わたしはそう思いながら、四人のアメリカ黒人が、わたしの生涯にわたるインスピレーションの源でありつづけた、ある人物の志《こころざし》を引き継ぐのを見ていた。その人物とはモハメド・アリだ。当時、わたしはナイキのCMOという役職に就いて、まだ二カ月だった。四人の話を聞いているうちに、ふいに切迫感と勇気が湧きあがってきた。切迫感は、この選手たちがみんなに、向上しようという課題を目の前に差しだしたからだ。ナイキが過去にみごとにやりとげたように、アスリートの声を拡大し、アメリカ黒人の闘争や、制度的人種差別という負の遺産に注意を引きよせるときがやって来たのだ。チャンスはいまだ。

勇気も湧いてきたのは、その瞬間、わたしは深い責任感に満たされたからだった。というより、もしかすると、ずっとまえから自分のなかにあった責任感を再発見したのかもしれない。ナイキはこれまで、ブランドのボイスを使って、アメリカや世界じゅうで正義という理念を広めてきた。けれども、この瞬間はいままで以上に、有効な変化を起こせる者がリーダーの役割を引き受けねばならないときだった。このとき、四人のアスリートの言葉で、わたしは気づいた。そろそろ動くべきときだと。その瞬間は迫っていて、いますぐ行動すべきだと。

わたしたちの目の前にある問題は、スポーツと関連がある問題だった。あなたは疑問に思っているかもしれない。スポーツと人種差別は、どこで交わるのだろうかと。このふたつの概念がどのように関係しているのかと。その答えが、さきほどの四人、アンソニーとポールとウェイドとジェームズだ。この選手たちは、自分自身では立ちあがれない人たちのために立ちあがったのだ。四人はアスリートだ。四人とも、バスケットボール史上に残るすばらしい選手たちだ。そのアスリートたちがこの問題はスポーツにも関係があると、語りかけていた。その瞬間、わたしはこの四人の行動を触媒として、わたしたちの社会の厳しい真実をあきらかにするために、スポーツ界の深いところにあるインサイトを見つけようと決意した。

ＥＳＰＹ授賞式のスピーチをきっかけに、翌日から数日のあいだ、チームとともに、差しだされた課題にどう応じればいいのかじっくり考えた。

わたしたちは先導するよう求められている。ナイキはそれに応えよう。そろそろ立ちあがってもいいころだ。

立ちあがって、声をあげよう

二〇〇四年一〇月、サッカースペイン代表チームの監督だったルイス・アラゴネスは、ジャーナリストやカメラクルーが見守るなか、チーム内のひとりの選手を発奮させようとして、こう言った――「あの黒人のクソ野郎《ネグロ・デ・ミエルダ》に、おれはおまえよりずっとうまいと言ってやれ。謙遜してないで、言ってやれ。監督からだと言ってやれ。自分で自分を信じなくてどうする。おれはあのネグロ・デ・ミエルダよりずっとうまいんだぞ、と」。アラゴネスが示していた選手は、フランス代表のティエリ・アンリのことだった。

残念ながら、国際的なサッカー界の人種差別は、いまに始まったことではない。なかでもたちが悪いのは、ファンだ。一部のファンが相手チームの黒人選手に対して使う野次には、特別な呼び名さえある。それは「モンキー・チャント」と呼ばれている。サルの鳴き真似のような声を出すからだ。けれどもこの当時は、選手間の人種差別も増えており、数年まえから相手チームの選手や監督から黒人選手がＮから始まる差別用語で呼ばれる事件がいくつか起きていた。アンリについて言ったアラゴネスの言葉は、フランスのそのサッカー選手にこう言わせるのに充分だった――「もうたくさんだ」。

そのときナイキが動いた。

アンリと協力し、ナイキは二〇〇五年一月に欧州全体で《Stand Up, Speak Up》（立ちあがって、声をあげよう）キャンペーンを開始した。その目的はひとつ。長いあいだスポーツ界をむしばんできたレイシスト文化に反対するムーブメントを巻きおこすこと。ほかの選手たち、たとえばリオ・ファーディナンド、ウェイン・ルーニー、ロナウジーニョ、クリスティアーノ・ロナウド、アドリアーノもこのムーブメントに参加した。キャンペーンの中心にあるのは、三〇秒間のフィルムで、アンリやほかの選手たちが印刷されたボードをひとつずつ掲げた。そこにはこう書かれていた。

「わたしはサッカーを愛している」
「わたしはチャレンジすることを愛している」
「わたしが愛しているのは」
「ボールが」
「ネットを揺らす音」
「喜びに沸く」
「ファンの声」
「それでも」

「わたしたちはいまだに罵られる」
「肌の色のせいで」
「わたしたちには、あなたの声が必要だ」
「レイシストの言葉をかき消すために」
「それが聞こえてきたらいつでも」
「ノーと言おう」

そのあと、このフィルム全体で唯一声に出して、次の言葉が語られる——「立ちあがって、声をあげよう」。

このフィルムを世に送りだしたのは、レイシストではない「サイレント・マジョリティー」が存在するという重要な事実を知っていたからだ。それらの人びとは、選手の人種がなんであれ、すばらしい試合を愛し、その愛の強さと同じくらい強く、人種差別的な野次で試合を台無しにする人びとにうんざりしている。このフィルムは、そんなサイレント・マジョリティーに向けられている。世界最高の選手たちが、その人たちと一緒に立っていると伝えている。自分たちが愛するサッカーを救うために、戦うべきだと伝えている。その戦いのただなかにいるのは、あなたたちだけではない。アンリやほかの選手たちも、ともに立ちあがっている。このフィルムは五つの異なる言語で撮影され、ヨーロッパ大陸全土で公開された。

とはいえ、第七章でみてきたとおり、ムーブメントは一本のコマーシャルでは成り立たない。サイレント・マジョリティーを立ちあがらせ、サッカー界を変えるためにすべきことは、ほかにもあった。それゆえに、このキャンペーンでは、「Stand Up, Speak Up」という文字が刻まれた白い輪と黒い輪が組みあわされたリストバンドも販売された。このリストバンドの収益は、「Stand Up, Speak Up」基金に寄付され、集まったお金は、スポーツ界の人種差別と闘っているヨーロッパ全土の慈善団体や非営利団体に寄付された。選手たちはリストバンドをつけて競技場に立った。数年間で五〇〇万個が売れた。

当時、わたしはグローバル・ブランド・デザイン部の統括責任者として、ナイキ・フットボールをはじめとする世界じゅうのさまざまなスポーツ分野のブランド・アイデンティティとブランド体験を促進する責任を担っていた。このときの《Stand Up, Speak Up》キャンペーンは、スポーツを通じて社会的変革や文化的変革を促す、その後の取り組みに大きな影響を及ぼした。このＣＭ自体は、ファンに直接語りかけ、ムーブメントに巻きこみ、行動を呼びかけることで、みごとな効果をあげている。そこで鍵となったインサイトは、レイシストがファンの愛するスポーツを台無しにしているということ。そしてもうひとつ、アスリート自身が、反撃の手助けを必要としているということ。スポーツ界で起こっている人種差別の多くは、競技場から離れた舞台裏で生じていて、アスリートはそれを「我慢する」しかないと、それまでずっと思われていた。このＣＭは、スポーツ界の厳しい現実をファンの前にさらけだした。有色人種の選手はしばしば、ほかの選手やコーチから不当な扱いを受けているという現実を。「すばらしい試合」には、ひどく醜い面があった。ビジネスとして、欧州サッカー界は顧客を無視できない。顧客が変化を求めるなら、変わらねばならない。ヨーロッパ全土の人種差別反対のムーブメントに参加した人びとは、すばらしい試合を取り戻す助けになる。

これらの教訓を利用すること。それは、わたしたちナイキが出した、ESPY賞の授賞式で四人の選手から差しだされた課題への答えだった。

世界を前進させよう

ナイキは《Stand Up, Speak Up》キャンペーン以前にも、それに似たキャンペーンを行なっており、スポーツにまつわる公平性というテーマに取り組むための強固な土台を作っていた。とくに一九九五年のフィルム《If You Let Me Play》(スポーツをさせてくれるなら)では、女性のスポーツへの参加推進とスポーツを通じたエンパワーメントを取りあげた。ようするに、この分野でのわたしたちの行動は、新しいものではないということだ。じつはESPY賞の授賞式の少しまえに、わたしはフランスのパリでCMOとして初の社外グローバル・マーケティング・イベントを開催した。このイベントには、ナイキのあらゆる地域やスポーツ分野、部署のブランドリーダーが集まった。この社外イベントの開催時期が、レブロン率いるクリーブランド・キャバリアーズとゴールデンステート・ウォリアーズによるNBAチャンピオンシップ・シリーズと重なっていた。第七戦はパリ時間の午前一時から開始された。わたしはほかの多くのチームメンバーと夜更かしして、試合を観戦した。キャバリアーズが勝利したこの試合ではレブロンが、現在「ザ・ブロック」と呼ばれているプレーで勝利を決定づけた。残り二分を切って同点の状態で、ウォリアーズのフォワード、アンドレ・イグダーラがバウンスパスを受けてコートを駆ける。やすやすとレイアップシュートを決められると思われたそのとき、レブロンがイグダーラをゴール際で捕らえ、スピードと機敏さをみごとに発揮してレイアップシュートをブロックした。そして、キャバリアーズは、一九六四年以来初のメジャースポーツのタイトルをクリーブランドにもたらした。

キャバリアーズの勝利に刺激を受け、わたしは早朝の数時間を費やして、プレゼンテーションを修正し、そのすばらしい試合の瞬間を盛りこんだ。いまさら言わなくても、おわかりかと思うが、わたしは、スポーツからリーダーシップの教訓を引きだすのが好きだし、あの試合は本当に本当にすばらしかったのだ。わたしの言葉がいくらか支持してもらえたその日の朝、わたしたちはソーシャルメディアに、一〇代のレブロンの象徴的なモノクロ写真に「いつも信じている」という言葉を添えたクリエイティブな画像を投稿した。

ひょっとするとそれは、つかのまの興奮のせいだったのかもしれない。歴史的な出来事をみんなで目撃したという感覚のせいかもしれない。そのせいで、社外イベントのあいだ、ナイキのストーリーのなかで平等というテーマを進めようという取り組みが加速したのかもしれない。わたしたちは、スポーツをひとつの手段として用いて、スポーツとアメリカにおける平等の探求とがまじわる交差点が見えるよう、人びとやコミュニティにパワーを与えたいと考えた。そんなふうに、その日の朝のプレゼンテーションをきっかけにして、「世界を前進させよう」が社内で行動を呼びかける合言葉となった。そして、その領域が、翌年以降のマーケティング・ブランド・プランのなかで強く推進されることになった。この言葉は、わたしたちの決意表明であり、わたしたちはこの言葉に何度も立ち返り、この言葉に従って行動しているか、確認するようになった。

それからまもなく、スターリングとキャスティルの射殺事件が起こり、アメリカは怒りを爆発させた。

理由

二〇一六年七月七日、ワイデン＋ケネディのすぐれた作品をみようとウェブサイトを訪れた人びとは、真っ黒な画面に白い文字が表示されているのを目にすることになった。そこにはこう書かれていた。

なぜ、あなたの同僚の黒人が、今日はとくに辛そうなのか……

なぜ、あなたの同僚の黒人が、今日はとくに悲しそうなのか……

なぜ、あなたの同僚の黒人が、今日はとくに静かなのか……

わたしたちは、気持ちを整理している。

わたしたちは、何をすべきか、自問自答している。

わたしたちは、自分自身が銃で撃たれたのを見ている気がして、傷ついている。

わたしたちは、自分にこう言い聞かせている。「このせいで恐怖に震えながら暮らしたり、憎しみを抱いたりしてはならない」と。

けれども、わたしたちは自分の命、家族の命、友人の命の危険に怯えている。

わたしたちは、憤っている。抗議の声に効果がないことに。なぜ記録された動画が効果を発揮しないのかに。

わたしたちは、葛藤している。この男性とその家族への強烈な共感と、充分な気遣いがないようにみえる世の中に対する侮蔑の念のあいだで。

わたしたちは、警察に反感を抱きつつも、「警官をみな、嫌いになるわけにもいかない」と自分に言い聞かせている。

わたしたちは、黙禱を捧げることの意味を考えている。

わたしたちは、自分自身が今日なんとか家に帰れるだろうかと考えている。

わたしたちは、考えあぐねている。何をすべきか、何をすべきか、何をすべきか。

参考までに言うが、同情が欲しいわけではない。ただ、知ってもらうべきだから、知らせているまでだ。 #AltonSterling

このメッセージを書いたのは、ワイデン＋ケネディの黒人のコピーライター、カーヴィンス・ショーヴェ。のちにショーヴェは次のように説明している。[10]

> その朝、目を覚ましたとき、心が重いというのがどういうものかを知りました。どんな答えでもおそらく正当化できない疑問と、わたしと同じメラニン色素を持たない人には完全には理解できない怒りで、意気消沈していました。感情が入り混じり、怒りと絶望が一気に押し寄せました。その朝を迎えた多くの人びとと同じく、わたしはこの感情を抱いたまま、シャワーを浴びて服を着替えました。この感情を抱いたまま、バスに乗って会社へ向かいました。この感情を抱いたまま、デスクにすわり、ラップトップコンピューターを開き、画面を見つめました。何をすべきか？　これは、わたしがこれまで書いたもののなかで唯一重要なものとして、記憶されるでしょう。

ショーヴェはさきほどの文を、社内の、厳密にはワイデン＋ケネディのオフィス内だけで読まれる文章として書いた。ところが、ダン・ワイデンその人が、この言葉はこの会社全体の気持ちを表していると決断し、ウェブサイトに掲載した。唯一変更されたのは、最後のハッシュタグが、#blacklivesmatter に変えられた点だった。《理由》というタイトルで知られるようになったこの文章は、ソーシャルメディアのみならず、あらゆるメディアを通じて、多くの会話を生みだした。《ワシントン・ポスト》でさえも、翌日この文章に関する記事を書いたほどだ。[11]

ワイデン＋ケネディと密に（あるいはまったく）一緒に仕事をしたことがない人からすれば、このクリエイティブ・エージェンシーが真っ先に、これほど力強いメッセージを発したことは、高く評価するとしても、驚きの行為かもしれない。このメッセージが世に放たれたのは、スターリングとキャスティルが射殺されたあとの痛ましく混乱した最初の数週間の、かなり早い段階だった。

けれども、ナイキで働くわたしたちからすれば、ワイデン＋ケネディが、平等についてリーダーシップを発揮するのは、まったく意外でもなんでもなかった。そのまえの一年間、ダン・ワイデンのチームは「勇気ある会話」〔企業内で意図的に機会を設け、人種差別や偏見など複雑な問題について話しあうこと〕の一連のワークショップを通じて、職場での不平等への認識と、それに対処するプロセスの改善に努めていた。また以前にも、スポーツを通じた平等というストーリーを中心に据えたアイデアをいくつも、ナイキに積極的に提示していた。そのコンセプトがヒントになって、ひとつのストーリーが生まれた。ナイキはそのストーリーを、リオデジャネイロで開かれた夏のオリンピック期間中に公表した。それに導かれるようにして、翌年のナイキの《Equality》（平等）キャンペーンが生まれた。

無限にともに

ピープル、ピープル
わたしたちピープルは、あなたに知ってほしい
あなたがどこへ行こうとも、あなたのそばにいることを

アメリカ国歌《星条旗》のような響きのある、チャンス・ザ・ラッパーの《ウィ・ザ・ピープル》という曲を、ナイキは《Unlimited Together》（無限にともに）というフィルムの全篇に使った。アメリカの男女バスケットボールチームの映像が投影された、都会のビルの前で、チャンスがソウルフルに歌う。アメリカ文化というタペストリーに織りこまれた、なじみのあるフレーズが使われたこの曲は、挑戦的なのに一体感がある。希望を与えるいっぽうで、アメリカの功績とほめそやされているものの多くは、「わたしたち大衆《ピープル》」にとっては幻でしかないことを示してもいる。バスケットボールのチームは、それ自体がスポーツと人種を連結させるテーマとなっている。つまり、バスケットボールチームは、スポーツをプレーするための社会的な一組織であり、アメリカのあらゆる人種の人間がいかにして味方同士になれるかを示すショーケースでもある。その場所で、わたしたちは一丸となってともにプレーしなければならない。

《Unlimited Together》の制作は、ＥＳＰＹ賞の授賞式のまえから始まっていた。それもあって、これ以上ないほどいいタイミングで、アスリートたちが変化を求めたあのスピーチから間を置かずに、この作品を発表できた。制作当初、わたしは次の部分を明確にしたいと思っていた。自分

たちのボイスを使って、不平等に対する闘いに挑むけれども、従来のやりかたは崩さねばならないし、困難に立ち向かうアメリカの偉大さという昔ながらの概念に頼っていては、突破口が開けないと。わたしたちは、アメリカの象徴とされるものを愛しながら、いっぽうで、より多くのアメリカ人に立ちあがれと、呼びかけることもできるはずだ。

ビジュアルも脚本もまだない制作の初期段階で、わたしは初めて、オリジナル曲を歌うチャンス・ザ・ラッパーの声を聴いた。そのとき、はっきりわかった。前進すべきその瞬間に、ほかには何も必要ないと。クリエイティブチームが追い求めてきたさまざまなコンセプトをすべて合わせても、ソウルフルで希望に満ちたチャンスの《ウィ・ザ・ピープル》にかなうものはない。ワイデン＋ケネディのニューヨークオフィスが制作した《Unlimited Together》キャンペーンで、アメリカのバスケットボールの男女チームが初めて一緒にフィルムに登場した。このフィルムのコンセプトは、過去のナイキのふたつのコマーシャル、音的には二〇〇八年にマーヴィン・ゲイが国歌を歌っているＣＭ《United We Rise》（ともに立ちあがろう）、ビジュアル的には一九九一年の《Nike Air 180》からヒントを得ている。しかし、チャンスはこのフィルムに魂を与えた。その歌詞は、わたしたちがまさにこのキャンペーンに求めていたトーンを与えてくれた。そしてこれが、チャンスのファースト・テイクだっただけに、なおさらすばらしかった。

変化がやってくる《ア・チェンジ・イズ・ゴナ・カム》

第五九回グラミー賞は、二〇一七年二月一二日に放送された。その日までの数日間、わたしはベルリンにいた。会議の合間にわたしはアイフォーンに顔を埋めるようにして、ナイキの新作フィルムの編集を確認した。これは、七カ月まえにESPY賞の授賞式で四人のアスリートから差しだされた課題に対する、わたしたちのひとつの答えだった。発表の場として選んだのは、グラミー賞だ。それは、スポーツ界の外にいるオーディエンスにアプローチするためだった。この新しいフィルムは、ナイキのボイスをしっかりと聞かせるためのストーリーテリングの媒体として、自立していなければならなかった。アメリカは、夏の事件でまだ動揺しており、大統領選挙でさらに分断され、国の基本理念がまだ有効かどうかが疑問視されている、重大な局面を迎えていた。

この瞬間までの制作にかけた七カ月の道のりは、とくにエキサイティングで、わたしのプロとしてのキャリアを大きく揺るがすほどだった。チームがその夏のイメージや感情を受けいれていくにつれ、みえてきたのは、人種的な争いによって分断されている国の姿だった。たしかに、ESPY賞の授賞式に登場した四人の偉大なバスケットボール選手は、人種的な不平等に立ち向かおうと呼びかけ、バスケットボール界をひとつにした。けれども、ナイキとワイデン+ケネディは、自分たちのストーリーをバスケットボールだけに限定しなかった。それは、いかなる形態、示威運動、文化的影響という面であれ、スポーツ全体を巻きこむものでなければならなかった。

一九九四年、南アフリカ共和国はアパルトヘイトという嘆かわしい政策に終止符を打ち、二六年ものあいだ投獄されていたネルソン・マンデラを共和国の大統領に選出した。しかし、南アフリカの統一は名ばかりで、多くの黒人はその国のラグビーチーム《スプリングボクス》をとくに嫌悪していた。それは、歴史的にラグビーがアフリカ生まれの白人、アフリカーナのスポーツだったからだ。一九九五年、南アフリカ共和国はラグビーワールドカップの開催国となり、マンデラは、黒人も白人も驚くほど、スプリングボクスを全面的に支援した。マンデラは、このラグビーというスポーツのワールドカップを（のちにほかの人びとにもわかってきたのだが）、国全体を団結させるひとつのチャンスとみなしていた。マンデラは、ひとつになったチームと、ひとつになった国を手にいれるために、何十年にもわたる憎しみを脇に置いた。マンデラは、自分が国の半分の大統領ではなく、国全体の大統領であることを思い出してほしいと呼びかけた。そこにはスプリングボクスの選手やファンも含まれていると。それがスポーツの力だった。スポーツは人びとやコミュニティに美しい魔法をかけられるのだ。この国は、競技場の外ではやはり分裂したままかもしれないが、ピッチやスタジアムでは、南アフリカはひとつのチームで、ひとつのチームとして勝ったり負けたりするのだ。

南アフリカ共和国代表チームはそのワールドカップで優勝し、国としての誇りが通りや国じゅうにあふれ、白人と黒人がともに喜び、マンデラの行動による影響だけでなく、その賢明さも示された。マンデラはのちにこう語っている。「スポーツには世界を変える力がある。人びとを鼓舞する力がある。ほかにはない方法で人びとをひとつにする力がある。スポーツは、わかりやすく若者たちに語りかける。スポーツは、かつて絶望しかなかった場所に希望を芽吹かせる。スポーツは、政府よりも力強く人種の壁を打ち破る。スポーツは、あらゆる種類の差別に直面しても笑い飛ばしてくれる」

とはいえ、わたしたちが答えなければならない問いは、なぜかということだ。なぜ、スポーツにはこのような力があるのだろうか。マンデラが、ひとつの競技で国をひとつにするという目標を見出したヒントは何だったのだろうか。この問いについて考えているうちに、わたしたちは競技場やコートで繰り広げられるスポーツの世界が、ある重大な面で、わたしたち自身の社会を模倣していると気づいた。規律、勤勉さ、献身、才能、そして最後に、競技が公平に行なわれるように、わたしたち全員が一連のルールに従わなければならないという考え。けれども、スポーツに対するこの最後の姿勢は、果たして現実の世界で、本当に実行されているだろうか。そういう場合もあるが、そうでない場合も多くある。スポーツの世界では、誰にとっても同じようにボールは跳ね返るものと考えている。コミュニティでも、それを当然のこととして考えるべきではないだろうか。

この重要な気づきが鍵になって《Equality》（平等）キャンペーンへの扉が開いた。このフィルムは、前年の夏に起きた射殺事件のような、単一の問題への答えではなかった。あの悲劇的な死をきっかけに、アメリカでの人種的平等を達成するための取り組みが一新された。これは何十年もまえから続いているひとつのストーリーであり、スポーツと深く結びついていて、とくに、平等とインクルージョンのために戦ってきた黒人アスリートたちのスポーツとかかわりが深い。

このような理由から、クリエイティブチームは、（公民権運動のテーマ曲ともいえる）サム・クックの《ア・チェンジ・イズ・ゴナ・カム》を選び、同じく全篇が一曲の歌で構成された《Unlimited Together》の成功にあやかって、そのフィルムを参考にした。とはいえ、チャンス・ザ・ラッパーの《ウィ・ザ・ピープル》が、建国時の理想に沿った国にしようという希望に満ちた叫びだったのに対し、《ア・チェンジ・イズ・ゴナ・カム》はもっと激しい。いまだ傷ついている人たちへの希望の歌であると同時に、痛みを負わせる人びとへの警告の歌でもある。

これまで、長い、長い道のりだった
でもわたしは知っている、変化はもうすぐそこに来ていると

クックの歌詞は、過去を嘆いてはいない。未来に起こるだろうことを告げている。アリシア・キーズのすばらしい声が、公民権運動の象徴ともいえる歌に、生き生きとした命を吹きこんだとき、その事実がくっきりと浮かびあがった。曲の次に検討したのは言葉だった。つまりわたしたちの《Equality》のストーリーを伝えるために使うメッセージだ。ナレーションの言葉は、スポーツに根ざしていなければならなかったが、同時に、さまざまな異なるルールに沿って生きてきた人びとの共感も引きださねばならなかった。わたしたちがなぜスポーツに惹かれるのかを示さねばならなかった。スポーツがもたらす意義や力――すぐれているという感覚や競争心、そして何よりもフェアプレー――とはなんなのかを。そして、こうした性質はスポーツの枠を超えていかねばならないと主張するのだ。つまり、コートやフィールドのラインを越えて、わたしたちの世界にまで広がらねばならないと。言葉の準備が整ったとき、俳優のマイケル・B・ジョーダンのナレーションでこのメッセージが伝えられた。

このライン内で、このコンクリートのコートで、この芝生の一角で、ここでの行動によって、あなたは定義される。見た目や信条ではなく。平等には境界がない。ここで見つけた絆は、このラインを越えて広がっていくはずだ。チャンスは平等に与えられるべきだ。ボールは、誰が投げても同じように弾むべきだ。真価は、色よりも強く輝く。

この作品は、監督のメリーナ・マッカスと撮影監督のマリク・サイードというエキスパートの手によるモノクロ映像で、街なかのバスケットボールコートが映しだされる。コートのラインはスプレー塗料で描き足されていく――これは、前年の夏の抗議デモの大半を特徴づけてきたストリート・アクティビズムを表している。シーンが変わり、ひとりの男が、バスケットボールに興じる若者たちを見守っている。レブロンだ。さらに場面はサッカーコートに移り、ミーガン・ラピノーが登場する。そこにはセリーナ・ウィリアムズがいる。さらに場面は、テニスコートが映しだされる。そこにはセリーナ・ウィリアムズがいる。そして、ケヴィン・デュラント、ダリラ・ムハンマド、ギャビー・ダグラス、ビクター・クルーズが次々と登場する。そのほかにも、街の中心にある教会や裁判所など、アメリカを象徴する建物がフィルムのなかにちりばめられている。

スプレー塗料で描かれるラインは伸びつづけ、コートから伸びた複数のラインは、通りや歩道を通り、コミュニティを抜け、国じゅうに伸びていく。そこは、スポーツ競技に適用されるルールが、わたしたちがどう生きるかにも適用されるべき場所である。そして、ジョーダンがアスレティック・アリーナを指して、「もしわたしたちがここで平等でいられるなら――」と言い、そのあとをレブロンが「――どこでも平等になれるはず」と続ける。そして最後に、アリシアがソウルフルな声で、こう歌いあげる。「変化はもうすぐそこにある。そうきっと」

このフィルムは、グラミー賞の開催に間にあい、この授賞式が全世界に生中継されるときに放映された。これは、グローバルなキャンペーンの開始として効果的だった。キャンペーンは一本のフィルムから始まったかもしれないが、それだけでは終わらなかった。CM放送当日の夜、ナイキはソーシャルメディアのプロフィール写真をすべて、黒地に白い文字で「Equality」と書かれた画像に変更した。また、ナイキはメッセージを広めるためにほかのプロダクトも使った。たとえば、Tシャツにナイキの書体であるフーツラのエクストラボールドで《EQUALITY.》とすべて大文字にしてプリントした。これは目標に関する声明なので、語尾にピリオドをつけた。

そこから翌年にかけて、レブロンは自ら進んでこのキャンペーンの促進に努めた。二〇一八年のある試合では、片方が白で片方が黒の、かかとに《Equality》と刺繍が入っている限定スニーカーを履きさえした。レブロンはキャンペーンを誰よりも力強い言葉で、こうまとめた。「バスケットボールはわたしたちの手段だが、平等（Equality）はわたしたちのミッションだ」

これまで、この章では、おもにフィルムという媒体を通じて共感についてみてきた。けれども、ほかの章でも示したとおり、エモーションを引きだして人びとに行動を起こさせる方法は、フィルムだけではない。ナイキは、環境やプロダクトや、競技場さえも使ってみごとに共感を生むことに成功した。

行動への共感

二〇一〇年、南アフリカ共和国でワールドカップが開催された。この世界的なイベントによって、最大の都市ヨハネスブルグの美しさ（と貧困）に注目が集まった。南アフリカ共和国では、三五万人もの子どもたちがほぼ毎日、サッカーに興じている。けれども、子どもたちが大好きなサッカーをするための施設や安全な場所が、整っていないのはいうまでもなく、多くの子どもに必要な、基本的な生活必需品も不足していた。こうした貧困に加え、南アフリカは世界でもっともHIV／AIDSの感染率が高い国でもある。ワールドカップ期間中にキャンペーンの開始を目指していたわたしたちは、これらの不足や問題点に注目した。わたしたちは、世界に向けてサッカーを称えるだけにとどまらず、その向こう側へ行きたかった。つまり、このワールドカップを、南アフリカの人びとの窮状に注目してもらうチャンスとみなしていた。また、南アフリカの人びとと交流し、彼らの世界や何を問題と感じているかを知ろうと考えた。

この国やこの街を悩ませている多くの問題が明らかになるにつれ、わたしたちは自らに問いかけた。どうにかして、サッカーを利用して、南アフリカの若者への、HIV／AIDSに関する教育やサービスを向上できないだろうか。こうした問いに関する対話から、プロジェクト・レッドとのパートナーシップを開始した。このプロジェクトは、ほかのブランドを通じてHIV／AIDS撲滅のための啓発活動を行なっている。このパートナーシップが実を結び、《Lace Up Save Lives》（靴紐《シューレース》を結んで命を救おう）という活動が生まれた。世界のどこかで（ナイキの）REDシューレースが売れると、南アフリカの地で教育や薬物治療を行なうプログラムに、ナイキが支援の寄付をする。このプログラムは、コートジボワールの伝説的なサッカー選手、ディディエ・ドログバのようなすばらしいアンバサダーに支えられていた。

けれども、わたしたちは、このプログラムをさらに一歩進めて、南アフリカの人びと、とくに若者たちの本当のニーズを理解しようと努めた。若者たちの競技場は、あったとしても硬いダートで、安全でない場所にあることが多いとわかった。そこでわたしたちは、南アフリカの子どもたちがサッカーに使える安全な場所を提供するため、南アフリカのソウェトにナイキフットボール・トレーニングセンターを設計し、建設した。わたしは、この計画の初期段階から地元のコミュニティを巻きこもうと考えていた。そうすれば、建築デザインが真に南アフリカのものになるはずだ。

これは、機能的な構造を設計するだけでは充分ではない。このコミュニティは、それ以上のことを求めていた。新しいソウェトセンターを、コミュニティの精神と若者の夢が花開く場所にしたいと願っていたのだ。したがって、そのセンターにエモーションと文化的な歴史の感覚を注ぎこみ、建築と環境からストーリーが伝わるようにした。ナイキは、地元ソウェトのアーティストとコラボレーションし、世界じゅうの伝説的なサッカークラブのストーリーを参考に、地元のコミュニティが誇りを持ってその建物を目にしたり、訪れたりできるような、場所の感覚と目的をこのセンターに組みこんだ。

センターが完成して以来、毎年二万人の若いサッカープレーヤーたちがソウェトのセンターを利用している。現在、センターはサッカーの枠を超え、南アフリカの女性がスポーツにもっと参加できるよう応援する多機能トレーニング施設となった。ランニングのトラック、スケートパーク、ダンススタジオ、そしてソウェトのクリエイティブなコミュニティを活性化するためのワークショップもある。これは、過激なクリエイティブコラボレーションの力を示す一例で、この場合は、スポーツと教育と医薬が互いに影響しあえば、社会から取り残されがちなコミュニティをすくいあげられることを示している。

デザインを通じて社会的なインパクトを生みだすという方法は、建築だけでなく、プロダクトのイノベーションでも応用できる。ナイキが最近行なったプロヒジャブのイノベーションは、見て、聴いて、学んだ結果、ブレイクスルーを達成したひとつの例だ。少しまえまでは、アスリートが着用できるスポーツ競技用のヒジャブは、オリンピックレベルの選手でさえ利用できるものがなかった。

フェンシングやボクシングの精鋭選手が着用しているヒジャブは、従来の布でできたものだった。それらのヒジャブは濡れると重くなってこわばるため不快だったし、音が聞こえにくかった。そのせいで、競技中にヒジャブをかぶっていたフェンシング選手が、フライングのペナルティを科せられることもあった。また、ヒジャブはユニフォームに合わせて作られていないため、パフォーマンスを妨げ、選手は不利な状況に置かれた。そこでナイキのデザイナーは、このようなアスリートたちの声やストーリーに耳を傾け、より軽く、柔らかく、通気性の高いヒジャブを作った。ドイツ人ボクサーのゼイナ・ナサールは、プロヒジャブをつけて競技に参加したあと「ふいに、音が聞こえるようになり、暑くもなくなり、これまでより心地よく、早くクールダウンできた気がした」と語った。

これらの共感によって起こした行動の例は、アメリカを毒している人種差別とは直接の関係がないかもしれない。けれども、企業がいかにして、世界に存在する目に見えないニーズや満たされていないニーズに応えられるかという面で、これらの行動は大きな影響力を生む。

完全な円

ナイキのブラック・エンプロイー・ネットワーク（BEN）は、この企業が長年にわたって築いてきた従業員ネットワークのひとつだ。二〇一一年二月、BENは、第一回スニーカーボールを開催した。アメリカでは二月が黒人歴史月間と定められている。それに合わせてBENは、黒人文化と社会変革との接点をスポーツで祝うイベントを開催したいと考えた。こうして《スニーカーボール》というイベントが誕生した。イベントのなかで、わたしはジョーダン・ブランドのスポーツ・マーケティングのレジェンド、ハワード・H・ホワイトにステージに上がるよう呼ばれた。ハワードがそこに来たのは、「H」賞をわたしに授与するためだった。ハワードの名前が冠されたこの名誉ある賞は、ナイキ社内の黒人従業員のコミュニティに対する献身と貢献に対して、ナイキのリーダーに贈られる。わたしは一九年まえの一九九二年夏、ナイキ初のマイノリティ・インターンシップ・プログラムに参加して、イメージ・デザインチームで唯一の黒人メンバーとなった。それを考えると、この名誉ある賞を受けたことは、わたしにとっては、なんだか一周まわって戻ってきたような気分だった。わたしの旅はまだ終わっていなかったが、このような形で同僚から表彰されたことは、わたしの仕事人生のなかでもとくに思い出深い瞬間になった。

ナイキで働きはじめた最初のころは、自分が担当しているデザイン業務に加えて、黒人歴史月間に向け、ナイキのポスターを制作するチームの一員でもあった。ほかの多くのメジャーブランドがこの月間を祝うようになる何年もまえの話だ。このポスターは、スーパースター選手を中心に据えた通常のスポーツポスターとはちがう。デザインという面ではもっと芸術的で、目的という面ではもっと深いポスターだった。たとえば、一九九六年のポスターには、黄色い背景に茶色く塗られた象形文字のような人の絵が描かれていた。しかし、これはポスターの上半分にすぎず、下半分は、茶色の背景に黄色のシルエットでこの人物が浮かびあがっていた。そして、「平等」、

「平和」、「正義」、「統合」といった言葉が、正しい向きと上下さかさまの両方で描かれていて、どんな問題にもふたつの側面があるというリマインダーになっている。これらのポスターは、ブラック・コミュニティにとって重要なトピックについて話しあい、学ぶきっかけになるようにと、社内だけでなく、学校や自社以外の組織にも配布され、出版物にも掲載された。

このポスターの取り組みは、わたしに差しだされた、あるいはわたしが自発的に見つけた多くの機会の始まりにすぎなかった。これらの問題は、コートや競技場の端、あるいはオフィスの入り口で消えるわけではない。わたしがナイキに入社した当時、多様性・平等・インクルージョン（DEI）という概念は、アメリカのナイキ内のブランド文化のなかで形成されはじめたばかりだった。当時はまだナイキ社内でも、多様性の程度は低かったかもしれないが、ナイキでの自分の役割として、その軌道を変えられる機会があると気づいた。そして、わたし自身のリーダーとしての土台と質が成長するにつれて、気づいたら、人材を募集したり採用したりする決定に影響を及ぼせる立場になっていた。そこでわたしはブランド内のマーケターやデザイナーに占める有色人種の割合の向上を心がけた。とはいえ、それはわたしひとりでしたことではないし、リーダーは、多様な労働力を生むために励むべきという概念を独力で学んだわけでもない。わたしは多くの人の手を借りたし、消費者の人種比率に見合ったチームを生みだすためのさまざまなプロセスで、周りの人びとから刺激と協力を得た。この期間に、変化を生もうとするわたしの力を何倍にも増大してくれた、傑出したリーダーが三人いる。

パメラ・ネフェルカラは、「わたしのリーダーシップを解きはなってくれた人」といえるだろう。ジョーダン・ブランドのマーケティングチームのシニアリーダーだったパメラは、ナイキと消費者との関係をオンライン・プラットフォームへと移したときの立役者だ（この関係はいまや、オンラインなしではほぼ存在しえない）。また、数少ない黒人女性のシニアリーダーとしての視点を、日常の仕事に取りいれてくれた。知りあってから、パメラにBENのアドバイザリーグループのメンバーになってほしいと頼まれた。最初は、仕事の忙しさを理由にしてためらっていた。内心、黒人と白人のミックスであるわたしの視点に、価値があるか疑問に思っていた。けれども、パメラに仕事という言い訳は通じなかった。パメラに何度も頼まれ、ついにわたしは、この機会と責任を受けいれた。そこから、一五年のあいだ、ナイキのマーケターとデザイナーの黒人コミュニティのために、リーダーシップを発揮しつづけることになった。

ジェイソン・メイデンは、「わたしを舞台の上へ押しあげてくれた人」といえる。才能あるデザイナーであり、講演者としても、モチベーターとしても同じくらい才能があるジェイソンは、BENのパワーの源であり、黒人従業員のネットワークをクリエイティブにブランディングしなおし、新たなレベルへと押しあげる手助けをしてくれた。当初、ジェイソンとわたしは、ボクシングへの情熱が共通していたことから強い絆を築いた。そして、わたしがネットワークのアドバイザリーリーダーのひとりとなったとき、ジェイソンから、毎年開催されるスニーカーボールなどのイベントの開幕時に、観客の前に立つようによく依頼されるようになった。ジェイソンは、わたしが断れないような方法で、このような「要求」をしてきた。そしてときおり、冒頭の挨拶をするわたしのために、マーティン・ルーサー・キング・ジュニアの言葉を引用して、わたしのプレゼンテーションを盛りあげてくれた。ジェイソンの才能は、その瞬間へと昇りつめることが、わたしの義務でもあるし、運命でもあると感じさせてくれるところだった。これこそ、偉大なモチベーターの才能だ。

ジョナサン・ジョンソン・グリフィンは、「わたしの能力を倍増させてくれた人」だ。一九九〇年代のなかば、黒人歴史月間のポスターは、アメリカ黒人を祝福し、称えるためにわたしたちが仕事として精一杯できる限界だった。けれども時をへて、たとえば黒人歴史月間に合わせてエアフォース1の限定版スニーカーを製作するなど、さまざまな活動へと手を広げていった。そんなときわたしは、JJGとしても知られるジョナサン・ジョンソン・グリフィンという若いデザイナーに出会った。ジョナサンはシューズの枠を超えたことがナイキにはできると感じていた。このときわたしは、世界じゅうのナイキのクリエイティブなストーリーテリングを率いる役割をすでに担っていた。わたしはJJGと、さらに大きなビジョンについて語りあった。それは、黒人アスリートの功績やすばらしさを称賛し、それを記念したプロダクトすべてのコレクションにまつわるストーリーを作ることだった。このコレクションは、ナイキファミリー全体を網羅するものとなり、コンバース、ジョーダン、ナイキ・バスケットボールが、ジュリアス・アービング、マイケル・ジョーダン、コービー・ブライアントという三人の偉大な黒人アスリートを通して表現された。この黒人歴史月間のシューズは、NBAのオールスターゲームのコートで選手たちに着用されただけでなく、選手以外の誰でも手にいれることができた。JJGは、わたしの視野を広げてくれた。そして、一枚のポスターに収まらない、もっと大きなものに見合った目標を受けいれるよう、背中を押してくれたのだ。

このようなユニークな人たちは、助力やインスピレーションを与えてくれるのはもちろんだが、自分たちが見ている景色を見るように挑んできて、わたしのリーダーとしての資質が開花するよう働きかけてくれた。彼らが示した例や信念に触れることで、わたしはビジネスやブランドのリーダーとしてだけでなく、多様性や公平性、インクルージョンという目標を掲げられる人間として、自分の旅を加速させることができた。ほかの人の背中を押したり、支援したりする立場になったときはいつも、それを思い出す。ほかの人というのは、注目され、その声に耳を傾けてもらうべき人びとだ。とくに、自分たちのような外見の人が、周りにいないことが多い人びとのことだ。わたしには、多様性のリーダーとして、自分の能力を解きはなってくれたリーダーたちがいた。彼らから、ほかの人びとの才能を引きだす方法を学んだ。また、それらのリーダーたちの例から得た教訓のひとつは、自分が山に登るときに連れていく相手は、かならずしも、よく聞こえる声を持っているとは限らないし、目にみえる仕事をしているともかぎらない、ということだ。そのような個々の人びとのおかげで、わたしはブランドやビジネスの枠を超えたリーダーになるという野望を抱けた。

ばかげた夢をみよう

わたしは、ナイキのビーバートン・キャンパスにあるジョーン・ベノイト・サミュエルソン・ビルのプライベート・ダイニンググルームにいた。一緒にいたのは、マーケティングチームとビジネスチームのメンバーたちだった。わたしたちはコリン・キャパニックとランチをするために待っていた。コリンはＮＦＬの開幕の間際だというのに、まだ所属チームが決まっていなかった。わたしたちは、ともにテーブルを囲み、コリンが現状をどう考え、何を成し遂げたいのかについて話しあおうとしていた。ナイキはいつも競技場の内外を問わず、アスリートの声を広く届けようと努めているが、コリンの声は控えめにいっても、この一年ですでにかなり響きわたっていた。一年まえの二〇一六年のシーズン開幕時に、コリンは人種差別と警官の残忍な行為に抗議する姿勢を示すために、国歌斉唱のときに立たずに、片膝をついた。スーパーボウルに出場したこともあるこのクォーターバックはその後、オフシーズン中にフォーティナイナーズとの契約を解除された。それでもコリンは、ますます積極的に行動していた。このときの（従来のマーケティングという視点でみれば）独特の問題は、コリンがどこにも雇われていないため、アスリートという意味では現役として「プレー」していない点だった。

とはいえ、キャンパス内にあるボー・ジャクソン・フィットネスセンターで朝のワークアウトを終えて部屋に入ってきたコリンは、とてもそんなふうにはみえなかった。このとき、わたしは初めてコリンと会った。立場上、プロのアスリートと会うのは珍しいことではなかったが、それでも、コリンの肉体的な存在感に強い印象を受けた。まったく衰えていない。むしろ、人生最高の状態のようにみえた。もうひとつ、すぐに気づいたことがあった。それは、エージェントやPRパーソンやハンドラーなどの連れがいないことだった。やってきたのは、コリンとそのトレーナーでもある友人だけだった。コリンがわたしの隣にすわると、食事が始まった。

この一年、メディアの激しい炎の中心にいた人物のわりには、コリンは驚くほど落ち着いていて控えめだったが、情熱的だった。競技場に戻りたいという情熱ももちろんあるし、人種的な不平等との戦いや、自身の《Know Your Rights》（あなたの権利を知ろう）キャンペーンの継続的な発展にも熱心だった。このキャンペーンは黒人コミュニティの社会的に恵まれていない若者への支援を目的としていた。この一年、コリンのフットボールのキャリアは厳しいものだったが、そのせいで、コリンの声が抑えられるということはなかった。わたしたちが耳を傾けているあいだ、コリンは、ストーリーテリングの焦点は自分自身ではなく、自身の大義に絞るべきだと強調した。大事なのは、片膝をついた男ではなく、片膝をついた理由のほうだと。

その日のランチの席にいた、ほかの人たちの気持ちは代弁できないが、わたし自身の気持ちや考えは話せる。初めてコリンと会ったとき、わたしはコリンの話を聞いて、親近感を覚えた。わたしも黒人と白人のあいだに生まれ、養子として白人の両親に育てられ、幼少期の大半は自分のアイデンティティを模索する日々だった。近隣で育った多くの子どもたちと同じように、わたしにも憧れのスポーツ選手がいて、憧れのヒーローの真似をしていた。ヒーローの成功によって気持ちが高ぶったし、自分自身の人種的なアイデンティティに誇りを持てた。一九七〇年代から一九八〇年代にかけて活躍した黒人アスリートたちは、卓越したパフォーマンスで、所属するチームの地元だけでなく、ルーツを持つコミュニティにも誇りを芽生えさせた。ヒーローたちは、声を持たない人びとのためにプレーした。貧困や不公平や偏見に苦しむコミュニティの人びとのために。

スポーツと文化の融合によって、ジャッキー・ロビンソンの時代からコリン・キャパニックの時代まで、何十年にもわたって社会はとほうもなく大きく進歩してきた。そのつながりを抜きにして、「アメリカンフットボールに焦点を絞る」のは、スポーツがアメリカ文化の中心である大きな理由のひとつを無視することになるし、スポーツ選手が自分たちのパフォーマンスによって、さまざまなインスピレーションを人びとに与えてきたことを無視することにもなる。子どものころは、その重要性をあまり理解していなかったが、偉大な男たちや女たちに惹かれるのには理由があった。選手たちは、ほかの人びとよりそのスポーツがうまいという理由だけで、偉大にみえるのではなかった。彼らのおかげでわたしが誇りを持ち、想像――そしてもちろん、スポーツへの愛も、膨らませることができたのは、ジャージを着ていようといまいと、情熱と目的意識に満ちあふれていたからだ。そして、四〇年後、黒人アスリートが警察の残虐行為に抗議するために片膝をつき、その結果プロとしての職を失った。アメリカの黒人の体験に共感できない人は、ひょっとすると、あの日コリンが語ったことが耳に入らないかもしれない。けれどもわたしは、その場にいて、若いころの自分自身がみえた。自分のアイデンティティを模索している子どもとして、この人気クォーターバックが片膝をついている姿を見て、コリンがわたしのような他者のためにそうしたのだと気づいた。

その日、あのテーブルでわたしたちみんなが感じたコリンとコリンの目標への共感が、最初の一歩となり、コリンとその信念を支援するメッセージがデザインされた。この重要なランチのあと、わたしはそのフットボールシーズン中の週末をワイデン+ケネディのクリエイティブ・パートナーとともに過ごし、コリンのメッセージを浮き彫りにするようなコンセプトを求めて、ブレインストーミングを行なった。わたしたちはスポーツを基盤にしてコミュニケーションしなければならなかったし、スポーツの役割が、社会的な公平性というメッセージに、埋もれないようにしなければならなかった。スポーツを通じて文化のなかの偉大な真実をあきらかにするというアイデアからそれないよう何度も確認した。

複数のコンセプトやキャッチフレーズ、視覚的なモチーフを検討した。アイデアを求めて、小学四年生のコリンが自分に宛てて、いつか大リーグでプレーするようになる方法を説明している手紙さえも読んでみた。その手紙は強く胸に響くものだったが、その当時のコリンの状況にはそぐわなかった。何も引っかからない。多くのアイデアは、スポーツやスポーツが果たすべき役割とは直接関係していないか、あるいは、コリンとも関係していなかった。そしてコリンは、自分ではなく信念のほうに焦点を当ててほしがっていた。しかし、わたしたちがともにブレインストーミングをしているあいだ、論争を利用してコリンのメッセージを目立たせるようなことは、決して考えなかったと言っておかねばならない。わたしたちが検討していたのは、スポーツというレンズを通して、人種差別に立ち向かうメッセージを作りあげることのみだった。わたしたちの目的は、コリンが始めた話を、人びとが行動を起こせる場所まで持っていくことだった。けれども、わたしたちが考えたコンセプトは、わたしたちが盛りこみたい問題の一部には当てはまっても、すべての問題には対応できないことがわかった。わたしたちは、コリンのメッセージに一〇〇パーセント当てはまるものでないかぎり、表に出すつもりはなかった。そしてけっきょく、時間切れになった。シーズンの数週間が過ぎていき、クリエイティブな会話はいったん棚上げして、後日、もう一度検討することになった。

そして八カ月後、わたしはグローバル・ブランド・イノベーション部の統括責任者という新たな役割を開始した。ほろ苦い経験だった。個人的にとても思い入れのある一連の作品を置いていくことを意味していたからだ。わたしは、後任のDJヴァン・ハーメレン、ジーノ・フィサノッティ、ナイキ・コミュニケーションズ部の統括責任者のケジュアン・ウィルキンス、そしてナイキ・アドバタイジング内で長年リーダーを務めてきたアレックス・ロペスをサポートして、その後三カ月かけて、コリンのためのメッセージを検討し、ようやくそれを見つけることになる。

幸いにも、彼らは勢いを失っていなかった。二〇一八年は、《ジャスト・ドゥ・イット》キャンペーンの三〇周年記念の年だった。来るアニバーサリーを祝うキャンペーンに関して社内で話しあったとき、その結果は《Make Belief》というマントラに集約された。これはもちろん、子どもの「ごっこ遊び」を意味する「Make Believe」をもじったものだが、自分自身を信じることを強調してもいる。これはただの想像ではない夢の実現を意味していた。ターゲットは次世代のアスリートたち。彼らに《ジャスト・ドゥ・イット》を浸透させるのだ。わたしたちは、このアイデアをクリエイティブな短い言葉と消費者提案のなかに織りこみ、ワイデン＋ケネディのクリエイティブ・ディレクター、アルベルトとライアンと一緒に仕事に取りかかった。ワイデン＋ケネディのチームにとって、この仕事は想像力と夢の世界を切り開く、理想的な仕事だった。

ワイデン＋ケネディのクリエイティブ・ディレクターたちは、《Make Belief》を変化させた《Dream Crazy》（ばかげた夢をみよう）というすばらしい言葉を手に戻ってきた。若者の夢は、少なくとも大人の基準からすれば「ばかげている」。そうでなければ、なんだろうか。この言葉は、文句なしに《ジャスト・ドゥ・イット》にもつながるし、三〇年来のこのモットーの明快な目的とシンプルさも備えていた。ワイデン＋ケネディのチームは、このコンセプトをナイキに伝えるために、ムードフィルムも制作していた。このフィルムは、その言葉の響きと同じくパワフルだったが、もっと心に刺さる何かが、まだ足りなかった。

そのとき、ボイスオーバーにコリンを起用するという案が浮上した。このフィルムは若さに焦点を当てており、まえの秋に探求したコリンの子ども時代にスポットを当てるアイデアに通じる。

けれども、少なくとも直接的にはコリンのことを描いたものではない。自分の心が正しいと思うことをする、自分がやらなければならないとわかっていることをする、自分の魂を揺さぶるばかげたアイデアを受けいれて、他人にどう思われるかは気にしないことが大事、という作品だ。それは犠牲についてと、世の中に立ち向かうことについての作品だった。なぜならあなたは、そうすることが正しいと知っているからだ。とはいえ、この考えは、若いときに育むべきだけれども、若いころで終わるわけではない。大人の世界に入ってからも育みつづけるべきだ。「ばかげた夢」は、冷たく厳しい現実に突き当たり、現実的な選択を迫られたり、犠牲さえ払わねばならないこともある。では、どうすればいいのだろうか。ばかげた夢をみるには、年を取りすぎているのか。コリンはそんなふうにはまったく考えなかった。だから、フィルムの最後に台詞を足して、わたしたちの魂に火をつける夢、わたしたち自身の物質的な欲望を超えた場所へ到達させる夢は、犠牲を払う価値があると強調した。

そしてようやく、二〇一八年九月、コリンの大義（と犠牲）を認める最善の方法を一年間模索したのちに、NFLの開幕日に《Crazy Dreams》キャンペーンが開始された。

フィルムは、スケートボーダーが階段の手すりを滑り降りるところから始まる。若者は派手に転げ落ちる。もう一度滑り降りようとして、また落ちる。ひどく。それが三回繰り返される。シーンが変わってレスリングのマットが映り、両足のないレスラーが登場する。そのあいだ、コリンのナレーションで次のようなメッセージが伝えられる。

あなたの夢はばかげている、と人から言われたり、叶えようとしている夢を笑われたりしても、かまわない。

そのままでいい。

なぜなら、夢を信じない人たちは、ばかげた夢という表現が、侮辱ではないと理解できないのだから。

それは、ほめ言葉だ。

画面に映るのは、サーファーたち。ヒジャブを着た女性ボクサー。車いすに乗った身体が不自由なバスケットボール選手。コリンは脳腫瘍の話をして、難民のことを口にする。高校時代のレブロンがバスケットボールにダンクするシーンから、大人になったレブロンへと切り替わり、アイ・プロミス・スクール〔レブロンが故郷に設立した給食費・学費がほぼすべて無料の学校〕の開校式でスピーチするシーンが現れる。

そして、最後に街角に立つコリンがカメラのほうに向きなおると、コリン自身のナレーションでこんなふうにキャンペーンのテーマが伝えられる――「何かを信じよう。たとえすべてを犠牲にしても」。

メディアからは、コリン・キャパニックのキャンペーンにされてしまったが、じつはこのフィルムには「ばかげた夢をみている」アスリートへの称賛が込められていた。もちろん、このフィルムは公開当時、賛否両論の物議をかもした。けれども、四年たって振りかえってみれば、NFLの試合は人種的平等のための記念行事から開幕しているし、ばかげているとみなされたことは、むしろ始まりにすぎなかったのだとわかる。

距離を縮めよう

この章で語ったクリエイティブな旅は、どれも同じ前提から出発している。わたしたちは視野を広げ、以前は見えていなかったものが見えたとき、もっともインパクトの強いインサイトを得ることが多い。ここで重要なのは共感だ。自分とは異なる経験を持つ人の話を聞き、理解しようとする姿勢だ。本章で述べたように、共感を通じて得た多くの真相についてのインサイトは、状況を一変させるような変化につながった。わたしたちは、ある人物や問題をそれまでよりも深く見つめ、そこに埋もれていた厳しい真実を見出すことができた。単純な観察や推測の域を超えて向こう側に行けたとき、それまで隠れていた創造的なエネルギーを活用できるようになった。

クリエイティブリーダーとしてのわたしたちの役割は、自分たちが売っているものと、世界が必要としているものとのあいだをつなぐ糸を見つけることだ。才能を発揮して、共感力を寄せ集め、自分たちが住んでいる世界は、ほかの人が経験している世界とはちがうかもしれないと理解すること。そう考えることで、世の中の深いところにある真相をあらわにできるようになるし、それが、インパクトのあるストーリーテリングにつながる。社会を前に進めるためには、無関心でいるという選択肢はない。わたしたちが真相を見抜き、ストーリーを——映像や建築、プロダクトで——伝えることによって、格差のある世界とより公平な未来との距離を縮められる。すべての人の投げるボールを確実に同じように跳ねさせることができる。このインサイトとブランドの目的とが結びついたとき、わたしたちは消費者と会話を始められる。それが、コレクティブ・アクションを導き、その結果、わたしたちの周りの世界にポジティブな変化がもたらされる。

「距離を縮めよう」の原則

1．周辺視野を広げよう

単純な観察や推測の域を超えて、向こう側へ行こう。もっと深く掘りさげて、社会に取り残されているコミュニティに存在する隠れたニーズを見つけよう。見て、聞いて、感じる能力を高めることで、誰にとってもより良い未来へ近づく扉を開くことができる。

2．厳しい現実を明るみに

不快な会話を受けいれ、社会の奥に潜む真実を見つけ、より広範にかつ徹底的に、それをあきらかにしよう。あなたのプラットフォームを使って、自分自身の声だけでなく、他者の声も広めよう。

3．協力しあって高みを目指そう

答えを出してから創造的なプロセスを開始するのは避けよう。あなたが奉仕しようとするコミュニティを尊重した解決策を築くには、そのコミュニティを巻きこまねばならない。一緒にアイデアを形にしよう。これによって、未来に対する当事者意識と誇りが強まる。

4. プロダクトを超えて

プロダクトの売り買いだけではなく、プロダクトを招待状として、また触媒として活用し、より平等な未来を目指そう。瞬間を生むだけでなく、生涯にわたる発展の旅とコミュニティの転換を手助けできるよう努めよう。

5. 仕事に個人の経験を取りいれよう

数字上で多様性を高めるだけでは充分ではない。多様な人びとが、人生経験を仕事の経験に持ちこめるよう力を与えることが大切だ。その人自身の人生観を活用することで、無数の他者の人生に影響を及ぼすことができる。

6. 夢をデザインしよう

機能上のニーズに応えるだけでは充分ではない。あなたが支援しようとしている、社会から取り残されているコミュニティにも野望はある。コミュニティが語るストーリーや夢を介して、あなたが生みだすソリューションにエモーションを注ぎこもう。

第九章　思い出だけでなく遺産を残そう

ポートランドのアーティスト、エマ・バーガーは、誰の許可も求めなかった。ただ絵を描きはじめた。そして描きおえたとき、オレゴン州ポートランドのダウンタウンにあるアップルストアを囲むボードに現れたのは、ジョージ・フロイドの顔と、彼の最後の言葉「I can't breathe（息ができない）」だった。あの悲劇の日から、全米で巻き起こった抗議運動がポートランドにも広がり、その混乱のなかでアップルストア正面のガラスが割られた。アップルの経営者たちは、さらなる被害から店を守るためにボードを設置したが、同時にその合板を黒く塗り、自分たちは抗議者たちの側に立ち、正義のための彼らの戦いを支持することを示した。そして、その黒いボードがバーガーにとって、うってつけのカンヴァスになった。バーガーはフロイドだけでなく、ブリアンナ・テイラーとアマード・アーベリーという人種差別の犠牲者をほかにふたり描いた。[12]

バーガーの作品のおかげでわたしは、アーティストやデザイナーが視覚的なストーリーテラーとして果たす力を娘に伝える機会を得た。二〇二〇年八月、わたしはアイラを連れてフロイドの壁画を見に出かけた。アイラは当時ハイスクールのシニアだったが、いまはクリエイティブ・ディレクターを志して、大学でデザインを学んでいる。わたしたちがそこに見に行くまえに、ほかのアーティストがバーガーのカンヴァスに絵を描きたしていた。そのカンヴァスは、自分たちのささやかなアートをそこに加えたいと願う人びとの目的地になり、壁画は伸びていった。とくに何人か、というか多くがスプレー塗料で、壁画のさまざまな場所に「846」という数字を書いていた。これは、フロイドが亡くなるまで、警察官がフロイドの首に膝を乗せていた時間（八分四六秒）を表している。

壁画を見たとき最初に感じたのは、想像よりはるかに大きいということだった。壁画はポートランドのダウンタウンにあるその通りの、一ブロック全体にまたがっていた。さらに驚いたことに、このバーガーの壁画だけではなく、周辺エリアのほかの建物の前にある保護ボードにもほかのアーティストらが作品を描いていたのだ。悲劇から生まれた美。アートの力が、空間に意味を与えるだけでなく、その空間を、強いエモーショナルな反応を呼び起こすものへと変えていた。

アイラもわたしと同じように感動しているのがわかった。わたしたちは、アーティストの創造性が、社会の厳しい真実をいかに印象的にあらわにするかを話しあった。これは、美術館の壁に掲げられたアートではなく、自然なエレメントに存在するアートであり、悲しみや怒り、そして希望が有機的に表現されていた。あるべき場所にあるアートというのは、ある瞬間に結びついていながら、情熱を生みだすその力という面で時間を超越してもいる。フロイドの壁画や、国じゅうで同様に出現したほかのアートは、ガラスのケース越しやベルベットのロープの向こう側から、係員に写真を撮らないように言われながら見ても、同じインパクトを生まないだろう。この壁画が感動的なのは、暴力的な行為に対する、目に訴える反応として、あるべき場所にあったからこそだ。

　わたしたちは、自分たちが目にしている世界を映しだすために、アートを創造している。それは、現実がわたしたちのクリエイティブなプリズムを通って、カンヴァスに投影されるようなものだ。作品を見て、現実の世界を感じる人もいるが、作品になった時点でアーティスト自身もそこに投影されている。わたしはアイラに、そうしたアーティストたちが、自分たちの想像力と言葉を使って、いかにしてわたしたちのなかにあるエモーションをかきたて、行動を起こすようわたしたちを鼓舞するかを説明した。投影されたイメージのなかに見えるのは、現実の残響、わたしたちが暮らしたいと望む世界だ。

　わたしたちが見てきたもの、そしてわたしの娘が見たものは、ここ数年の美術や建築、小説や映画など多数の領域にまたがるクリエイティビティの力だ。このような現在進行形のクリエイティブなアウトプットは、人びとの心に届き、人種差別との戦いや、保健医療の不公平さへの注意喚起、アジア人へのヘイトクライムや投票の抑圧〔ボーター・サプレッション。ライバル陣営の支持者に投票をさせないようにするさまざまな行為〕の阻止といった共通の大義を通じて人びとを団結させてきた。クリエイティビティは触媒となって、人びとをインスピレーションを介した対話へといざない、意思表明のきっかけになり、行動を促す。

　この体験は、フロイドの殺人事件に対するわたしの気持ちを、アイラと直接分かちあう機会にもなった。ミネソタ州で生まれ育ち、このときの悲劇が起きた場所からそう遠くないミネアポリス・カレッジ・オブ・アート・アンド・デザインに通っていたわたしは、当時、法執行機関と黒人コミュニティのあいだに分断があるのを目にしていた。そしていまなお、それを目にしていることに胸が痛んだ。アートに投影されたその痛みの表現をみていると、なぜ自分がこの仕事をしているのかを改めて認識した。わたしは幼いころから、スポーツや芸術の、人間のもっとも激しいエモーションを引きだす力に惹きつけられてきた。それで、これらと同じエモーションをかきたてる作品のクリエイターという職業に心惹かれたのかもしれない。わたしはその情熱に従った。それは現在、娘のアイラが自分の情熱に従っているのと同じだ。

娘と一緒にそこに立っていると、子どものころ、わたしの芸術的な才能を伸ばすために親が作ってくれたお絵かき用の壁のことを思い出した。いや、「作った」はひょっとすると言いすぎかもしれない。両親は、わたしとほかの兄弟の三人で使っていた寝室の壁のひとつを、木の縁取りだけ足し、あとは真っ白なままにして、わたしの若き芸術的想像力を注ぎこめるカンヴァスにしてくれたのだ。子ども時代のお絵かき用の壁は、それが作られた時代や場所にぴったり合っていた。その壁は、ティーンエイジャーの芽生えかけた才能と鮮やかな想像力を示す場だった。いま、アイラの芸術的な情熱のなかに自分の姿が重なってみえた。娘の芸術への情熱は、わたしから受け継いだものかもしれない。では、わたしはどこからその情熱を手にいれたのだろうか。

情熱の源

この本の完成間際になって、わたしは仕事でも私生活でも、ずっと考えてきたさまざまな疑問の答えに直面することになった。

二〇二一年四月の土曜日の午後、わたしは23andMe〔個人のゲノム解析を請け負うアメリカの民間企業」を通じて、知らない女性からメッセージを受けとった。

こんにちは！　わわ、まさかわたしの知らないおじがいるなんて思いませんでした。あなたの写真とわたしの母はとてもよく似ています。母方の家族との交流はありますか？

一時間後、SNSで少し調べた結果、わたしはこの女性のおじではないことがはっきりした。わたしは彼女の兄だったのだ。彼女の母親は、わたしの生みの親だった。わたしがこの世で知ったり、会ったりするとは思いもよらなかった人物だ。

この最初の問い合わせのメッセージが数々の扉を開き、母方の家族だけでなく、父方の家族の発見にもつながった。わたしは数日のうちに、多くの人が当たり前に思っている人生の疑問の多くに対する答えを得た。思いがけない事実が次々とあきらかになって、頭がくらくらした。わたしは実の両親について、文字どおり何も知らなかった。なぜわたしがこのような容姿なのか、自分の情熱や性格の一部はどこから来たのかも何も。それが急に、親から離れて育てられた人が知っている程度には、自分の両親のことを知ったのだ。大半の人は生涯をかけてこの旅をする。「お母さん」と「お父さん」としてふたりの人物を知っている状態から視野が広がり、生きているあいだ、そのふたりがどういう人かを知っていく。数週間でそれがすべて、わたしの前に差しだされたのだ。

わたしはまた、状況の皮肉さに強い印象を受けた。近年わたしは、データにもとづいたマーケティングだけで成長した企業は、やがて消費者との関係からすべての感情を搾りとってしまうのではないかと警告してきた。それがいま、わたしは、データにもとづく科学的根拠を売りにしたウェブサイトによって、これまで感じたことのないような強いエモーショナルなパワーを体験しているのだ。23andMeは、機械学習、アルゴリズム、そしてデータによって力を得たサービスで、大切な人間的なつながりを（あっというまに）もたらしてくれた。わたしはふいに多くの答えを手にすることになった。

たとえば、わたしのスポーツへの情熱、とくにバスケットボールへの情熱はどこから受け継いだのか、という答えだ。一九九〇年代なかばから後半にかけて、わたしはミネアポリスのモール・オブ・アメリカ内にあるナイキストアのディスプレイのデザインを手掛けた。その店が故郷の町にあったせいか、世界最大級のショッピングモールに出店するからには、そこに見合うものにすべきという思いのせいか、このモールのナイキストアにはとくに愛着があった。三〇年ちかくたって、わたしの実の父親がその店によく出かけ、家族がモールのほかのエリアで買い物をしているあいだ、（世間一般の父親と同じく）何時間もその店のなかで過ごしていたと知った。父はナイキが大好きで、とくにジョーダン・ブランドがお気に入りだった。息子がデザインしたディスプレイを見ながら、（あとで知ったことだが）その当時、父はわたしを探そうとさえしていたらしい。父はわたしを見つけることはできなかったが、わたしの作品を見ていた。わたしは彼のそばにいたのだ。

いっぽう、わたしの生みの母は、ノースウエスト航空の客室乗務員として二〇年間勤務していた。世界各地での乗り継ぎの合間に、母はよくパリやロンドン、ローマなどの美術館で時間をつぶした。母はアートを愛した。その情熱は母の母から受け継いだものらしい。わたしの祖母は絵を描くのが好きだったそうだ。オンラインで会話している途中で妹（最初にわたしに連絡をしてくれた）が、祖母の描いた作品を送ってくれた。そしてわたしは、そこに真の才能を見出したし、わたしの芸術的な情熱の源泉にも気づいた。妹にしても、わたしが大学卒業後にキャリアをスタートさせたときのように、グラフィックデザイナーになっているのだ。わたしたちに共通の情熱は、わたしたちのつながりの象徴だった。わたしたちは一度も会ったことがなかったのに、互いの一部だったのだ。

わたしはやがて、自分の家族を連れて、存在さえ知らなかった親族に会いに行った。実の母親との初めての抱擁は、言葉では言いつくせない瞬間で、すぐに深いつながりを感じた。翌日、実父側との再会の席で、出会ったばかりのおばから一連の思い出の品を受けとった。そのうちのひとつが、一九五五年にミネソタ大学を卒業した学生らのクラス写真だった。おばは、白人ばかり並んでいるポートレイトのなかにひとりだけいる黒人の生徒を指さした。それが祖父だった。祖父はその年卒業した遺体処理クラスの唯一の黒人男性だった。人種の壁をものともしない祖父は、大学卒業後、慣習に逆らってミネアポリスの白人の多いほうの街で葬儀社を開業した。仕事でもプライベートでも、決して安全な道を選ばない人だったそうだ。

わたしたちにはみな才能がある。なかには隠れた才能もある。その才能は、生涯を通じて自然に表に出てくることもあれば、それを引き出し、開花させるような環境に置かれてはじめて姿を現す才能もある。

わたしの場合、芸術への情熱は若いころからあった。いまでは、その一部は生まれながらに、祖母から母へと受け継がれた才能を引き継いだのだと思っている。とはいえ、それで話が終わるわけではない。もしかしたら、その才能は独自に成熟して、子どもらしい情熱という形で現れたのかもしれない。それでも、子どもだったわたしがそれにこだわり、芸術にはこだわる価値があると感じるとはかぎらない。わたしたちは子どものころ夢中になった多くのことを、そのエネルギーをもっと「有用な」ことに使ったほうがいいと考え、子ども時代にどれほど置いてきたことか。ここで、ストーリーの残り半分がはじまる。それは育ての親、養父母のことだ。ふたりはかぎられた資源で、幼いわたしのアートへの情熱を育んでくれた。養父母は、芸術の道を歩みはじめたわたしを、できるかぎり助けてくれた。

娘のアイラは、自分の情熱がどこから来たのか知っている。また、両親が幼少期を通じて才能を育てようとしたことも知っている。そして、道具を与えられ、必要な手助けをしてもらい、その情熱を「有用な」活動と呼べるものに発展できるようにしたこともわかっている。そして、アイラの教育はまだ続いているし、わたし自身の教育もまだ続いている。わたしたちはふたりでフロイドの壁画を見に出かけ、真の芸術が生みだせる驚くべきエモーショナルな力を、ともに目にした。

わたしたちは先祖からとびきりの才能を受け継いでいるかもしれない。その才能によって、喜びと達成感につながる道を歩みはじめるかもしれない。わたしたちはその才能の発展を決して止めることはできないし、才能を磨く方法を改善する努力も、決して止められない。答えを探すべき問いはもうないなどとは、けっして思えない。世界は悲劇と不公平に満ちている。けれども同時に、希望にも満ちている。そしてその希望によって、わたしたちはより良くなれると信じることができるのだ。

クリエイティビティの旅は続く

そして、それが理由で、わたしはナイキを退職すると同時に、モダン・アリーナという会社を設立した。モダン・アリーナは、ブランド・アドバイザリー・グループで、ブランドの強みを生かしながらビジネスの成長を目指すソリューションを構築し、社会的な影響力を及ぼしている。モダン・アリーナを通じて、わたしはより良く、より健全な世界に貢献したいと願っているさまざまなスタートアップ企業や起業家に助言をするようになった。ニュージーランドのスタートアップ企業、AO-Airは、従来のマスクを再発明しようとしている。マスクは、二〇二〇年には誰もがよく知るようになった安全のための装着品だが、耳に掛けるゴムが不快で、鼻と口の周りの気密性が低い。AO-Airマスクは、小さなファンを使って、きれいな空気の流れを継続的に生みだし、閉所恐怖症を起こしそうな閉塞感を生まないようにしている。コロナ禍のまえに設立されたAO-Airの使命は、現在、よりいっそう重要なものとなっている。研究の結果、このマスクは従来のマスクの五〇倍の効果があると示されている。また、画期的なフォルムもその機能にぴったりだ。

「今日、わたしたちは何をすべきか?」というのが、モダン・アリーナのもうひとつのクライアントであるシュレッドのキャッチフレーズだ。モバイルアプリケーションであるシュレッドは、ユーザーと身近なアウトドア・アドベンチャー(または旅行先)とをつなぎ、ユーザー同士をつなぐ。またこのアプリケーションを使えば、あれこれオンライン・リサーチをしなくても、愉快でアクティブな体験が気軽に楽しめるようになる。さらに、ユーザーはシュレッドからアクティビティを提供する会社のプランを予約できるので、オンラインで予約するわずらわしさを軽減できる。まったく新しいことを試し、恐怖心を押しのけてジャンプしてみること以上に、自分の殻から抜けだせるいい方法はない。自分の居心地のよい場所から抜けだして冒険に出かければ、外の世界（と自分自身）について多くを学べる。

外からみれば、まったく異なるふたつの企業には、とくになんのつながりもなく、互いにかけ離れた存在にみえるかもしれない。けれども、深く掘り下げてみると、じつはこのふたつの企業は、よく似たゴールを目指しているのだ。それは人びとの幸福を高めることだ。ふたつの企業の製品やサービスは、あらゆる人びとに、自分自身の生活を向上させる力を与え、心と身体両方の健康を改善するツールを提供している。また同時に、人と人とのつながりを築いている。シュレッドがいうように、そのモバイルアプリは、「人生最高の瞬間を体験するのに、より多くの時間を費やせるよう人びとをエンパワーする」のだ。

このような仕事をしているわたしは、ナイキからかなり離れた場所にいるようにみえるかもしれない。けれども、わたしはそんなふうにはまったく感じていない。むしろ、みなさんが思っている以上に近くにいる。二〇二一年の秋、わたしはブランド・アドバイザーの仕事と並行して、オレゴン大学のルンドキスト・カレッジ・オブ・ビジネスでブランディングの講師をすることになった。ここはナイキの共同創業者たちが、コーチや学生選手として活躍していた大学だ。これは、人生で経験した多くの「一周回ってきた」瞬間のなかでも、もっとも印象的な瞬間のひとつだった。もちろん、わたしはアスリート用のシューズ業界に革命を起こそうとして、そこにいるわけではない。毎週わたしが教壇に立つ教室には、将来のスポーツ用品業界のゼネラル・マネジャーを夢見る五〇人の大学院生がいる。講義やディスカッション、ワークショップを通して、ブランドの力、とくにエクイティを構築する大切さを話しあう。それは、消費者の心にエモーショナルな強いつながりをもたらすタイプのエクイティだ。どうすれば、ブランドの意図――何で有名になりたいか――と、消費者の認識を一致させせられるのだろうか。なぜあなたの会社はブランドとして存在していて、どのように消費者の役に立つのだろうか。わたしの究極の望みは、まさにこの本で説明してきたコンセプトやアイデアを使って、多様性に理解のある若い人びとにこう伝えることだ。強いブランド・アイデンティティを生みだすことと、世界にポジティブな影響を与えることは、両立できる。嬉しいことに、いまのところ学生たちは、学生時代のわたしよりはるかに、そのつながりの価値を認識している。

ブランドリーダーとしてのわたしたちには、世界を変えるために、自分の知識と情熱を生かす方法がいくつもある。わたしの情熱と関心が、わたし自身をさまざまなオーディエンスの前に導いてくれた。たとえば、サミット・シリーズ社は、起業家やアカデミックな研究者、作家やアーティストなど、多様なリーダーを対象にしたイベントを実施している。またこの企業は、サミット・インパクトという取り組みを通じて、グローバル・コミュニティを活用し、環境と持続可能性、ハウスレス〔経済的困窮により家を失った人〕、市民参加に焦点を当て、この世界にポジティブな影響を及ぼしている。

サミットの共同創設者であり、友人でもあるジェフ・ローゼンタールから話を聞いたあと、わたしはサミット・インパクトの役員会の一員となり、ブランド・リーダーシップを通じた文化的な影響というテーマで、会員に講演するという栄誉を得た。

また、ワン・クラブ・フォー・クリエイティビティに所属する黒人クリエイターのすばらしい一団を前に話をすることもあった。この組織は、広告業界で働きたいという野心的な学生に、無料のオンライン・ポートフォリオ教室を開いている。そこではとくに、人種の平等に関する社会的な影響力を左右する、ストーリーテリングの技術について話しあった。多様性が大幅に欠けているこの業界では、彼らは自らのボイスを生かし、独自の視点を示すことで、類まれなストーリーテリングへの扉を開くのに必要なインサイトを提供できる。わたしはクリエイターたちに呼びかける——きみたちの務めは、単にビジネスブリーフにある要求を満たすだけでなく、そのビジネスブリーフを利用して世界をポジティブに前進させることだ。

このような取り組みのなかで、とくにオレゴン大学で教える立場になってから、最初はインターン、次にデザイナー、そしてマーケターとして学んできた教訓を洗練させなければならなかった。そして、多種多様なスタートアップ企業、起業家、学生、組織などの前で話をすることが多くなるにつれ、わたしは自分のアイデアがより身近でタイムリーなものになるよう、磨きをかけていった。このようなさまざまな仕事に時間を費やしているうちに、ひとつの仕組みが形になりはじめ、最初はゆっくりと、それでも確実に核となるアイデアが形を取りはじめた。それは、ブランドがクリエイティビティという強い文化を育てて、クリエイティブな強みが築かれれば、消費者とのあいだにエモーショナルなつながりを保てるようになるというアイデアだ。このようにして、世界でも有数のアイコニックなブランドは、消費者とのエモーショナルなつながりという遺産を築いてきた。これをブランド・忠誠心《ロイヤリティ》と呼んだりもするが、忠誠心はブランドと消費者のあいだに通う相互の結びつきとは異なる。わたしは、ブランド・ロイヤリティの話をしているのではない。わたしが語っているのは、ブランドが誰かの人生にとってかけがえのない存在になり、ポジティブな変化に影響を及ぼすという、人間らしい結びつきのパワーの話だ。

　簡単な例をあげて重要なポイントをあきらかにしてみよう。

　二〇二一年の冬、わたしは有色人種のイノベーターや起業家の一団に話をする機会を得た。この人びとを支援してきたのが、ベンチャーキャピタル企業のアンドリーセン・ホロウィッツが立ちあげた、タレントXオポチュニティ・ファンドだ。この組織は、資金を提供し、トレーニングや指導を行なって、起業家が自分たちのイノベーションを基盤にした、頑健で良好な会社を築けるようサポートしている。ディスカッションで、わたしは「ブランド・パーソナリティ」を築くためには、何が必要かという話をした。その内容は、本書でとりあげ、行動重視の方法に組みこんだ、アイデアと教訓の結晶だ。

「この自動化の時代に、ブランドはより人間的であることがこれまでになく重要になってきている」とわたしは述べた。そして、その業界でユニークな存在になれるようなブランドの特徴を構築する大切さを語り、タッチポイントをいかに活用するかを考察した。そのタッチポイントを通じて、消費者はそれぞれの心のなかでその特徴とブランドとを結びつけるようになるのだ。さらに「わたしたちの仕事は、ブランドのボイスをさまざまなトーンで表現し、さまざまな場面でさまざまな調べを奏でることだ。同じことを何度も繰り返すブランドは、飽きられてしまいかねないし、悪くすれば、うるさがられ、挙句の果てには無視されるようになる」と語った。とはいえ、この本が結末にさしかかったところで目を引くのは、このパラグラフの最初の一行だ。これはさらにこんなふうに凝縮できる――「ブランドにとって重要なのは、人間的であることだ」。人間的であること。人間が経験するのはエモーションだ。人間が芸術を創造する。人間がインスピレーションを与え、それを受けとる。人間がリスクを冒す。人間が共感する。人間がストーリーを語る。人間がムーブメントを起こす。人間がチームで働く。人間が思い出を作る。そして、人間が距離を縮める。

あなたのブランドは、製品やサービスを寄せ集めたもの以上の存在だ。ミッション・ステートメントやアルゴリズム以上の存在だ。マーケティング部門やイノベーション部門以上の存在だ。あなたのブランドは人間だ。そして、人間であることによって、あなたのブランドはほかの人間とエモーショナルな絆を築くことができる。そして、人間的であるからこそ、単なる思い出ではなく、遺産が生まれる。

始めた場所に戻る

そろそろこの本を書きおえるので、始まりの場所、ミネアポリス・カレッジ・オブ・アート・アンド・デザインに戻ろう。現在、わたしは理事会のメンバーで、イノベーション委員会の議長でもある。そしてふたたび、オーディエンスの前に立った。二〇二〇年度の学期最初の全校集会で、わたしは（バーチャルで）教員と学生に話をした。その集会で、本書で説明してきたさまざまなテーマに触れた。共感の力。インスピレーションを得るための好奇心の役割。他者の経験を理解するために、自分の殻を破る必要があること。わたしは距離を縮めることについて話し、学生たちに、自分たちのアートやデザインを変化のための触媒としてとらえ、アーティストやデザイナーがエモーションを引きだす力を称えるよう促した。これらはたしかに、三〇年まえのわたしも関心を持っていた考えだった。けれどもアートやデザインの力はもちろん、人びとを感動させ、変化を生みだす力についての理解は、何十年もかけて進化した。わたしは、自分が大学生だったときに聴きたかった話をした。ほんの駆け出しで、自信と野心に満ちあふれていたけれど、これから足を踏みいれようとしている職業にもその世界にも、まったく経験がなかった大学生のころに。

重要なのは、目の前にいる人びとが、起業家やスタートアップの経営者ではないということだ。マーケターやブランドリーダーでもない。彼らは学生で、おそらく当時のわたしと同じように自信と野心がたっぷりあって、一九八八年に新入生だったわたしやわたしの同級生たちよりも、変化についてのメッセージをすんなり理解していた。そのとき話したメッセージを、ここに書いておく。それは、言葉や画像、フィルムや建築物、プロダクトやサービスを通じたストーリーテリングの力が、現在、これまでにないほど、オーディエンスを動かして変化を受けいれていくために必要だ、ということだ。学生たちには、クリエイティブな才能を生かして、現実を映しだしていながら、より良い現実を築くためのアートを作ってほしいこと。今日や明日のその先、数週間、数ヵ月、数年先まで視野を広げ、変化を生むからこそ持続できるアートを創ること。すばらしい遺産となるアートを創ること。

この本の大半は、過去に目を向け、現在わたしたちが記憶している作品について述べている。それらの作品を覚えているのは、それがとびきりすばらしく、わたしたちのエモーションを生みだす力があるからだ。フィルム、画像、建物、キャンペーン、プロダクト、そしてその瞬間など、そうやって生みだされたものが残っているのは、感情のレベルでわたしたちと結びついているからで、その結びつきは時の経過に耐えられるほど強力なのだ。その力が弱い作品は忘れられる。最初はインパクトがあり、笑いや涙を誘ったにせよ、記憶に残る力は、時が進むにつれ弱まり、砂浜の砂粒のひとつになってしまう。人を感動させる力、心をとらえ、気持ちを高ぶらせる力は、たやすく得られないし、簡単に得るべきでもない。けっきょくのところ、わたしたち人間は、ありふれたものや表面的なものにつかのま興じることはあっても、そこに立ち戻ることはない。わたしたちはさっさとほかへ移り、そのストーリーが伝えようとしたことがどんなものであれ、すぐに忘れてしまう。

しかし、心に残るもの、つながりができたものは、無視したり忘れたりできないレベルでわたしたちの心を動かすので、ずっとつながりつづける。わたしたちはそれをただ覚えているだけではない。ただつかのま楽しんだだけではなく、ほんの少しわたしたち自身とわたしたちの世界のベールをはいだものとして、いつまでも感じることができる。それは痕跡を残している。本書で示した教訓やアイデアは、そういうタイプの作品を作るためにデザインされた。そのタイプというのは、冷めた見方を乗りこえ、思慮分別を封じこめ、行動へと駆りたて、涙を誘い、これまでよりも良い存在になるよう背中を押してくれる作品だ。

ブランドリーダーは、わたしたちの仕事やわたしたちの目的は（需要やビジネスの促進と並んで）、人間同士のエモーショナルなつながりを見つけることだと肝に銘じておかねばならない。そのためには、チーム内の左脳派と右脳派のバランスを保ち、マーケティングの技とは、ブランドと消費者というふたりの人間の対話だと強調する必要がある。人間の心というクリエイティブな独創性を利用しつづけよう。そして、人間対人間の交流の力を育てよう。あなた自身をさらけ出そう。ボイスを聴かせよう。そして、感じてもらおう。

目の前にある仕事の未来を考えていると、ひとつの専門分野として、社会として、わたしたちが遂げてきた進歩に心が浮き立つ。わたしや仲間たちがすわっていた席にいる学生たちを眺め、学生たちの世界に対する関心の高さに、わたしもまだまだだと感じた。スクリーンの向こう側にいる起業家やベンチャー企業の経営者たちを見ていると、彼らの野心と目的意識に刺激される。そして、目前に広がる人生とこれから足を踏みいれる世界を見つめている娘の瞳を見ていると、その情熱と愛情があまりに誇らしくて胸がいっぱいになる。この情熱や愛情は、数世代まえから続いているのだと、わたしはもう知っている。

人間臭くいこう。エモーションをデザインしよう。あなたの遺産を築こう。

謝辞

この本は、強いエモーショナルな結びつきを築くことについての本で、わたしにとって何より重要な結びつきは、妻カーステインとの絆だ。執筆期間中、きみのサポートと協力のおかげで、わたしの考えやふとした思いがリアルで意味のあるものになった。その昔、マイク・シュミット・ビルで一緒だったナイキのチームメイトに特別な感謝を捧げる。みんなでジャッキー・チェンの映画を観に行くと思っていたのに、待ち合わせの場所にやってきたのは、未来の妻とわたしだけだった。あなたたちが仕組んでくれたのだ。わたしたちは映画を観て、それ以来ずっと一緒にいる。わたしたちの可能性を見出してくれてありがとう。これぞまさに、チームワークってやつだ。

次に、息子のローワンと娘のアイラに特別な感謝を捧げる。いつもわたしとともに夢を見て、「もしも○○だったら?」と問いかけてくれた。毎日、きみたちのイマジネーションに接することが、わたしの最大のインスピレーションだ。わたしの究極の旅仲間になってくれたばかりか、デザインというライフスタイルへのこだわりと、日常的な環境で目にする(または目にしない)

きらめきをつねに指摘せずにはいられない性分に耐えてくれてありがとう。わたしたちで家を設計しはじめたとき、当時一二歳だったローワンは、フランク・ロイド・ライトが「家は丘の上ではなく、丘のなかに建てるべきだ、そうすれば、家と丘がひとつになれる」と言ったと教えてくれた。この宝石みたいな言葉、そしてそれ以後の言葉ひとつひとつがありがたい。そしてアイラ、きみは芸術とデザインの道を進むと決めた。わたしが経験できたような生涯にわたる創造的な探求、コラボレーション、そして充実感を、きみも味わえるよう願っている。

ほかの創造活動と同様に、本を書くことも孤独な体験と思われがちだけれど、本を製作するには、才能あるプレーヤーが集まって、ひとつのチームとして動かねばならない。わたしは、自分の専門外であるこのプロジェクトに着手したとき、導いてくれるチームに恵まれた。まず、執筆の協力者であるブレイク・ドヴォラックに深く感謝する。彼は、わたしの教訓や逸話から、より大きな真実をあきらかにする物語を形づくる手助けをしてくれた。あなたはシカゴ・ブルズのスティーブ・カーの隣で育ち、子どものころからボールを受け、スポーツや人生の追求に隠された意味を見抜く専門知識を身につけた。一緒にボールをパスしてくれてありがとう。

初めて本を書くには、話を聞いて学ぶ姿勢が必要だ。そして、やる気を引きだし、レベルアップのために努力すべきときを教えてくれるコーチが必要だ。カービー・キムは、わたしにとって単なる文芸エージェントではなく、このプロセスにおける究極のコーチだった。カービーと同僚のウィル・フランシス、そしてジャンクロー・アンド・アソシエイツのチームは、つねにわたしがボールを前に進められるような状況を作ってくれた。わたしが送った人生とキャリアのビジュアル年表のＰＤＦから、語るに値するストーリーを見抜き、そうすることでチャンスを作ってくれた。わたしは、完成したこの本が、あなたのお眼鏡にかなうものであることを願うだけだ。

次に、トゥエルブ・ブックスの編集者ショーン・デスモンドに感謝したい。彼は、ラフな企画書のアイデアに可能性を見出してくれた。マーケティングやビジネスの専門用語にとらわれず、自分のボイスを見つけ、より多くの読者に感動を与え、かつ実用的なストーリーを作りあげるために、わたしを後押ししてくれた。また、ボブ・カスティーリョ、メーガン・ペリット・ジェイコブソン、そしてトゥエルブ・ブックスチームのほかのみなさんにも感謝している。とくに困難な状況に陥ったとき、みなさんの忍耐力、規律、そして専門知識は、このプロセスを通じてわたしにとってかけがえのないものとなった。

ローワン・ボーチャーズとペンギン・ランダムハウスUKのチームにも感謝する。本書のアイデアに対する、みなさんのエネルギーと情熱は、最初からすさまじかった。

この本の種は、ずっと以前に、三〇年間わたしの職場の一部だった会議室、デザイン・スタジオ、アリーナやスタジアム、カフェ、そして車のなかで蒔かれた。この本を書くにあたり、惜しみない感想、アドバイス、サポートをくれたすべてのデイドリーマーたち、とりわけナイキの元チームメイトに感謝する。とくに、ロン・デュマス、レイ・バッツ、ジーノ・フィサノッティ、パム・マコンネル、ジェイソン・コーン、デヴィッド・クリーチ、イアン・レンシュ、ヘザー・アムニー＝デイ、マーク・スミス、デヴィッド・シュライバー、リッキー・エングルバーグ、パメラ・ネフェルカラ、ゲイリー・ホートン、ムーサ・タリク、アレックス・ロペス、マイケル・シェイ、スコット・デントン＝カーデュー、バレリー・テイラー＝スミス、レオ・サンディーノ＝テイラー、ヴィンス・リン、デニー・ヴェントに感謝を捧げる。みなさんそれぞれが、それぞれのやり方で、わたしがこの本の旅をやりとげるのを助けてくれた。

ワイデン＋ケネディのみなさん、そしてカレル・ディクソン、アルベルト・ポンテ、ライアン・オルークに大きな感謝を捧げる。いつもクリエイティブに挑戦し、わたしたちのコンフォートゾーンを飛び越えてくれた。ほかの誰が《Risk Everything》（リスク上等）というグローバルキャンペーンを提案するだろうか。わたしたちはよくリスクを冒してきたが、一度も後悔していない。

ブランド・ボイスのクリエイティブなリスクを何度も何度も冒すには、安全な枠を超えるための大胆不敵さが必要だ。その点で、ダヴィデ・グラッソとエンリコ・バレリは、多忙な時期にパートナーシップを築き、つねに過激なクリエイティブコラボレーションの本質を表現してくれて、とても感謝している。

また、ボブ・グリーンバーグとRGAチーム、そしてアジャズ・アーメッドとAKQAチームには、ナイキ・マーケティングの「デジタル革命」において、緊密なパートナーシップを築いてくれたことを評価し、感謝したい。いまでは当たり前のことだが、このムーブメントに火をつけるには、高度なビジョンとイノベーション、そしてコラボレーションが必要だった。

また、わたしのキャリアの初期に影響を与え、間接的に本書に貢献してくれた方々もいる。大学時代のタイポグラフィーの教授ジャン・ジャンコートは、自分の能力を高め、良いものと偉大なものとの違いを見抜くようわたしに課題をくれた。ローリー・ヘイコック・マケラは、安全なデザイングリッドから抜けだし、大胆なリスクを冒すよう、若かったわたしを励ましてくれた。

わたしの両親、ゲイリー・ホフマンとジャッキー・ホフマンは、わたしの子ども時代の寝室の白い壁を木枠で囲み、わたしの想像力と夢で埋めつくすためのお絵かき壁を作り、どんなに大胆でもわたしの創造性の追求をつねにサポートしてくれた。そしてもちろん、一九九二年の魔法のような夏のあいだ、ヴァンを貸してくれてありがとう。

最後に、見つかった生みの親とその家族に感謝する。養子として、わたしは自分の特性や情熱がどこから来たのか、疑問を抱いていた。わたしたちは最近親交を結んだばかりだけれど、あなたたちの、わたしやこの本への貢献はずっと以前から始まっていた。創造性と、より深い人間関係を築き、世界をより良く変えていく力は、生まれながらに備わっていたものと、育まれたもの、両方で鍛えあげられた。願わくは、デザインが生むエモーションを通じて、その両方を築きつづけられるように。

注

1. https://www.nytimes.com/1997/04/30/sports/using-soccer-to-sell-the-swoosh.html
2. https://www.elartedf.com/ginga-essence-brazilian-football-years/
3. https://www.marketingweek.com/career-salary-survey-2020-marketing-diversity-crisis/
4. https://www.nasa.gov/missions/science/f_apollo_11_spinoff.html
5. https://rocketswire.usatoday.com/2020/01/29/hakeem-olajuwon-said-kobe-bryant-was-his-best-low-post-student/
6. https://www.esquire.com/sports/a30668080/kobe-bryant-tribute-20-years-after-draft/
7. https://www.si.com/nba/2018/05/30/origin-lebron-james-chosen-1-tattoo
8. https://www.adweek.com/performance-marketing/this-agency-used-a-weather-balloon-to-fly-nikes-new-vapormax-shoe-into-space/
9. https://nypost.com/2015/10/27/why-thousands-of-people-are-running-with-kevin-hart/
10. https://cargocollective.com/kervs/following/all/kervs/The-Reason
11. https://www.washingtonpost.com/news/on-leadership/wp/2016/07/08/this-advertising-agency-turned-its-entire-home-page-into-a-powerful-blacklivesmatter-message-2/
12. https://katu.com/news/local/mural-honors-george-floyd-in-downtown-portland

解説
できるだけ遠いところにたどりつこうとするブランドだけが人を魅きつける

株式会社古川裕也事務所、クリエイティブ・ディレクター
古川裕也

著者グレッグ・ホフマンはナイキの元チーフ・マーケティング・オフィサー（ＣＭＯ）。ナイキのすべてのコミュニケーション戦略とクリエイティブ・アウトプットを統括する仕事を長く務めてきた。彼は二七年間ナイキに在籍していたという。ひとつの会社に長くいて、ひとつの仕事を長く続けることは、最近あまり褒められなくなってしまったけれど、こういうキャリアでなければなしえない、持続的ブランディングの成功例がここにある。

なぜナイキのブランド・コミュニケーションは世界でこんなに注目されるのか

ブランド・コミュニケーションが継続的に機能しているかどうかの基準はただひとつ。そのブランドが次は何をやってくるかを世の中が期待している状態にあるかどうかだ。効率、コンプライアンス、収益などではブランドはできない。誰もいないところにたどりつこうとしているかどうか、誰も見たことのない景色を提示しているかどうか、つまり、哲学と意志こそが魅力的なブランドを創るのであって、他と同じことをやっても意味はない。明らかに新しい価値を創ろうと

している。そういう企業だけが世界に支持されるブランドを築き、維持発展させることができる。その意味で、ブランディングという行為は運動であり、企業を時間軸でデザインすることなのである。

ここ数年の異常なテクノロジーの進化によって、企業の考え方や営みが同質化してしまう傾向にある。かなり意志的でないと、コーポレート・ブランディングそのものが意味のないものになってしまう時代にいると認識すべきだ。そう考えると、およそ半世紀にわたって世界から高い期待値を集め、そのたびに予想を裏切り期待に応えてきたナイキのプロセスと成功の要因を知ることは、ブランドにかかわるすべてのビジネス・パーソンにとって極めて有意義なことだろう。

ヒトとブランドとの関係はエモーショナルでなければ意味がない

ナイキの初期のキャンペーンは「スポーツ愛」を表現することに集中して、マイケル・ジョーダンはじめスポーツ・セレブリティを多く起用して成果をあげていた。先行するアディダスなどに対して、かっこよくて新しいブランドとして世界に出現した。

そこからナイキのブランディングは進化する。スポーツをベースにしながら、社会的、もっと言えば人類的なテーマに踏み込んでいく。それは、文中で引用されている「スポーツには世界を変える力がある。（略）ほかにない方法で人びとをひとつにする力がある」というネルソン・マンデラの言葉がそのままナイキの信念だからだ。スポーツをモチーフと捉えれば、世界に対して何ができるだろう、今みんなにとっていちばんひりひりするテーマは何だろう、何がみんなの人生を少しでもポジティブにできるんだろう、そういうスポーツより一回り大きな視座からブランド・コミュニケーションが組み立てられる。それが、必ずしもスポーツが得意ではない人たちも含めた多くの人々とエモーショナルな関係を築くことを可能にしているのである。
ちなみに、顧客とブランドとの関係はおおよそ次のように進む。

Useful → Love → Trust → Respect

Loveがなければブランドとのエモーショナルな強い関係は始まらない。しばらく関係が続くことでTrustができ、製品やサービスの奥にいる、これを生み出している企業なり人に対するRespectまで到達する。すべてエモーショナルなできごとだ。プラトンが「何かを学ぶとき、人はむしろ感情的である」と言っているように。

ナイキの進化と多様性

本書は原題（Emotion by Design）にある通り、「デザインの力（この場合、ヴィジュアルという意味だけでなく、クリエイティビティ、さらには設計まで含めた意味で言葉が選択されている）によって人の気持ちを動かす」という、どの時代にも変わらないブランドの創り方が、まぶしいような事例と共に語られている。その中から重要かつ象徴的なものに触れておきたい。

・**Find Your Greatness**（二〇一二）――誰もが“Greatness”を持っている。それは、よくスポーツによって引き出される。

「ナイキ自体が、何度もこう訴えてきた——スポーツはすべての人のためにあり、特別な少数の人たちのためのものじゃない」と著者は述べている。「偉大さ」には多様性がある、という視座が出発点だったという。Greatnessという概念を定義しなおすのだ。それは一部の特別に才能あるアスリートだけのものではない。

CMは、だいぶぽっちゃりした少年がカメラに向かってとろとろと走ってくるだけ。そこにナレーションがかぶる。

偉大さ、それはわたしたちが作りだしたものにすぎない。いつのまにかわたしたちは、偉大さとはひとつの才能で、選ばれた少数の人たちのために使う言葉だと思うようになっていた。天才たちのため。スーパースターたちのため。そして、残りのわたしたちができることは、ただそばで見守ることだけ。そんなはずはない。偉大さは、希少な一本のDNAではない。めったにないものでもない。偉大さは呼吸と同じように、なんら特別なものではない。わたしたちにはみな、偉大さを手にする力がある。わたしたちみんなに。

かっこよくもなければ派手でもない。まったくない。ナイキの華やかなcreative output群のなかでいちばん地味なものだろう。スポーツを通して人間の本質に到達しようとする態度がこのあたりから鮮明になっていく。

- **Dream Crazy**（二〇一八）——ばかげた夢を見続ける勇気。

アメリカン・フットボールのコリン・キャパニックは、二〇一六年のシーズン開幕時、人種差別と警官の残忍行為に抗議するために、国歌斉唱の時に立ち上がらず片膝をついた。彼は所属チームとの契約を解除されたが、主張を曲げなかった。自分を信じ夢の実現を目指して。

“Dream Crazy”「ばかげた夢をみよう」というコピーでキャンペーンが行われた。「自分の心が正しいと思うことをする、自分がやらなければならないとわかっていることをする、自分の魂を揺さぶるばかげたアイデアを受けいれて、他人にどう思われるかは気にしないことが大事、という作品だ。それは、犠牲についてと、世の中に立ち向かうことについての作品だった」（本書より）

CMのナレーションはこうだ。

あなたの夢はばかげている、と人から言われたり、
叶えようとしている夢を笑われたとしても、
かまわない。
そのままでいい。
なぜなら、夢を信じない人たちは、ばかげた夢という表現が、侮辱ではないと理解できないのだから。
それは、ほめ言葉だ。

何かを信じよう。たとえすべてを犠牲にしても。

「誰の中にもあるGreatness」の次は、「夢のような無謀な戦い」に挑む勇気をたたえている。こう見てくると、人間のよき本質は、たいていの場合潜在していて気がつかない。だから誰かがあぶり出すことが必要なのだ。ナイキのブランディングとは、要は、人間のよき本質を次々に発見していくプロセスだということがよくわかる。

どういうパーパスが意味をもち、機能するのか

いいパーパスとはある意味独善的である。必ず背伸びをしている。すぐには達成できない。なにより、チャーミングである。なぜなら、それは誰もいない場所を発見することであり、できるだけ遠くにたどりつこうとする意志の表明だから。例にあげるものはどれも、自分たちだけが到達すべき大きなゴールを設定している。聞くと、少しあがる。それがだいじだ。

テスラ：化石燃料依存を終わらせ地球をサステナブルな場所にする
アップル：クリエイティブな人の知性を増進する
ボルボ：地球から交通事故の死者をなくす
パタゴニア：自然環境を保全する

その企業が何のために存在しているのか、どういう種類のいいことを世の中にもたらすのかを明確にすることは、いまや世界から企業に与えられた宿題だろう。企業の存在意義は、その企業

が世界のなかで何の「係」かと同義だ。当然だが、ひとつの会社で何もかもできるわけではない。自分たちの責任範囲、自分たちが大切だと思っていること、これができなければ存在している意味がないこと、つまり世界のなかで何の係なのかを明確にすることが、企業の存在感を高め、期待値と共感を獲得するのである。

本書にあるように、ナイキは、「スポーツの力で世界をよりよい場所にする」ことをゴールに設定している。スポーツという特別な力を駆使して、世界全体をフェアで刺激的で楽しい場所に。支持され機能するパーパスには、このようにその企業ならではの手段と、世界をこのようにしたいという全体性とが必ず連結している。パーパスは、哲学でありゴールでありカルチャーである。

これから、クライアントとクリエイティブ・ディレクターとの関係も変わっていくだろう。哲学を共有して企業のカルチャーを共に創る「同志」のような関係になっていくはずだ。ナイキとダン・ワイデンとは、まさに同志だと思う。

これからのブランディングは答えではなく問いかけになっていく

二一世紀になっていくつもの鋭角的な変化が起きている。そのなかでもA．I．とコロナ。このふたつのできごとが、私たちに突き付けたのは、そもそも人間とは何か、ヒトはどう生きていけばいいのか、という問いである。

コロナを経て、“Life”がこれから、すべての基点になっていくだろう。Lifeには日本語で、人生、生活、生命と三つの意味がある。すべてをLifeの文脈で考えていく。それによって自分たちのありようを再構築していく。

A.I.もまた、私たちに人間とは何かを問うている。生成A.I.を使って自分を強化してポジティブに生きることがメインストリームになってゆく時に、A.I.にはない、人間だけがもっているものをどのように再編集すべきなのか。

企業が世界に向けてコミュニケーションする行為とは、ブランドとの関係において人間の研究をすることであり、人間とは何か、人はどう生きるといいのか、という問いに対する仮説を世界に提示することだ。これからの人類の役割は、すぐには答えの出ないような本質的な問いを発見することになるだろう。

ブランディングもまた、答えではなく、世界への問いかけである。

著者が繰り返し使った、human(人間的な、人間くさいなどと訳されている)こそが、本書においていちばん重要な単語である。人間とは何か。どう生きていくべきか。こういうまるで青春のような問いを含んでいないブランディングはこれから説得力を失っていくだろう。スポーツ愛を超えた人類愛にこそナイキの本質がある。

愛する。勇気。楽しいと感じる。意志をもつ。カルチャーをつくる。リスクをとる。幸福になる。怒る。今までなかった可能性に思い至る……。どれも、人間固有の素敵な能力だ。

二〇二三年六月

感情《かんじょう》をデザインする
ナイキで学んだマーケティング
2023年7月20日　初版印刷
2023年7月25日　初版発行
*
著　者　グレッグ・ホフマン
訳　者　久保美代子《くぼみよこ》
発行者　早　川　　浩
*
印刷所　精文堂印刷株式会社
製本所　大口製本印刷株式会社
*
発行所　株式会社　早川書房
東京都千代田区神田多町2―2
電話　03-3252-3111
振替　00160-3-47799
https://www.hayakawa-online.co.jp
定価はカバーに表示してあります
ISBN978-4-15-210252-2　C0034
Printed and bound in Japan
乱丁・落丁本は小社制作部宛お送り下さい。
送料小社負担にてお取りかえいたします。